Maria Corno

FareArteInsieme
Atlante della comunicazione

A

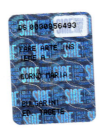

BULGARINI

IL MIO LIBRO

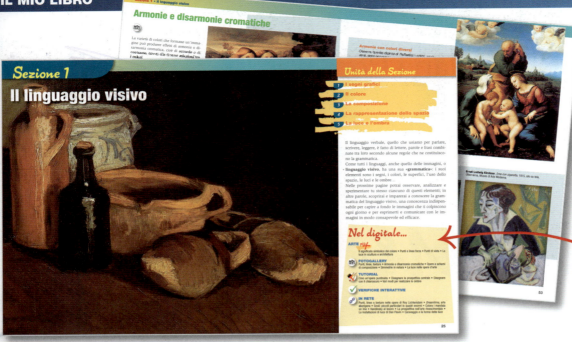

Il linguaggio visivo

Imparare a leggere il linguaggio dell'arte e delle immagini, attraverso l'osservazione e l'analisi degli elementi che lo compongono e la conoscenza dei principi che stanno alla base della percezione visiva.

Nel digitale...

Un indice di tutti i contributi della Sezione: approfondimenti, fotogallery, tutorial, verifiche interattive e link a video e a pagine web.

I materiali e le tecniche

Una carrellata dei materiali che si possono utilizzare per «fare» arte e delle tecniche usate dall'antichità ad oggi.

Temi per creare

Dal mondo della natura a quello degli uomini, i temi che più hanno ispirato l'arte di tutti i tempi e continuano a stimolare il desiderio di osservare e di creare.

Mezzi e linguaggi della comunicazione multimediale

Il fumetto, la grafica,
la pubblicità e il design,
la fotografia e il cinema,
la televisione e il web: linguaggi,
tecniche e professioni
della comunicazione visiva
nella società attuale
per imparare a leggere
un aspetto fondamentale
della cultura di oggi.
Una panoramica sui principali
campi di applicazione
e i sottocodici specifici.

Laboratori

per sperimentare creativamente in prima persona
i principi studiati, dal disegno dal vero all'analisi
e riproduzioni delle tecniche e temi usati
dai grandi artisti della storia dell'arte.

Fare per creare

per segnalare i rimandi
alle attività dell'album
di lavoro connesse al tema.

Fare per creare

Un album di lavoro per «capire
con le mani»: immagini da
smontare e rimontare, opere
d'arte da rielaborare, modelli
da imitare, stimoli per creare.
In collegamento puntuale con
il libro, tante occasioni di
lavoro divertenti e intelligenti
per entrare davvero nei temi
di studio.

3

Indice

Immagine e comunicazione

La comunicazione visiva 12

Le immagini ci parlano 14
Gli elementi della comunicazione 16
I linguaggi dell'arte 18
L'arte e la rappresentazione della realtà 20
La percezione visiva 22

Nel digitale...

ARTEpiù Dove si trova l'arte?
Mi esercito La rappresentazione della realtà nell'arte
In rete Studio Azzurro: *La Pozzanghera* • La percezione visiva e la optical art

Sezione 1
Il linguaggio visivo

Unità 1

I segni grafici 26

Il punto 28
Le qualità del punto 30
LABORATORIO
   Punti nella natura 31
La linea 32
Le qualità della linea 34
LABORATORIO
   Paesaggi di linee 35

La texture 36
Le qualità della texture 38
LABORATORIO
   Comporre con le texture 39

Unità 2

Il colore 40

I principi ottici del colore 42
Le gradazioni del colore 44
LABORATORIO
   Composizioni di colori 45
   Sperimenta le gradazioni dei colori 46
Colori caldi e colori freddi 48
LABORATORIO
   L'espressività dei colori caldi e freddi 49
Gli accostamenti di colore 50
LABORATORIO
   Effetti di accostamento 51
Armonie e disarmonie cromatiche 52
La scomposizione del colore 54
LABORATORIO
   Comporre i colori 54

Unità 3

La composizione 56

Il formato 58
L'inquadratura 60
LABORATORIO
   Formati e inquadrature 61
La simmetria 62
LABORATORIO
   Immagini simmetriche 65
Il ritmo 66
LABORATORIO
   Sperimenta con il ritmo 69
   Ritmo e movimento 70
Le configurazioni 72
Il peso visivo 74
Equilibrio statico e dinamico 76
LABORATORIO
   Configurazioni, pesi, equilibrio 77

Indice

Unità 4

La rappresentazione dello spazio — 78

Gli indici di profondità — 80
LABORATORIO
    La profondità con il collage — 83

La prospettiva — 84
LABORATORIO
    Disegnare in prospettiva — 88

Unità 5

La luce e l'ombra — 90

Il chiaroscuro e il volume — 92

Ombra propria e ombra portata — 94
LABORATORIO
    Luci e ombre — 95

Gli effetti espressivi della luce — 96

Nel digitale...

ARTEpiù Il significato simbolico del colore • Punti e linee forza • Punti di vista • La luce in scultura e architettura

Fotogallery Punti, linee, texture • Armonie e disarmonie cromatiche • Opere e schemi di composizione • Simmetrie in natura • La luce nelle opere d'arte

Tutorial Creo un'opera puntinista • Disegnare la prospettiva centrale • Disegnare con il chiaroscuro • Vari modi per realizzare le ombre

Verifiche interattive

In rete Punti, linee e texture nelle opere di Roy Lichtenstein • *Dreamtime*, arte aborigena • Gnoli: piccoli particolari in quadri enormi • Colora i mandala on line • Kandinsky al lavoro • La prospettiva nell'arte rinascimentale • Le installazioni di luce di Dan Flavin • Caravaggio e la forma della luce

Sezione 2
I materiali e le tecniche

Unità 1

Disegnare — 100

La matita — 102
LA SCUOLA DELLE TECNICHE
    Esempi d'autore — 103
    Sperimento io — 103

Il carboncino e la sanguigna — 104
LA SCUOLA DELLE TECNICHE
    Esempi d'autore — 105
    Sperimento io — 105

La penna e l'inchiostro — 106
LA SCUOLA DELLE TECNICHE
    Esempi d'autore — 107
    Sperimento io — 107

I pennarelli — 108
LA SCUOLA DELLE TECNICHE
    Esempi d'autore — 108
    Sperimento io — 108

Le matite colorate — 110
LA SCUOLA DELLE TECNICHE
    Esempi d'autore — 111
    Sperimento io — 111

I pastelli — 112
LA SCUOLA DELLE TECNICHE
    Esempi d'autore — 113
    Sperimento io — 113

Il graffito — 114
LA SCUOLA DELLE TECNICHE
    Esempi d'autore — 114
    Sperimento io — 115

Indice

Unità 2

Dipingere — 116

La tempera — 118
LA SCUOLA DELLE TECNICHE
   Esempi d'autore — 119
   Sperimento io — 119

La pittura a olio — 120
LA SCUOLA DELLE TECNICHE
   Esempi d'autore — 121
   Sperimento io — 121

I colori acrilici — 122
LA SCUOLA DELLE TECNICHE
   Esempi d'autore — 123
   Sperimento io — 123

L'acquerello — 124
LA SCUOLA DELLE TECNICHE
   Esempi d'autore — 125
   Sperimento io — 125

Il dripping — 126
LA SCUOLA DELLE TECNICHE
   Esempi d'autore — 126
   Sperimento io — 127

La pittura a spruzzo — 128
LA SCUOLA DELLE TECNICHE
   Esempi d'autore — 128
   Sperimento io — 129

Il frottage — 130
LA SCUOLA DELLE TECNICHE
   Esempi d'autore — 130
   Sperimento io — 131

Il collage — 132
LA SCUOLA DELLE TECNICHE
   Esempi d'autore — 132
   Sperimento io — 132

Il mosaico — 134
LA SCUOLA DELLE TECNICHE
   Esempi d'autore — 134
   Sperimento io — 135

La pittura su stoffa — 136
LA SCUOLA DELLE TECNICHE
   Esempi d'autore — 136
   Sperimento io — 137

Le tecniche artistiche di stampa — 138
LA SCUOLA DELLE TECNICHE
   Esempi d'autore — 138
   Sperimento io — 139

L'arte digitale — 140
LA SCUOLA DELLE TECNICHE
   Esempi d'autore — 141
   Sperimento io — 141

Unità 3

Creare a tre dimensioni — 142

Modellare — 144
LA SCUOLA DELLE TECNICHE
   Esempi d'autore — 145
   Sperimento io — 145

Scolpire — 146
LA SCUOLA DELLE TECNICHE
   Esempi d'autore — 146
   Sperimento io — 146

Lo sbalzo — 148
LA SCUOLA DELLE TECNICHE
   Esempi d'autore — 149
   Sperimento io — 149

Indice

I materiali poveri	150
LA SCUOLA DELLE TECNICHE	
Esempi d'autore	150
Sperimento io	150
Il ready made	152
LA SCUOLA DELLE TECNICHE	
Esempi d'autore	152
Sperimento io	153

Nel digitale...

ARTEpiù Il disegno nella storia • L'incisione a bulino e a punta secca • Le tecniche miste e polimateriche • I vetri colorati • L'acquaforte • La litografia • La pittura parietale a tempera e a encausto • L'affresco su parete • La fusione in bronzo • Le tecniche di oreficeria • Maiolica, terracotta e porcellana • La scultura in pietra • La scultura in legno

Fotogallery La pittura a olio nella storia dell'arte • Il collage nella storia dell'arte • Tessuti stampati

Tutorial Come fare sfumini da disegno fai da te • Come usare i pennarelli con punta a pennello • Dipingere con la tempera • Dipingere con i colori a olio • Come sfumare i colori • Lavorare con il mosaico • Disegnare Johnny Depp come capitano Jack Sparrow in Photoshop • Modellare un vaso con la tecnica del colombino • Modellare a tutto tondo • Modellare a rilievo • Preparare la cartapesta

Verifiche interattive

In rete Jan van Eyck e la pittura a olio • Intervista a Jackson Pollock • Il mosaico contemporaneo • I classici dell'arte si animano con la magia del digitale • Studio Azzurro: *Il Nuotatore* • Il Giardino dei Tarocchi • Penone, la verità del legno • La lavorazione del marmo • L'arte e il riciclo

Sezione 3
Temi per creare

Unità 1

La natura — 156

Gli alberi	158
DISEGNO DAL VERO	159
NELLA BOTTEGA DELL'ARTISTA	
Lo sviluppo dei rami	160
La chioma a pennellate	162
I colori degli alberi	163
Foglie e fiori	164
DISEGNO DAL VERO	165
NELLA BOTTEGA DELL'ARTISTA	
Foglie e fiori per decorare	166
Fiori in composizione	167
Frutti e ortaggi	168
DISEGNO DAL VERO	168

NELLA BOTTEGA DELL'ARTISTA	
Fuori e dentro	169
La natura morta	170
Gli animali	172
DISEGNO DAL VERO	173
NELLA BOTTEGA DELL'ARTISTA	
Colori e forme in libertà	174
Animali a tre dimensioni	176
Animali come moduli	177
Animali fantastici	178
Animali in movimento	180
NELLA BOTTEGA DELL'ARTISTA	
L'illusione del movimento	181

Unità 2

Paesaggi e ambienti — 182

Il paesaggio	184
DISEGNO DAL VERO	186
NELLA BOTTEGA DELL'ARTISTA	
Le linee del paesaggio	188
Colori, atmosfere, impressioni	190
Il cielo	192
DISEGNO DAL VERO	193
NELLA BOTTEGA DELL'ARTISTA	
Colore e movimento	194
Non solo azzurro	195
L'acqua	196
DISEGNO DAL VERO	197
NELLA BOTTEGA DELL'ARTISTA	
Riflessi, colori e trasparenze	198
Acqua in movimento	199

Il paesaggio urbano	200
DISEGNO DAL VERO	202
NELLA BOTTEGA DELL'ARTISTA	
Vedute di città	204
Un'idea di città	205
Gli ambienti interni	206
DISEGNO DAL VERO	207
NELLA BOTTEGA DELL'ARTISTA	
L'atmosfera di una stanza	208
Gli oggetti	210
NELLA BOTTEGA DELL'ARTISTA	
Composizione di oggetti	211
Oggetti Pop	212
Oggetti impossibili	213

Unità 3

La figura umana — 214

Il corpo	216
DISEGNO DAL VERO	217
NELLA BOTTEGA DELL'ARTISTA	
Figure essenziali in movimento	218
Il volto e il ritratto	220
DISEGNO DAL VERO	221
NELLA BOTTEGA DELL'ARTISTA	
Espressioni ed emozioni	222
Ritratti con ironia	223

Nel digitale...

ARTEpiù Gli animali nell'arte • La pittura en plain air • La land art, quando il paesaggio è opera d'arte • Il cielo nell'arte • La città nell'arte • Gli oggetti nell'arte • La body art, quando il corpo è opera d'arte • Volti e maschere • La figura umana nell'arte • Il volto nell'arte

Fotogallery Gli alberi nella storia dell'arte • Fiori e foglie per decorare • La natura morta • Animali in movimento • Paesaggi e atmosfere • Le nuvole • Manifesti turistici • Figure in movimento

Tutorial Dipingere un papavero ad acquerello • Come disegnare un gatto • Un paesaggio collinare all'aperto • Disegnare il corpo umano in proporzione

In rete I fiori di Georgia O'Keeffe • Gli animali di Franz Marc • Monet e la pittura en plain air • Le nature morte di Giorgio Morandi • Le figure stilizzate di Keith Haring • L'altra faccia (umana) delle cose

Sezione 4
Mezzi e linguaggi della comunicazione multimediale

Unità 1

Fumetto — 226

Tanti generi per tutti i gusti	228
Il linguaggio del fumetto	231
LABORATORIO	
La caratterizzazione dei personaggi	235

Unità 2

Grafica, pubblicità, design — 236

La grafica	238
I campi di applicazione della grafica	240
Il linguaggio della grafica	242
Il logo e il marchio	244
LABORATORIO	
Il grafico sei tu	245
La pubblicità	246
Gli scopi e gli ambiti della pubblicità	248
Il linguaggio della pubblicità	250

8

Indice

L'importanza delle motivazioni	252
LABORATORIO	
Il pubblicitario sei tu	253
Il design	254
I campi di applicazione del design	256
Il linguaggio del design	258
Il design migliora la qualità della vita	260
LABORATORIO	
Il designer sei tu	261

Unità 3

Fotografia e cinema — 262

La fotografia	264
Gli scopi della fotografia	266
Il linguaggio della fotografia	269
LABORATORIO	
Il fotografo sei tu	273
Il cinema	274
I generi cinematografici	276
Il linguaggio del cinema	278
Il cinema di animazione	282
LABORATORIO	
Tu e il cinema	283

Unità 4

Televisione e web — 284

La televisione	286
I programmi televisivi e i loro scopi	288
Il linguaggio della televisione	290
LABORATORIO	
Tu e la televisione	291
La rete web	292
Come è fatto un sito	294
Il linguaggio del web	296
LABORATORIO	
Anche tu in rete	297

Nel digitale...

ARTEpiù Teatro

Fotogallery Eroi di carta • Manifesti • Pubblicità d'autore • Oggetti nella storia del design • I ritratti • Still life

Mi esercito Creo un diario a fumetti • Creo la copertina di un cd • Analizzo un messaggio pubblicitario

Verifiche interattive

In rete Corto Maltese • LRNZ, l'arte del fumetto • Il fumettista Jacovitti • Bruno Munari: la forma logica degli oggetti • Eco-design: come trasformare la spazzatura in design • Breve storia della fotografia in 20 clamorose foto • *Il monello* • *Allegri vagabondi* • *La vita di P* • *Avatar*: dietro le quinte • *Biancaneve e i sette nani* • Ricordando Walt Disney • TV buona maestra • *Lascia o raddoppia?* • Apollo 11: Neil Armstrong, il primo uomo sulla luna • Tiggì Gulp • In giro per musei con il web

Immagine e comunicazione

Nella nostra società il linguaggio delle immagini è di gran lunga il più utilizzato per comunicare: imparare a decodificarlo correttamente è importante per poter essere cittadino consapevole del nostro tempo.

Rispetto ad altre forme di linguaggio, quello visivo offre il vantaggio di essere immediato e per certi aspetti universale, cioè comprensibile a tutti, indipendentemente dalla lingua parlata. Ma riflettendo bene possiamo scoprire che un'immagine, anche se apparentemente semplice, contiene tanti possibili significati e può essere interpretata in modi diversi.

- Di una immagine possiamo chiederci chi l'ha creata, per chi, a quale scopo e qual è il messaggio che contiene: è il punto di vista della **comunicazione**, a cui sono dedicate le pagine introduttive di questo volume.
- Possiamo poi analizzare il **linguaggio** di una immagine, cioè i segni, i colori, le forme, e come tutto questo è composto nello spazio e colpisce la nostra percezione: scoprirai questo importante punto di vista nella prima sezione del testo.
- Possiamo osservare in che modo l'autore ha realizzato un'opera, cioè quali **materiali e tecniche** ha scelto: a questo argomento è dedicata la seconda sezione del testo, dove scoprirai le tecniche utilizzate dall'arte nel corso della storia, ma soprattutto troverai tante indicazioni pratiche per creare a tua volta.
- Un'altra domanda che ci poniamo di fronte a una immagine è che cosa rappresenta, quali soggetti sono raffigurati: nella terza sezione del volume potrai osservare e analizzare i **temi** ricorrenti nelle opere visive e troverai indicazioni pratiche per imparare anche tu a osservare la realtà e a interpretarla nelle tue creazioni, prendendo a modello gli esempi dei grandi artisti passati e presenti.
- Nell'ultima sezione scopriremo infine i linguaggi visivi tipici della **comunicazione del nostro tempo**, quelli che ci accompagnano ogni giorno nella vita quotidiana e che riescono a raggiungere un gran numero di persone.

Conoscere tutti questi aspetti ti aiuterà a decodificare in modo corretto le immagini e ti offrirà inoltre un bagaglio di conoscenze e stimoli per ampliare le tue possibilità espressive.

Nel digitale...

ARTE più
Dove si trova l'arte?

 Mi esercito
La rappresentazione della realtà nell'arte

 IN RETE
Studio Azzurro: *La Pozzanghera* • La percezione visiva e la optical art

11

La comunicazione visiva

Nel corso dei secoli gli uomini hanno sviluppato dei veri e propri linguaggi per comunicare, e tra di essi il linguaggio dell'arte occupa un posto importante. Ma tutte le immagini, non solo quelle create dagli artisti, ci comunicano qualcosa.
Prima di iniziare il nostro viaggio alla scoperta del linguaggio visivo, delle sue tecniche e delle sue regole, osserviamo in che modo comunichiamo attraverso le immagini cercando di rispondere ad alcune domande.

Che cosa mi «dice»?

Che cosa ci «dicono» questi due oggetti? Quale immagine di sé vorranno comunicare le persone che li scelgono? Anche gli oggetti di tutti i giorni ci parlano attraverso le immagini: un linguaggio nascosto che esprime gusti, caratteri, storie…

Chi comunica a chi?

Chi ha deciso di diffondere questa immagine pubblicitaria? A chi è diretta? Quando due persone parlano, è facile capire chi sta comunicando e a chi è diretta la comunicazione. Con le immagini questo non è immediato, ma è importante capire che le immagini sono state create da qualcuno per qualcun altro.
Chiedersi chi sono i protagonisti di una comunicazione ci aiuta a comprendere il suo scopo e il suo significato.

La comunicazione visiva

Per quali scopi usiamo le immagini?

A che cosa servono le immagini che vedi qui? Per quale scopo sono state create? Per comprendere a fondo il significato di un messaggio visivo dobbiamo cercare di capire anche qual è l'intenzione di chi lo ha creato.

Alberto Giacometti, *Uomo che cade*, 1950, bronzo, Avignon, Musée Calvet.

In che modo le immagini si riferiscono alla realtà?

A volte le immagini sono così simili alla realtà che le scambiamo con gli oggetti reali a cui si riferiscono. Ma non è mai così! Le immagini sono sempre una interpretazione della realtà, come puoi vedere bene in questo ritratto della celebre attrice Marilyn Monroe creato da Andy Warhol rielaborando una fotografia.

Andy Warhol, *Shot Light Blue Marilyn*, 1964, Greenwich, The Brant Foundation.

In che modo percepiamo le immagini?

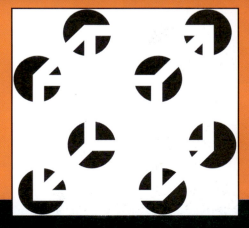

Riesci a vedere la struttura di un cubo bianco? Eppure non è disegnato! Quando vediamo qualcosa, non percepiamo solo con gli occhi ma anche con la mente, e la nostra mente può vedere anche qualcosa che non c'è.
Chi vuole comunicare attraverso le immagini deve conoscere le regole della percezione visiva, cioè il modo in cui le immagini raggiungono i nostri sensi e vengono decodificate dalla nostra mente.

13

Immagine e comunicazione

Le immagini ci parlano

Nella società contemporanea siamo immersi continuamente in un mondo di immagini. In ogni momento, in qualunque luogo, le immagini che percepiamo ci comunicano qualcosa: ci danno informazioni utili, ci emozionano, ci permettono di orientarci nel mondo e di dialogare con gli altri.
Molte immagini che ci circondano sono state intenzionalmente create da qualcuno per trasmettere dei messaggi: sono i **segni** del linguaggio visivo.

Il semaforo rosso ci comunica che non possiamo passare; il colore rosso è stato usato intenzionalmente da qualcuno per comunicare un messaggio attraverso un codice linguistico ben preciso: in questo caso il colore rosso è un **segno**.

Segni e segnali

Gli studi sulla comunicazione distinguono tra segni e segnali. I primi sono intenzionali, vengono cioè usati proprio per comunicare qualcosa, mentre i segnali ci danno informazioni per «associazione di idee». Chiariamo questi concetti con due esempi.

Le città raccontano la loro storia

L'immagine di una città presenta innumerevoli segni che ci parlano della sua storia e della sua cultura e delle abitudini del luogo. Molte città italiane sono ricche di monumenti, opere d'arte, architetture che testimoniano la loro lunga storia e le civiltà da cui hanno avuto origine.
Nelle città italiane opere e monumenti del passato convivono con opere, edifici, immagini del nostro tempo, creando una **stratificazione di segni** appartenenti a epoche e culture diverse.
È veramente affascinante imparare a leggere i «segni» dell'arte e della storia negli ambienti che frequentiamo tutti i giorni.

Il colore rosso della mela ci informa che il frutto è maturo, pronto per essere mangiato, ma non c'è qualcuno che volutamente ha usato il colore rosso per darci questa informazione: in tal caso l'immagine della mela rossa è per noi un **segnale**.

Jiménez Deredia, *La genesi e il simbolo*, 2009, Roma, Colosseo.

La comunicazione visiva

Wiligelmo, *Storia della Genesi, Creazione di Adamo* (part.), 1099-1106, Duomo di Modena.

I rilievi narrano storie sacre

Anche nel passato le immagini venivano usate per comunicare: per esempio nelle chiese gli affreschi, le immagini delle vetrate, i bassorilievi dei portali raccontavano storie religiose e trasmettevano al popolo, in maggioranza analfabeta, i messaggi della chiesa.

Anche il look comunica

L'atteggiamento, le espressioni del viso, l'abbigliamento di una persona ci comunicano informazioni sulla sua personalità, le sue emozioni e la sua identità. Un numero sempre maggiore di persone, in particolare i giovani, usa oggi intenzionalmente il look per dare una certa immagine di sé e dichiarare la propria appartenenza a un gruppo.

I componenti della band *30 Seconds to Mars*.

Il linguaggio delle icone

Nella comunicazione veloce che caratterizza la società attuale sostituiamo spesso le parole con semplici immagini simbolo.
Le **emoticon** sono icone usate nella scrittura digitale per esprimere uno stato d'animo.

Fare per creare

- Individua segni e segnali, p. 4
- Vai a caccia di indizi e segni in un ambiente urbano, p. 6

Immagine e comunicazione

Gli elementi della comunicazione

Come in ogni altra forma di comunicazione, anche in quella visiva c'è un **emittente**, cioè colui che produce il messaggio, e un **destinatario** del messaggio.
Il messaggio ha sempre uno **scopo**, che corrisponde all'intenzione di chi produce il messaggio.

I destinatari

I messaggi della comunicazione visiva sono diretti a un gran numero di fruitori, cioè ad un **pubblico** numeroso: per questo si parla di «comunicazione di massa».
Alcuni messaggi si rivolgono in modo specifico a una precisa categoria di destinatari, per esempio i giovani, i bambini, o un certo gruppo professionale: in questo caso i messaggi utilizzeranno un linguaggio adatto, specifico.

Il committente

Molti messaggi visivi nascono per iniziativa di un committente, cioè di qualcuno che desidera comunicare qualcosa e affida ad artisti o professionisti il compito di realizzare un'opera che corrisponda ai suoi scopi. Per esempio, il committente di un manifesto pubblicitario è l'azienda che vuole pubblicizzare i suoi prodotti.
Anche le opere d'arte possono avere un committente; spesso è un **committente pubblico**, per esempio un'autorità cittadina che commissiona a un artista la realizzazione di un monumento o la decorazione di un edificio pubblico; altre volte, invece, è un **committente privato**.

Questo dipinto eseguito dall'artista cinquecentesco Jacopo Pontormo fu commissionato dalla famiglia Capponi per abbellire la propria cappella all'interno della chiesa fiorentina di Santa Felicita.

Jacopo Pontormo, *Deposizione*, 1526-28, olio su tavola, Firenze, Chiesa di Santa Felicita.

Molte opere del passato nascevano per iniziativa di un committente pubblico, come questo arco trionfale romano, fatto erigere dall'imperatore Settimio Severo per celebrare la vittoria sui Parti.

Arco di Settimio Severo, 202-203 d.C., Roma.

Gli scopi

Un'immagine può essere creata per diversi scopi: informare, dare istruzioni di comportamento, convincere a fare qualcosa o a condividere un'idea, divertire, suscitare un'emozione.

Questa immagine ha la funzione di **proibire** un certo comportamento: non si può fumare.

Quest'immagine tratta da un video ha la funzione di **informare** sul disastro causato dall'esondazione del fiume Tevere, a Roma.

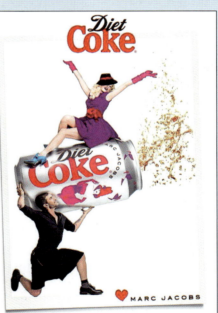

Questa immagine ha la funzione di **divertire** e **intrattenere** il pubblico a cui è rivolta.

Le immagini della pubblicità hanno la funzione di **convincere** il pubblico della bontà del prodotto pubblicizzato.

Un'immagine può essere realizzata senza scopi pratici, ma per **esprimere** il proprio mondo interiore e comunicare agli altri le proprie emozioni. È il caso delle immagini artistiche.

Claude Monet, *Camille Monet in giardino*, 1873, olio su tela, Collezione privata.

- Scopri chi comunica a chi, p. 8

Immagine e comunicazione

I linguaggi dell'arte ARTE più

Ogni linguaggio possiede propri **codici**, cioè delle **regole di funzionamento**.
Il codice del linguaggio visivo comprende molti aspetti. L'espressività degli elementi grafici di base (come punti e linee), le regole della composizione e dell'equilibrio tra le varie forme, la combinazione dei colori sono tutti aspetti che potremmo definire la «grammatica» del linguaggio visivo; ci sono poi le tecniche e i materiali che condizionano l'opera; e ancora le tradizioni, la cultura del tempo in cui vive l'artista; infine il linguaggio specifico, lo «stile» del singolo artista.
Decodificare un'immagine significa imparare ad analizzare il suo linguaggio per comprenderne i significati. Esistono però immagini di diverso tipo, come disegni, affreschi, sculture, film, fumetti: ognuna di queste tipologie possiede un proprio linguaggio specifico, o **sottocodice**.
Non sempre i confini tra le diverse tipologie sono netti: soprattutto nell'arte contemporanea si combinano diversi linguaggi.

La classificazione tradizionale delle opere d'arte

Nella nostra tradizione artistica si usa raggruppare le opere visive in grandi categorie: la prima distinzione è tra **opere a due dimensioni**, come disegni e pitture, e **opere tridimensionali**, cioè che hanno un volume, come le sculture e le costruzioni architettoniche. Ecco un elenco schematico.

La **grafica** comprende le opere basate principalmente sul **segno grafico** e dove il colore è assente o poco importante: i **disegni** e le **stampe artistiche**, cioè riprodotte in un numero limitato di copie attraverso tecniche non industriali, appartengono alla grafica.

La caratteristica principale delle opere di **pittura** è il **colore**. La pittura include tantissime tecniche basate sull'uso di materiali diversi (colori a olio, a tempera, ad acquerello, tecniche miste...) e supporti differenti (tela, legno, carta, muro, vetro...). Si considera parte della pittura anche il **mosaico**, la **vetrata**, il **collage**.

La **scultura** comprende le opere **a tre dimensioni**, distinte in opere **a tutto tondo** (quando si possono vedere da ogni lato) e **rilievi** (quando sporgono da un supporto).
La scultura vera e propria è ottenuta togliendo materiale da un blocco di pietra o di legno, ma essa include anche le opere di **modellaggio** (in creta, argilla, cera, resina...), di **fusione** in bronzo o altro metallo, e di **assemblaggio** di materiali diversi.

Qual è il significato di questa immagine?
Per rispondere, dobbiamo analizzare il suo linguaggio. Alcuni aspetti del linguaggio sono **universali** e facilmente decodificabili: per esempio, possiamo capire subito che si tratta della rappresentazione di un volto umano. Ma per comprendere a fondo il suo significato e le intenzioni comunicative dell'artista, dobbiamo conoscere anche la mentalità del tempo, le tradizioni culturali del luogo e le tecniche utilizzate.

Maschera Mukuyi proveniente dal Gabon, legno, Parigi, Musée National Picasso.

L'**architettura** si riferisce alla progettazione di **edifici** destinati ai più diversi scopi: abitazione, culto, luogo di lavoro, funzione pubblica... La caratteristica delle opere di architettura è di avere uno **spazio esterno** e uno **interno** e di attribuire la stessa importanza alla sua funzione pratica e al suo aspetto estetico. Le forme delle opere di architettura dipendono anche dai materiali (legno, mattoni, cemento armato, vetro...) e dalle tecniche di costruzione scelti dal progettista.

La comunicazione visiva

I nuovi linguaggi dell'arte

Le opere d'arte contemporanee sfuggono spesso alla classificazione di cui abbiamo parlato. Esse tendono infatti a unire tecniche e linguaggi diversi, e a creare modalità completamente nuove grazie anche all'uso delle tecnologie multimediali e informatiche.

L'**installazione** è un tipo di opera in cui l'artista predispone oggetti e immagini in un ambiente con lo scopo di offrire al pubblico, invitato a interagire con l'opera, un'esperienza coinvolgente e significativa. Nell'opera di Anish Kapoor il pubblico è invitato a entrare nel lungo tubo e percorrerlo tutto. Come molte installazioni, l'opera è *site specific*, cioè creata appositamente per quello spazio.

Anish Kapoor, *Dirty Corner*, 2011, Milano, Fabbrica del vapore.

Spesso le installazioni includono dei video: quando questi hanno un ruolo preponderante, si parla di **videoinstallazioni**.

Carlos Casas, *End*, 2010, Milano, Fondazione Hangar Bicocca.

Nella **performance** l'artista compie delle azioni per comunicare qualcosa al pubblico, provocarne le reazioni o farlo riflettere. La performance può utilizzare tanti linguaggi diversi e si colloca al confine tra teatro e arte visiva.
Nell'immagine vedi l'artista Marina Abramović che per tre mesi di seguito sedette tutto il giorno in uno spazio del museo guardando negli occhi in silenzio il pubblico che sostava di fronte a lei.

Marina Abramović, *The artist is present*, 2010, New York, Moma

Le tecnologie digitali hanno fatto nascere nuovi linguaggi artistici. La **computer art** comprende opere in cui il computer e i suoi programmi vengono utilizzati per creare le immagini, che possono essere fisse, in movimento e anche interattive, come nell'esempio a fianco: gli artisti hanno creato una «pozzanghera» virtuale con cui il pubblico può interagire.

Studio Azzurro, *La Pozzanghera*, 2006, videoambientazione interattiva.

Immagine e comunicazione

L'arte e la rappresentazione della realtà

Anche quando un'immagine ci appare molto simile alla realtà, come nel caso di una fotografia o di un documentario televisivo, non dobbiamo mai confondere le due cose. Un'immagine infatti è una **rappresentazione** della realtà ed è stata creata da qualcuno (l'artista, il fotografo, il regista, il grafico) per un certo scopo utilizzando un certo linguaggio.

René Magritte, *Questa non è una pipa*, 1948, olio su tela, Ginevra, Collezione privata.

In questo quadro l'artista belga René Magritte ha raffigurato una pipa, accompagnata da un testo che dice: «Questa non è una pipa». Infatti, non si tratta di una pipa, ma della **rappresentazione** di una pipa e, come tutte le immagini artistiche, è frutto dei pensieri e delle emozioni di chi l'ha creata.

Un tema, tanti messaggi

Osserva le tre immagini qui sotto: rappresentano tutte un gatto, ma sono molto diverse. Ciascuna di esse è stata creata con uno scopo e utilizza per questo un particolare linguaggio visivo. Quando osserviamo un'immagine, dunque, è importante chiedersi non solo **che cosa** rappresenta (in questo caso un gatto), ma soprattutto **come** quel tema viene espresso e **perché** viene usato proprio quel linguaggio in quel particolare modo.

Franz Marc è un artista che ha rappresentato spesso gli animali, preoccupandosi non tanto di raffigurarli fedelmente quanto di **trasmettere la «personalità»** dell'animale così come viene percepita dall'autore. Questo gatto spicca nel quadro come protagonista assoluto; le sue forme arrotondate e morbide colgono bene un tipico atteggiamento dell'animale.

Franz Marc, *Gatto su cuscino giallo*, 1912, olio su tela, Moritzburg (Germania), Staatliche Galerie Moritzburg.

La fotografia mostra un gatto come lo vediamo nella realtà: essa comunica **informazioni precise** sul suo aspetto fisico e il suo atteggiamento.

Il gatto Felix dei cartoni animati è una rappresentazione di fantasia, molto lontana dalla realtà: l'animale è personificato, cioè rappresentato con espressioni e atteggiamenti umani, attraverso il linguaggio tipico dei fumetti, allo scopo di **divertire**.

Diversi modi per raffigurare

Le immagini dell'arte non sono un'imitazione della realtà, ma una sua **interpretazione**, attraverso la quale l'artista esprime le sue idee, i suoi sentimenti, le sue intenzioni e anche i gusti e il linguaggio dell'epoca e del luogo in cui vive.

Studiando la storia dell'arte conoscerai modi diversi di **raffigurazione**, ciascuno efficace se adatto a ciò che si vuole esprimere e comunicare.
Esaminiamo insieme in quanti modi diversi può essere raffigurata una figura umana.

In questo affresco il dio Ra e la dea Amonet hanno il volto e le gambe di profilo e le spalle di fronte: questo tipo di raffigurazione, tipica dell'antico Egitto, è detta **stilizzata**, cioè creata seguendo uno stile rigido e preciso.

Affresco della camera sepolcrale di Nefertari a Luxor.

Giorgione, *Doppio ritratto*, 1502 circa, olio su tela, Roma, Palazzo Venezia.

Il ritratto qui a fianco è opera di un pittore italiano del Rinascimento, Giorgione. Secondo lo stile del tempo, egli ha raffigurato il personaggio illustrando con precisione i lineamenti, l'espressione del volto, il vestito, l'acconciatura. Per la sua somiglianza con la realtà, questo tipo di raffigurazione è definita **naturalistica** o **realistica**.

Questo ritratto riproduce un volto dai lineamenti sproporzionati: il lungo naso, la bocca e gli occhi piccoli. È un esempio di immagine **deformata** rispetto alla realtà.

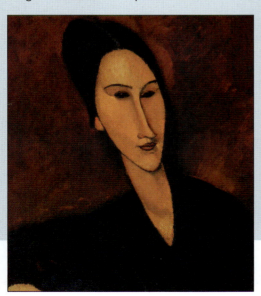

Nel ritratto della *Ragazza seduta*, Kirchner ha privilegiato l'espressività senza dare troppa importanza alla corrispondenza esteriore con la realtà. La donna seduta sul letto, infatti, ha forme molto rigide e spigolose, i contorni sono marcati e i colori, accesi e dissonanti, sono stesi in uno spazio non naturalistico. Possiamo definire questo tipo di immagine **semplificata**.

Ernst Ludwig Kirchner, *Ragazza seduta*, 1910, Minneapolis, Minneapolis Institute of Arts.

Amedeo Modigliani, *Ritratto di Anna Zborowska* (part.), 1917, Roma, Galleria Nazionale d'Arte Moderna.

- Individua il tipo di immagine, p. 10

Immagine e comunicazione

La percezione visiva

Qualunque sia il tipo di opera e di raffigurazione che osserviamo, entriamo in contatto con la sua immagine attraverso la percezione visiva. Percepire non significa semplicemente vedere, cioè registrare attraverso la vista ciò che appare ai nostri occhi; percepire è «vedere con la mente», cioè **dare un significato alle immagini** che vediamo. Quando si crea un'immagine per comunicare qualcosa, è molto importante sapere come verrà percepita dall'osservatore: per questo occorre conoscere i **principi della percezione visiva**.

Il campo visivo e le figure

Le immagini ci appaiono dentro uno spazio delimitato, detto **campo visivo**: può essere la pagina di un libro, la cornice di un quadro, la porzione di muro per un affresco. All'interno del campo visivo, segni, forme e colori creano una composizione in cui la nostra mente cerca per prima cosa di riconoscere figure che abbiano un significato.

Osserva questo famoso dipinto di Leonardo da Vinci. Riconosciamo immediatamente la figura della donna che ci appare separata dal paesaggio, percepito come sfondo. Il rapporto **figura-sfondo** è la prima cosa che la nostra percezione cerca di stabilire quando osserviamo un'immagine. Ciò che percepiamo come figura ci sembra davanti rispetto a ciò che percepiamo come sfondo.

Piero della Francesca, *Ritratto di Battista Sforza e Federico da Montefeltro*, 1472, olio su tavola, Firenze, Galleria degli Uffizi.

Che cosa rappresenta questa immagine, le fiamme di un fuoco o due mani? In alcune immagini c'è **ambiguità** tra figura e sfondo: a seconda di ciò che consideriamo sfondo e di ciò che consideriamo figura, l'immagine assume diversi significati.

Anche in questo disegno riconosciamo la figura e uno sfondo, seppure si tratti solo di linee nere. Ma la percezione riconosce la figura perché la **linea chiusa** che delimita uno spazio viene interpretata dalla nostra mente come linea di contorno: la porzione di superficie che sta all'interno del contorno ci appare come una figura posta davanti, mentre il resto della superficie ci appare come sfondo.

La comunicazione visiva

Figure... della mente

A volte la mente ci porta a «vedere» figure che in realtà non sono rappresentate o a percepire nelle immagini effetti di movimento, di profondità o di deformazione.
Questi **effetti ottici** sono stati studiati dagli psicologi della percezione; di essi tengono conto gli artisti e soprattutto coloro che progettano immagini per la moderna comunicazione di massa.

Quando vediamo una figura complessa e irregolare, la nostra mente tende a organizzarla in forme semplici e facilmente riconoscibili.
Che cosa vedi in questa immagine? Probabilmente percepisci alcune figure geometriche come una specie di croce bianca in primo piano, un quadrato nero dietro ecc. In realtà queste figure non sono disegnate: è la disposizione dei segni che stimola la nostra mente a «vederle». Infatti, quando osserviamo una **figura incompleta**, tendiamo a vederla tutta intera immaginando il suo contorno.

In questa figura le due estremità più sottili sembrano passare dietro a quelle più grosse, ma in realtà nel disegno le figure sono sullo stesso piano; siamo noi che tendiamo a vedere due superfici su piani diversi percependo un **effetto di profondità**.

Fissa lo sguardo sui due cerchi qui a fianco. Che cosa succede? I due cerchi sembrano ruotare, ma è un'**illusione ottica**, visto che in realtà i cerchi sono fermissimi!

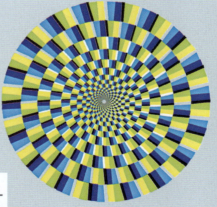 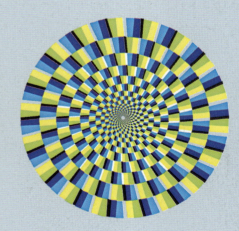

Le linee orizzontali sono parallele? Misura e scopri il segreto di questa famosa **illusione ottica**.

- Distingui figura e sfondo, p. 11
- Scopri che cosa c'è di strano, p. 12
- Osserva e misura, p. 13

23

Sezione 1
Il linguaggio visivo

Unità della Sezione

1. **I segni grafici**
2. **Il colore**
3. **La composizione**
4. **La rappresentazione dello spazio**
5. **La luce e l'ombra**

Il linguaggio verbale, quello che usiamo per parlare, scrivere, leggere, è fatto di lettere, parole e frasi combinate tra loro secondo alcune regole che ne costituiscono la grammatica.

Come tutti i linguaggi, anche quello delle immagini, o **linguaggio visivo**, ha una sua «**grammatica**»: i suoi elementi sono i segni, i colori, le superfici, l'uso dello spazio, le luci e le ombre…

Nelle prossime pagine potrai osservare, analizzare e sperimentare tu stesso ciascuno di questi elementi; in altre parole, scoprirai e imparerai a conoscere la grammatica del linguaggio visivo, una conoscenza indispensabile per capire a fondo le immagini che ti colpiscono ogni giorno e per esprimerti e comunicare con le immagini in modo consapevole ed efficace.

Nel digitale...

ARTE più
Il significato simbolico del colore • Punti e linee forza • Punti di vista • La luce in scultura e architettura

FOTOGALLERY
Punti, linee, texture • Armonie e disarmonie cromatiche • Opere e schemi di composizione • Simmetrie in natura • La luce nelle opere d'arte

TUTORIAL
Creo un'opera puntinista • Disegnare la prospettiva centrale • Disegnare con il chiaroscuro • Vari modi per realizzare le ombre

VERIFICHE INTERATTIVE

IN RETE
Punti, linee e texture nelle opere di Roy Lichtenstein • *Dreamtime*, arte aborigena • Gnoli: piccoli particolari in quadri enormi • Colora i mandala on line • Kandinsky al lavoro • La prospettiva nell'arte rinascimentale • Le installazioni di luce di Dan Flavin • Caravaggio e la forma della luce

25

Unità 1
I segni grafici ✓

Punti, linee, texture sono i segni fondamentali del linguaggio visivo. Componibili in una infinità di modi diversi, li possiamo riconoscere nella natura, negli oggetti e in tutte le immagini create dagli uomini, dalle più semplici alle più complesse, in ogni epoca e cultura.
Sono presenti nelle più antiche manifestazioni artistiche dell'umanità come nelle immagini contemporanee, dai disegni dei bambini ai capolavori dei grandi artisti.

Natura

Le linee sottili delle venature di una foglia, i puntini sulle ali di una coccinella, la texture di una corteccia, le linee e le texture che disegnano un paesaggio… Ovunque, nella natura, abbiamo sotto gli occhi i segni base del linguaggio visivo, modello per le opere degli uomini.

I segni grafici

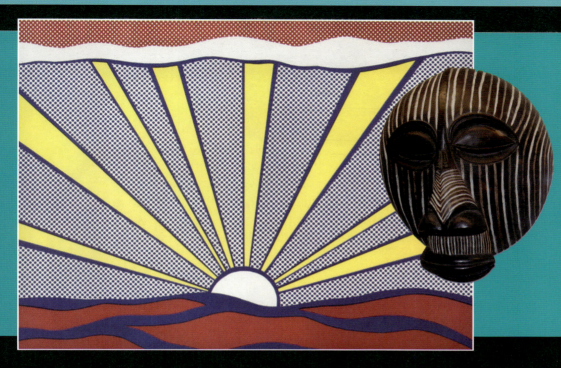

Arte

Nelle realizzazioni artistiche di ogni luogo e tempo, da quelle popolari a quelle dei grandi artisti, troviamo un utilizzo espressivo dei segni grafici. Osserva le linee che decorano una maschera africana mettendone in risalto le forme e l'espressione.

L'opera di Roy Lichtenstein è costruita partendo da segni grafici di base: linee nette che definiscono i contorni e punti che riempiono ampie campiture.

Roy Lichtenstein, *Tramonto*, 1965, litografia, New York, Leo Castelli Gallery.

Oggetti

Punti, linee, texture sono largamente utilizzati negli oggetti di tutti i giorni per il loro effetto decorativo.
Il tessuto a fianco, proveniente dal Guatemala, è in realtà realizzato unendo tessuti diversi e creando in questo modo un accostamento decorativo di linee, punti e texture.
Nei cestini intrecciati l'alternanza dei colori crea un allegro effetto di righe arcobaleno.
Righe e pois sono scelti anche come fantasie per mobili e accessori di arredamento, per un effetto giocoso e appariscente.

Sezione 1 • Il linguaggio visivo

Il punto

Possiamo considerare il **punto** come il **segno minimo del linguaggio visivo**, la più piccola forma ottenuta semplicemente appoggiando uno strumento su una superficie.

Pur essendo un elemento molto semplice, il punto permette di sperimentare molteplici soluzioni creative: può assumere caratteristiche diverse in base allo strumento utilizzato e alla superficie su cui viene tracciato; può essere accostato ad altri punti in vari modi per caratterizzare forme e spazi, per decorare, per raffigurare.

Placca d'avorio di mammut di epoca paleolitica, ritrovata a Mal'ta, Siberia.

Il punto per decorare

Il punto inciso nell'osso (e più tardi, in epoca neolitica, nell'argilla) è uno dei primi segni espressivi utilizzati dall'uomo. In questa placca di osso di mammut i punti creano un **motivo a spirali**.

Il punto è un elemento decorativo molto usato: lo troviamo su abiti, oggetti, gioielli, accessori per la casa.

Il punto e la percezione

Yayoi Kusama, artista giapponese contemporanea, ricopre di punti oggetti e superfici, a volte un intero ambiente, creando nello spettatore un effetto di **disorientamento percettivo** e quasi di allucinazione.

Yayoi Kusama, *Dots Obsession - Day*, 2009, Wellington, City Gallery.

28

I segni grafici

Disegnare con il punto

È possibile «disegnare» utilizzando esclusivamente punti, come ha fatto Saul Steinberg nei suoi giocatori di biliardo costituiti solo di **punti più o meno fitti**.

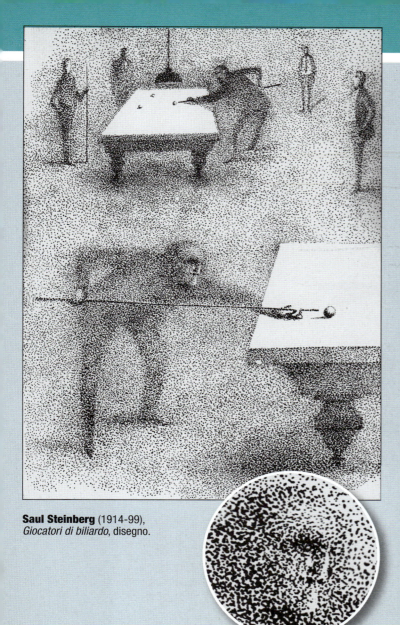

Saul Steinberg (1914-99), *Giocatori di biliardo*, disegno.

La raffigurazione attraverso i punti è una caratteristica della **pittura aborigena australiana**: l'artista John Weeronga, accostando punti colorati, ha dipinto uno stagno, uno dei luoghi più sacri del deserto australiano, con otto sentieri che conducono a esso.
Intorno nallo stagno un'esplosione di colori che indica l'abbondanza di vita.

John Weeronga Bartoo, *Lo stagno*, 2006, acrilico su tela, collezione privata.

Il punto per creare immagini astratte

Alcuni artisti del nostro tempo hanno realizzato opere d'arte astratta con soli punti, disponendoli in una varietà di modi e con numerose funzioni espressive.
Lucio Fontana ha forato la tela con un punteruolo ottenendo punti di varia grandezza. La disposizione dei punti e la loro diversa dimensione guidano l'osservatore nell'interpretazione dell'opera.

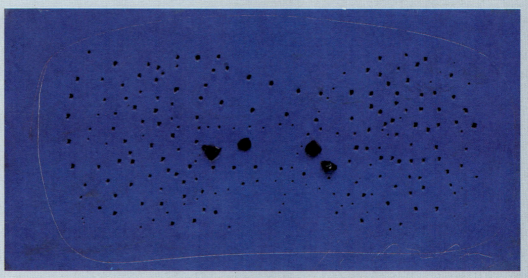

Lucio Fontana, *Concetto spaziale (blu)*, 1953, olio e schegge di vetro su tela forata.

Sezione 1 • Il linguaggio visivo

Le qualità del punto

In base agli strumenti utilizzati per ottenerlo, ai supporti su cui si lavora e al modo in cui viene disposto nello spazio, il punto può acquistare vari **significati espressivi**, comunicando sensazioni ed effetti visivi diversi.

Le caratteristiche del segno

Il punto può essere piccolo o grande, nitido o irregolare: la **dimensione** e l'**aspetto** del punto dipendono dallo strumento con cui è tracciato e dalla superficie su cui agisce lo strumento. Possiamo tracciare punti con la matita, la penna, il pennarello, il pennello, il punteruolo, le dita ecc.; e la superficie può essere liscia, ruvida, porosa, bagnata ecc.: otterremo di conseguenza punti con caratteri molto diversi.

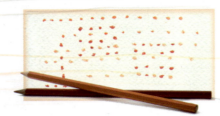
Con la matita

Con il pennarello

Con il pennello

Con le dita

Punti di dimensioni diverse

Accostando **punti di dimensioni diverse** è possibile creare effetti di **movimento** e di **profondità**.

I punti di diverse dimensioni e colori sembrano allontanarsi e avvicinarsi, creando **effetti di movimento**.

I punti più grandi al centro sembrano «in primo piano» e creano un **effetto di profondità**.

Punti più o meno fitti

Tracciando **punti della stessa grandezza**, ma disposti più o meno **condensati** o **rarefatti**, si creano particolari **effetti visivi**.

Punti più fitti al centro e meno fitti verso l'esterno creano un **effetto di espansione**.

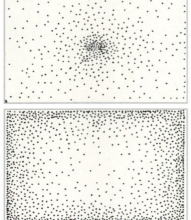

Una striscia orizzontale di punti più fitti crea un effetto di **percorso visivo**.

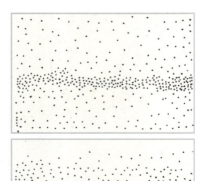

Punti via via meno fitti verso l'interno creano un effetto di **luminosità al centro**.

Punti progressivamente più fitti o meno fitti creano un **effetto di profondità**.

LABORATORIO

Punti nella natura

OSSERVA le fotografie: il punto è un elemento visivo presente anche nella natura.

ISPIRATI a queste immagini per creare una **composizione di punti**: puoi distribuire i punti in modo più uniforme e rarefatto (come nella fotografia 1), oppure creare effetti di condensazione e movimento (come nella fotografia 2); puoi utilizzare tonalità vicine (come nella fotografia 3), oppure scegliere un forte contrasto di colore tra i punti e lo sfondo (come nella fotografia 4).

CREA un fondo di colore uniforme e poi traccia i punti con pennarelli, tamponi, polpastrelli... Puoi anche incollare sullo sfondo materiali come coriandoli colorati, sassolini, chicchi di caffè o di riso, semi...

Fare per creare
Sperimenta con il punto, p. 14.

Sezione 1 • Il linguaggio visivo

La linea

Quando muoviamo uno strumento su una superficie, la traccia che lasciamo è la **linea**, uno dei principali segni del linguaggio visivo.
Fin dall'epoca delle prime manifestazioni artistiche l'uomo ha usato la linea per creare elementi decorativi e per rappresentare forme e figure, in una grande varietà di espressioni.
Nell'arte contemporanea la linea è diventata un **elemento autonomo** di espressione ed è stata anche utilizzata come unico segno per creare immagini.

Vaso a decorazione geometrica, età del bronzo antico (1970-1470 a.C.), Madrid, Museo Arqueológico Nacional.

La linea per decorare

Motivi ornamentali creati tracciando linee si trovano già nei vasi neolitici e ancora oggi la linea costituisce motivo decorativo di molti **oggetti d'uso** quotidiano.

Paul Klee, *Velieri leggermenti mossi*, 1927, disegno a penna, Berna, Collezione privata.

La linea come contorno

Con **linee spezzate** tracciate in un movimento quasi continuo, Paul Klee disegna un gruppo di barche che sembrano ondeggiare nel vento, creando un effetto di dinamismo e leggerezza.

Nel disegno di Haring, bastano **poche linee spesse** per tracciare le figure umane stilizzate, con un effetto di grane forza espressiva e immediatezza.

Keith Haring, 1983, murale di Milwaukee.

I segni grafici

La linea e le forme astratte

La linea può anche disegnare forme astratte, non legate alla realtà. Il pittore olandese Piet Mondrian crea **ritmi** e **forme** nello spazio tracciando linee rette verticali e orizzontali.

Piet Mondrian, *Composizione con rosso, giallo, blu*, 1921.

In quest'opera Victor Vasarely utilizza la linea come **unico elemento** comunicativo di un'immagine. Accostando linee spezzate e curve con diversi orientamenti nello spazio, l'artista ha creato un effetto ottico di **dinamismo** ed **espansione**.

Victor Vasarely, *Zint MC*, 1960, Budapest, Museo Vasarely.

La linea che non c'è

A volte la linea non è realmente disegnata, ma viene percepita dall'osservatore come contorno di una superficie colorata: si tratta di **linee virtuali**.
Nell'opera di Giorgione percepiamo linee di contorno delle figure: in realtà tali linee non esistono, ma derivano da contrasti di colore.

Giorgione, *La Venere dormiente*, 1507-10 circa, olio su tela, Dresda, Gemäldegalerie Alte Meister.

Sezione 1 • Il linguaggio visivo

Le qualità della linea

Possiamo tracciare linee in un numero infinito di modi, variando lo strumento, il supporto, la velocità del gesto, la pressione, l'orientamento nello spazio, ottenendo così effetti comunicativi diversi. Osserviamo da vicino alcune **caratteristiche visive** della linea e le loro **qualità espressive**.

Le caratteristiche del segno

A seconda dello strumento che utilizziamo (matite, pennarelli, pastelli, pennini, pennelli...) possiamo tracciare **linee sottili** o **spesse**.
Il segno sarà **netto** se usiamo, per esempio, una penna su un foglio liscio; sarà invece **irregolare** se usiamo su carta ruvida uno strumento morbido come un gessetto o un pastello a cera. Otteniamo linee più o meno spesse e decise anche variando la **pressione** e la **velocità del gesto**.

Pennino su carta liscia

Pennarello su carta liscia

Matita morbida su carta ruvida

Pastello su carta ruvida

L'orientamento nello spazio

Una linea **orizzontale** ci appare piatta e quieta; ma, se è **ondulata**, sembra essere animata da un moto lento o veloce secondo l'andamento che la caratterizza.
Una linea **verticale** appare viva e animata da tensioni verso l'alto.
Una linea **obliqua** ci comunica instabilità, perché è in una posizione oscillante tra la quiete dell'orizzonte e lo slancio verticale.

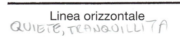
Linea orizzontale

Linea orizzontale leggermente ondulata

Linea orizzontale con ondulazioni accentuate

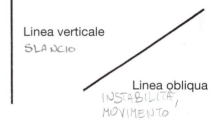
Linea verticale

Linea obliqua

L'andamento

Le linee **curve** producono sempre un **effetto dinamico**, cioè di movimento, che può aver un andamento a voluta, a spirale, con curve che cambiano continuamente direzione.
Una linea **spezzata** ci appare percorsa da tensioni orientate in varie direzioni (orizzontali, ascendenti, discendenti), la cui continua interruzione produce effetti di vivacità e animazione.

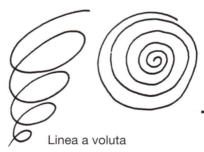
Linea a spirale

Linea a voluta

Linea spezzata

Composizioni con le linee

Accostando tante linee otteniamo effetti di **superficie**; essi possono nascere dall'accostamento regolare e parallelo, oppure da linee sovrapposte e incrociate in diverse direzioni, il cosiddetto **tratteggio**.

Superficie di linee spezzate con andamento parallelo

Superficie di linee curve con andamento parallelo

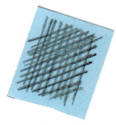
Superficie a linee incrociate

Paesaggi di linee

LABORATORIO

OSSERVA le fotografie; se guardi con attenzione, puoi scoprire le linee che modellano un paesaggio: prevalentemente **orizzontali e verticali** nel primo caso e **curve** nel secondo.

OSSERVA le seguenti opere di Paul Klee. Tracciando esclusivamente linee a penna, l'artista ha saputo trasmettere l'idea di un paesaggio con case, campi e prati e di un paesaggio d'acqua, un fiume fermato da chiuse.

Paul Klee, *Capanne*, 1929, disegno a penna.

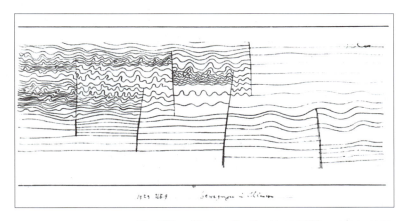

Paul Klee, *Movimenti nelle chiuse*, 1929, penna su carta.

ISPIRATI a queste immagini per creare un **paesaggio di sole linee**.
Usa le matite colorate, i pennarelli o la penna.

 *Fare per creare*

- Sperimenta con le linee curve, p. 16
- Sperimenta con le linee spezzate, p. 17
- Scopri le linee virtuali, p. 18
- Crea con punti e linee... come gli aborigeni australiani, p. 19
- Crea con linee e forme... alla maniera di Kandinskij, p. 20
- Crea con linee e forme... alla maniera di Miró, p. 22

Sezione 1 • Il linguaggio visivo

La texture

Texture è un termine inglese che significa «trama», «tessitura».
Nel linguaggio delle immagini, questa parola indica una certa **qualità percettiva** (visiva e tattile) **delle superfici**.
Di una superficie possiamo osservare il colore, la forma e le dimensioni, ma possiamo anche percepire altre qualità specifiche che riguardano la sua **«grana»**: una superficie può apparire liscia, rugosa, ruvida, increspata; può essere caratterizzata da segni e forme che si ripetono in modo **regolare** o **irregolare**, in rilievo oppure no. Il termine «texture» si riferisce a queste qualità, che possiamo osservare in natura e negli oggetti creati dall'uomo.
L'arte utilizza le texture per il loro **valore decorativo ed espressivo**, sfruttando la «grana» naturale dei materiali o creandola con particolari tecniche.

Texture in natura…
Le increspature di una superficie d'acqua, le venature di una pietra, le rugosità di una corteccia o di una buccia d'arancia sono esempi delle infinite texture che troviamo in natura.

… e negli oggetti creati dall'uomo
Anche gli oggetti creati dall'uomo presentano delle texture, dovute ai materiali e alle tecniche usate, o create a scopi decorativi.

I segni grafici

Texture naturali nelle opere d'arte

In questa scultura Brancusi crea un **contrasto tra la texture naturale** del blocco di pietra **e quella del marmo levigato** del volto; in questo modo la figura sembra emergere dal materiale in cui è scolpita e prendere forma.

Constantin Brancusi, *Il sonno*, 1908, marmo bianco, Bucarest, Muzeul National de Arta al Romaniei.

Texture create dall'artista

In questa natura morta di Giorgio Morandi le texture che caratterizzano le diverse forme degli oggetti sono disegnate dall'artista attraverso **minuti segni grafici**.

Giorgio Morandi, *Natura morta con l'alzata*, 1932, acquaforte su zinco.

Texture in architettura

Anche in architettura si possono utilizzare i materiali in modo da creare texture a **fini espressivi**. Ne è un esempio il museo Guggenheim a Bilbao (1997): l'architetto Frank Gehry ha progettato un edificio dalle forme insolite, ispirate agli organismi viventi; le superfici curve sono ricoperte da lastre di titanio con texture che ricordano le squame di un pesce e che danno vita a particolari giochi di luci e ombre.

Frank Gehry, *Museo Guggenheim*, 1997, Bilbao.

Sezione 1 • Il linguaggio visivo

Le qualità della texture

La texture può essere **naturale**, dovuta alla grana stessa del materiale con cui è creata un'immagine, ad esempio la tessitura della tela su cui si dipinge o quella della pietra con cui si lavora, ma quasi sempre la texture viene **creata** appositamente dall'artista per caratterizzare la propria opera.

Le caratteristiche del segno

In **scultura** e in **architettura** le caratteristiche della texture sono date dal tipo di materiale e dagli strumenti con cui si scolpisce o si modella la superficie, mentre nelle **opere pittoriche** le texture si caratterizzano per il colore e per l'andamento, la densità, la direzione dei segni.

Le qualità espressive

La scelta della texture può avere un intento **realistico**, cioè vuole imitare i materiali di cui sono fatti gli oggetti rappresentati; ma può anche avere un intento **espressivo**, ovvero serve a suscitare sensazioni o esprimere il carattere di ciò che viene rappresentato.

Rilievo assiro, dal Palazzo di Sargon II a Khorsabad (Iraq), 716-713 a.C., Parigi, Musée du Louvre.

Texture realistica
Nel bassorilievo assiro l'artista ha creato delle texture con intento realistico: osserva come ha cercato di imitare la **barba** e i **capelli** dell'alto funzionario del re Sargon II.

Texture espressive
In quest'opera di Burri, i segni, che ricordano una terra arida, non sono dipinti, ma ottenuti dalle spaccature in un impasto di argilla bianca. L'intento dell'artista non è descrittivo ma espressivo, cioè egli non si limita a descrivere la realtà, ma comunica una sensazione di **aridità** e **desolazione**.

Nel ritratto Picasso ha creato delle texture caratterizzando alcune superfici con linee curve che non disegnano solo forme e spazi, ma contribuiscono a rappresentare la **morbidezza** della donna e la sua **dolcezza**.

Alberto Burri, *Cretto G 2*, 1975, acrilico su tavola, Città di Castello (PG), Collezione Fondazione Palazzo Albizzini.

Pablo Picasso, *Ritratto di Marie-Thérèse*, 1937, olio su tela, Parigi, Musée National Picasso.

LABORATORIO

Comporre con le texture

CREA un'**immagine** realistica o astratta con punti, linee e texture realizzate a pennarello sfruttando la dimensione dei segni, la disposizione nello spazio, le variazioni di colore. Prendi ispirazione dagli esempi proposti. Divertiti poi a creare una composizione tattile con carte e materiali diversi.

Un'immagine realistica...

Per creare un'immagine realistica ispirati alla fotografia di un personaggio, di un animale o di un paesaggio.

- Traccia su un foglio i contorni del disegno con una matita leggera. Riempi le superfici con punti, linee, texture, in modo da rendere espressiva l'immagine.
- Alla fine cancella i segni a matita.

... o astratta

Per creare un'immagine astratta lasciati guidare dall'immaginazione e dal tuo gusto personale.

- Traccia delle linee curve o spezzate e crea delle superfici chiuse.
- Riempi poi le superfici con texture diverse.
- Cancella le linee che hai tracciato.

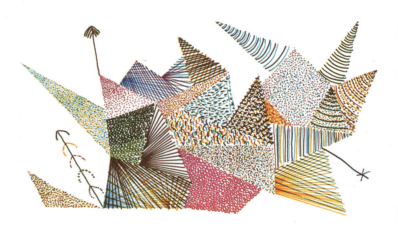

Una composizione tattile

- Raccogli carte e materiali con texture diverse: carte ruvide, carta stagnola, carta velina, cartoncino ondulato, il bordo decorato di una carta da torta, pezzetti di carta da tappezzeria, carta di giornale, ritagli di stoffe ecc.
- Lasciandoti ispirare dalle diverse texture, ritaglia le forme che vuoi.
- Incolla su un foglio le forme ottenute, componendo un'immagine fantastica.

Fare per creare

- Crea texture con il frottage, p. 24
- Cerca la texture adatta, p. 25

Unità 2
Il colore

Il colore ha una grande forza comunicativa: esso ci permette di ricevere numerose informazioni sul mondo che ci circonda e, inoltre, stimola e influenza le nostre emozioni e i nostri stati d'animo. Per questo è un elemento centrale del linguaggio visivo, tanto che gli artisti lo considerano uno dei principali oggetti di studio e di sperimentazione.
Il colore è legato alla luce che, al contrario di quanto sembra, è costituita da raggi di colore diverso: se questa viene a mancare anche i colori scompaiono.

Il linguaggio dei colori nella natura

In natura i colori hanno un ruolo importante: per esempio, le vivaci corolle dei fiori attirano gli insetti che provvederanno all'impollinazione, e il colore degli animali favorisce l'adattamento all'ambiente e l'accoppiamento.

I colori della luce

La luce che percepiamo come trasparente è in realtà la somma di onde luminose di colore diverso. Possiamo vedere separatamente queste onde luminose quando un raggio di luce attraversa un prisma e si scompone: diventano così percepibili i sette colori che formano il cosiddetto spettro luminoso o spettro solare.
Lo stesso fenomeno accade quando, dopo un temporale, compare nel cielo un arcobaleno: si tratta di un fascio di luce che, passando attraverso le goccioline di pioggia sospese nell'aria, si suddivide nelle onde luminose che lo compongono.

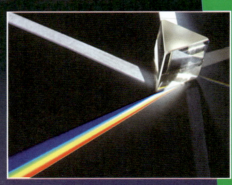

Il colore

Il colore come sensazione visiva

Il colore non è una qualità che appartiene agli oggetti in sé, ma è una sensazione visiva che dipende dal nostro modo di percepire la luce.
Inoltre lo stesso oggetto ci appare con colori differenti se cambiano le condizioni di luce: per questo la realtà assume ai nostri occhi colori diversi nel corso della giornata o con il cambiare delle stagioni.

L'artista francese Claude Monet studiò il variare del colore in relazione alla luce.
In una serie di dipinti ha raffigurato lo stesso soggetto, la facciata della cattedrale di Rouen, in diverse ore del giorno: in ogni quadro la facciata cambia colore e di volta in volta il risultato pittorico è differente.

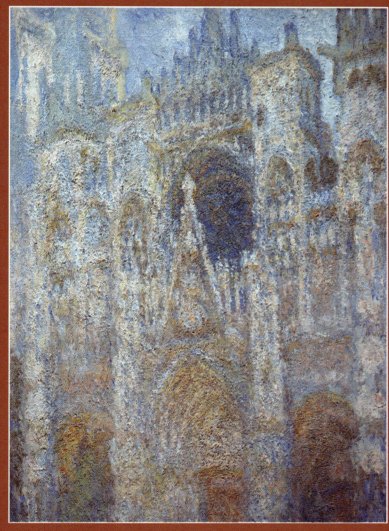

Claude Monet, *La cattedrale di Rouen, sole del mattino*, 1892-94, olio su tela, Parigi, Musée d'Orsay.

Claude Monet, *La cattedrale di Rouen, la sera*, 1892-94, olio su tela, Mosca, Museo Puškin.

41

Sezione 1 • Il linguaggio visivo

I principi ottici del colore

L'occhio e il cervello umani sono in grado di percepire un'enorme quantità di **colori**: riusciamo infatti a distinguere se un colore è più o meno luminoso, intenso, chiaro, scuro e tutte le sue sfumature.
Ma da dove derivano le diversità dei colori che percepiamo? Come possiamo ottenerle? Quali effetti crea il loro accostamento?
Scienziati e artisti hanno cercato risposte a queste domande studiando i principi ottici del colore.

Colori primari, secondari, terziari

Il **giallo**, il **rosso magenta** e l'**azzurro** sono chiamati **colori primari** (o fondamentali) perché da essi derivano tutti gli altri colori.
Ci appaiono intensi e brillanti e se li accostiamo si crea un forte contrasto che dà loro il massimo risalto.
Mescolando due colori primari in parti uguali otteniamo i tre **colori secondari**:

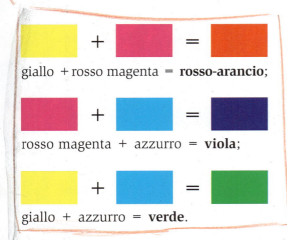

giallo + rosso magenta = **rosso-arancio**;

rosso magenta + azzurro = **viola**;

giallo + azzurro = **verde**.

Mescolando un colore primario con un secondario si ottiene un **colore terziario**.

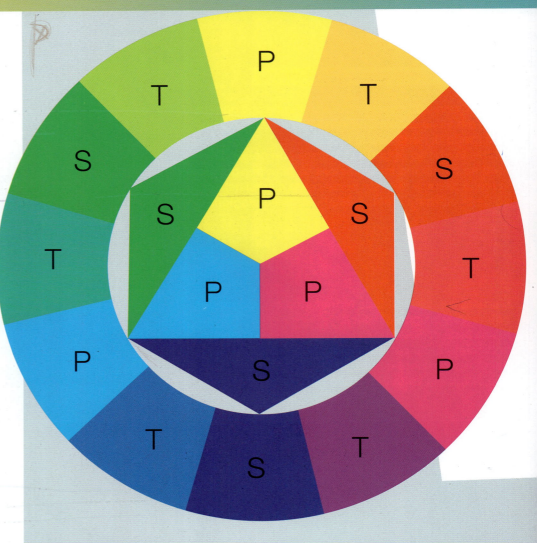

Questo schema si chiama **cerchio cromatico** e fu ideato dallo svizzero Johannes Itten, artista e studioso del colore.
Al centro troviamo i tre **colori primari** (P); attorno ad essi ci sono i tre **colori secondari** (S) che, come si può vedere bene, si ottengono dalla composizione di due colori primari; nel cerchio esterno, tra i colori primari e i colori secondari, puoi osservare i **colori terziari** (T).

Il bianco e il nero

Nel cerchio cromatico sono assenti due colori: il bianco e il nero, che in fisica corrispondono rispettivamente alla **somma di tutti i colori** e all'**assenza di colori**, ossia al buio. Bianco e nero sono definiti **acromatici**, ossia «non colori».
Nella comunicazione visiva il bianco e il nero svolgono però un ruolo importante, soprattutto perché, come vedremo, influenzano la percezione dei colori a cui sono accostati.

I colori complementari

Osserva il cerchio cromatico: un colore primario e quello che si trova in posizione diametralmente opposta a questo formano una coppia di colori **complementari**. Sono chiamati così perché uno completa l'altro nel comporre i tre colori fondamentali: per esempio, il colore complementare del giallo è il viola, formato da azzurro e rosso.
Una caratteristica dei colori complementari è che, accostandoli, si ottiene un effetto di **forte contrasto**; non è un caso che il rosso e il verde del semaforo siano usati per inviare due ordini opposti: fermarsi o proseguire.

La luminosità

Tra tutti i colori del cerchio cromatico alcuni si percepiscono come **brillanti** e **luminosi**, altri, invece, appaiono più **cupi** e **spenti**. Il giallo è il colore più luminoso perché è più simile alla luce bianca, il viola è il meno luminoso perché è più simile al nero.
I colori possono essere ordinati in una **scala di luminosità**, dal più al meno luminoso.

In questa opera di Joan Miró le forme dipinte in **colori luminosi** spiccano e sembrano «balzare fuori» dal fondo cupo.

Joan Miró, *Peinture*, 1933, olio su tela, Barcellona, Fundación Joan Miró.

L'accostamento di colori complementari è scelto volutamente da alcuni artisti per creare forti **contrasti cromatici**. Osserva come nell'opera di Matisse i pesci rossi spiccano sul fondo verde.

Henri Matisse, *Vaso con pesci rossi*, 1915, olio su tela, Mosca, Museo Puškin.

Sezione 1 • Il linguaggio visivo

Le gradazioni del colore

Tutte le diverse gradazioni di colore che l'occhio umano è in grado di distinguere nascono dalla mescolanza dei tre colori primari e dalla minore o maggiore presenza della luce. Vediamo in che modo.

Gradazioni cromatiche: da un colore all'altro

Dalla **mescolanza dei tre colori primari** possiamo ottenere un gran numero di diverse gradazioni cromatiche. Ecco, per esempio, una scala di toni ottenuti partendo dal giallo primario e aggiungendo via via quantità sempre maggiori di rosso magenta.

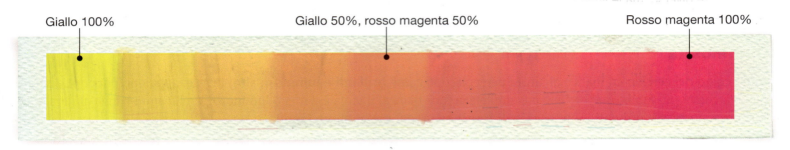

Gradazioni di luminosità: dal chiaro allo scuro

Uno stesso colore può variare la sua luminosità in base alla quantità di luce che lo investe, e il colore uniforme di un oggetto ci può apparire **più luminoso** nella parte che è investita dalla luce e **più scuro** nella zona in ombra.
In pittura possiamo ottenere **gradazioni più chiare e più scure di uno stesso colore** aggiungendo progressivamente il **bianco** e il **nero**.

Varietà di toni cromatici

I riquadri della prima striscia sono tutti azzurri, ma non sono uguali. Nel primo riquadro l'azzurro tende al verde, nel secondo è intenso e brillante, nel terzo si avvicina al viola: cambia cioè il **tono** di azzurro. Anche il rosso della seconda striscia varia di tono, passando dal rosso arancio al rosso bruno.
In pittura, le **variazioni di tono** si ottengono mescolando a un colore base **altri colori** in modo da modificare la tonalità di partenza.

44

Composizioni di colori

LABORATORIO

CREA delle **composizioni astratte** di colori e forme seguendo passo passo le indicazioni.

Con i colori primari

- Procurati tre fogli di cartoncino o di carta colorata nei tre colori primari. Scegline uno come base e pratica dei tagli ondulati in verticale a tuo gusto.
- Taglia delle strisce dagli altri due cartoncini: le strisce possono avere altezze diverse, ma le linee dei tagli devono essere rette e parallele.
- Intreccia la prima striscia nella base come vedi nel disegno, cioè passando una volta sopra e una sotto.
Prendi la seconda striscia dell'altro colore e inseriscila alternando l'intreccio. Continua così fino alla fine, alternando le strisce dei due colori.
- Infine incolla la tua composizione su un cartoncino bianco o nero.

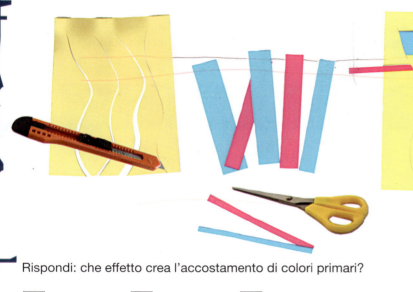

Rispondi: che effetto crea l'accostamento di colori primari?

☐ delicato   ☐ brillante   ☐ cupo

Con i colori complementari

- Procurati due fogli di cartoncino o di carta colorata in due colori complementari a tua scelta e scegline uno da usare come base.
- Taglia l'altro cartoncino a strisce non regolari: puoi scegliere di creare tagli ondulati, retti, spezzati; puoi scegliere anche se fare pochi tagli o numerosi e più fitti.
- Disponi le strisce tagliate sul cartoncino di base, lasciando degli spazi a piacere in modo da creare una composizione di tuo gusto. Ispirati agli esempi che vedi qui.
- Incolla le strisce e confronta il tuo lavoro con quello dei compagni.

Rispondi: che effetto crea l'accostamento di colori complementari?

☐ armonico   ☐ confuso   ☐ di forte contrasto

Fare per creare

- Completa il cerchio cromatico, p. 26
- Crea composizioni di colori complementari, p. 29

45

Sperimenta le gradazioni dei colori

CREA gradazioni cromatiche con i **colori a tempera** e con i **pastelli**. Ricorda di tenere a disposizione: uno straccio pulito per asciugare i pennelli; due barattoli per l'acqua, uno per sciacquare i pennelli e uno con l'acqua pulita per sciogliere il colore; uno o più piattini per mescolare i colori.

Da un colore all'altro

- Procurati un tubetto di rosso magenta e uno di azzurro.
- Disegna una striscia di nove quadratini.
- Mescolando i due colori, creerai le gradazioni tonali come vedi nella figura. Fai attenzione! I colori scuri tendono ad assorbire più dei colori chiari: ricordati di usarli in piccole dosi e di iniziare sempre dal colore più chiaro.

| Inizia da qui con uno dei due colori puri. | A metà i due colori sono in parti uguali. | Termina con il secondo colore puro. |

- Fai la stessa cosa con gli altri colori primari, sperimentando i passaggi dal giallo al blu e dal giallo al rosso.

Gradazioni dal chiaro allo scuro

Sperimenta come puoi trovare gradazioni più chiare o più scure dello stesso colore.

- Disegna delle strisce di nove quadratini, una per ogni colore su cui vuoi lavorare.
- Dipingi il quadratino al centro con il colore base.
- Per creare le gradazioni chiare parti dal colore base e aggiungi via via quantità sempre maggiori di bianco.
- Per creare le gradazioni scure parti dal colore base, aggiungi inizialmente pochissimo nero e poi aumenta via via la quantità.

| Verso il bianco | Colore base | Verso il nero |

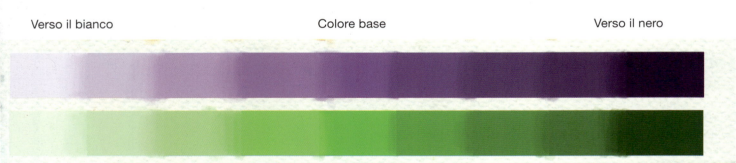

Variazioni sulla stessa base di colore con la tempera

- Scegli fra i tuoi tubetti di tempera un colore che ti piace e spremine piccole quantità su un piattino o in diverse ciotoline.
- Aggiungi ogni volta piccole quantità di uno o più colori diversi, compresi il bianco e il nero: cerca di ottenere colori che non siano completamente differenti da quello di partenza, ma toni diversi dello stesso colore.

Ecco alcune tonalità ottenute partendo dal verde che vedi al centro.

LABORATORIO

Variazioni di tono con i pastelli

Puoi sperimentare le variazioni di tono anche con i pastelli.

- Dividi un foglio in quadratini.
- Scegli fra i tuoi pastelli un colore che ti piace e usalo per riempire la base di tutti i quadratini.
- Su questa base, ripassa con altri colori variando anche l'intensità.

Composizioni con toni simili

Osserva queste opere di Josef Albers che fanno parte della sua lunga ricerca sugli effetti degli accostamenti di colore: in questi casi egli ha accostato variazioni di tono di uno stesso colore base.

- Crea anche tu delle composizioni simili con i colori a tempera, scegliendo ogni volta un colore come base e aggiungendo piccole quantità di altri colori per trovare gradazioni diverse.

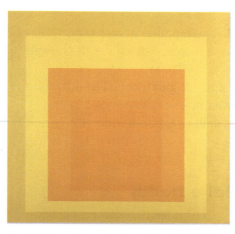 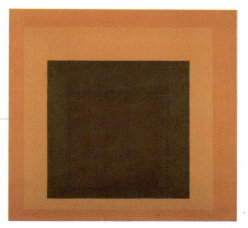

Josef Albers, *Omaggio al quadrato*, 1967, Berlino, Nationalgalerie, Staatliche Museen.

Josef Albers, *Omaggio al quadrato*, 1967, Berlino, Nationalgalerie, Staatliche Museen.

Sperimenta la luminosità con il bianco e il nero

Prendi ispirazione dall'opera di Victor Vasarely per creare un effetto simile.

- Scegli una forma geometrica, per esempio un triangolo o un quadrato, e disegnala su un foglio.
- Traccia con un segno leggero strisce verticali e orizzontali nella figura.
- Scegli un colore per lo sfondo.
- Crea poi gradazioni più chiare e più scure dello stesso colore aggiungendo il bianco o il nero e dipingi le strisce.

Che effetto hai ottenuto? Confronta il tuo lavoro con quello dei compagni.

Victor Vasarely, *Forte snizes labor*, serigrafia, Budapest, Museo Vasarely.

Colori caldi e colori freddi

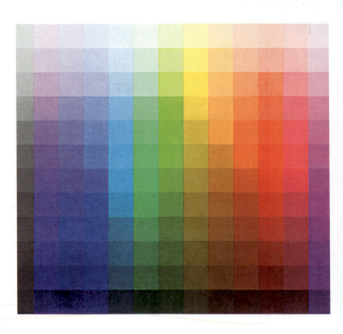

Il colore è un elemento fondamentale del linguaggio visivo, in grado di suscitare nell'osservatore **sensazioni** ed **emozioni** diverse: alcuni colori, infatti, tendono a eccitarci, a provocare allegria, vitalità, calore; altri hanno un effetto tranquillizzante e comunicano calma o malinconia.
Osserva l'immagine di Johannes Itten e copri con un foglio la parte sinistra, dal verde in poi: che sensazioni ti suscitano i colori che vedi?
Ora copri con un foglio l'altra metà e guarda di nuovo: hai sensazioni diverse? Quali?
Gialli, aranci, rossi, marroni rossicci, viola che tendono al rosso sono chiamati **colori caldi**: sono i colori del fuoco, del sole, dell'estate, dei boschi in autunno.
I blu, alcuni verdi, i viola tendenti al blu sono chiamati **colori freddi**: sono i colori dell'acqua, dei prati, del cielo, della notte.
Il verde sta nel mezzo e può assumere tonalità calde o fredde.

Johannes Itten, *Tavola con gradazioni di colori freddi e di colori caldi.*

L'espressività dei colori caldi e freddi

Gli artisti usano la forza espressiva dei colori caldi e freddi per comunicare le loro sensazioni.
Osserva i due dipinti di Vincent van Gogh, un pittore vissuto alla fine dell'Ottocento: le sue pennellate dense di colore hanno creato due atmosfere molto diverse.

In questo quadro la prevalenza dei blu cupi e dei viola, anche se contrastati dalla luce degli astri nel cielo, crea un'atmosfera notturna misteriosa e un po' malinconica.
Vincent van Gogh, *Notte stellata*, 1889, olio su tela, New York, Museum of Modern Art.

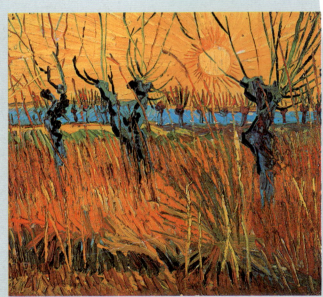

I gialli e gli aranci del paesaggio al tramonto creano un'atmosfera di luminosità calda e intensa, quasi accecante.

Vincent van Gogh, *Salici al tramonto*, 1888, olio su tela applicata su cartone, Otterlo, Kröller-Müller Museum.

L'espressività dei colori caldi e freddi

LABORATORIO

SPERIMENTA anche tu la forza espressiva dei colori caldi e freddi. Osserva le opere di Matisse in questo laboratorio e quelle di Van Gogh nella pagina precedente, poi mettiti alla prova realizzando un **paesaggio** e un **ritratto** in cui la scelta dei colori sia dettata dalla volontà di comunicare le tue **sensazioni**.

Henri Matisse, *Elena con pietre preziose*, 1930, olio su tela, Collezione privata.

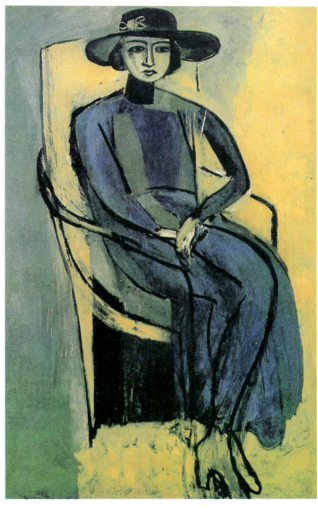

Henri Matisse, *Greta Prozor*, 1916, olio su tela, Parigi, Centre Pompidou.

Due ritratti

Osserva questi due ritratti di Matisse, concentrandoti solamente sui colori: quali sensazioni ti comunicano? Che cosa esprimono, secondo te, i due personaggi raffigurati?

- Disegna un autoritratto e coloralo liberamente, usando colori caldi o freddi per esprimere un tuo stato d'animo.

Due paesaggi

Come hai visto nella pagina precedente, con le sue pennellate dense di colore Van Gogh ha creato due atmosfere molto diverse.

- Disegna un paesaggio ispirato al luogo in cui vivi.
- Poi coloralo usando colori caldi o freddi per esprimere le emozioni che ti suscita.

Fare per creare

- Colora la camera di Van Gogh, p. 30.

49

Sezione 1 • Il lnguaggio visivo

Gli accostamenti di colore

I colori non hanno un valore assoluto: lo stesso colore, infatti, può essere percepito in modi diversi a seconda dei colori a cui è accostato. In un'immagine ogni colore acquista quindi la sua **forza espressiva in relazione agli altri**. Ecco perché è importante conoscere gli effetti dell'accostamento dei colori.
Hai già osservato il forte contrasto che nasce dall'accostamento dei colori complementari. Vediamo ora come, a seconda degli accostamenti, possono apparirci in modo diverso la **luminosità** e la **tonalità** di un colore, e perfino la **dimensione** di una superficie colorata.

Percezione della luminosità

I colori luminosi, come il giallo, ci appaiono meno luminosi su **fondo bianco** e più luminosi su **fondo nero**; avviene invece il contrario con i colori meno luminosi, come il blu.
Per questo a volte i disegni sono sottolineati da un contorno nero che esalta la luminosità dei colori se il fondo è bianco.

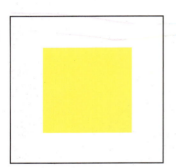   

Percezione della tonalità

I due quadrati interni (1, 2) hanno lo stesso colore, ma percepiamo **tonalità diverse** cambiando lo sfondo. Infatti quello della figura 1 ci appare più rosso e l'altro più giallo.
Osserva la striscia centrale arancione della figura 3: il colore è uniforme, ma percepiamo una sfumatura più rossa vicino al giallo e una sfumatura più gialla vicino al rosso.

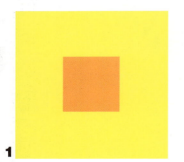  

1 **2** **3**

Percezione dello spazio

I due quadratini interni hanno le stesse dimensioni, ma quello di sinistra, chiaro e luminoso su sfondo scuro, ci appare più grande dell'altro che è di colore più scuro e meno luminoso dello sfondo su cui è posto.

 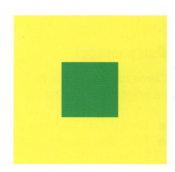

LABORATORIO

Effetti di accostamento

SPERIMENTA gli effetti di accostamento dei colori con questi due lavori: con il primo scoprirai l'importanza del **contorno nero**, con il secondo potrai osservare come cambia la **percezione di un colore** in relazione agli altri.

L'effetto del contorno nero

- Prendi spunto dal disegno qui a fianco, fatto da un tuo coetaneo, e realizza una composizione astratta a piacere.
- Riproducila in due copie e colora i due disegni allo stesso modo: puoi scegliere se usare tonalità di colore simili o in contrasto, brillanti o meno, chiare o scure.
- Ripassa poi con un pennarello nero le linee di contorno di uno dei disegni.

Osserva che diversi effetti noti? Confronta il tuo lavoro con quello dei compagni e scopri l'effetto del contorno nero con i diversi colori usati.

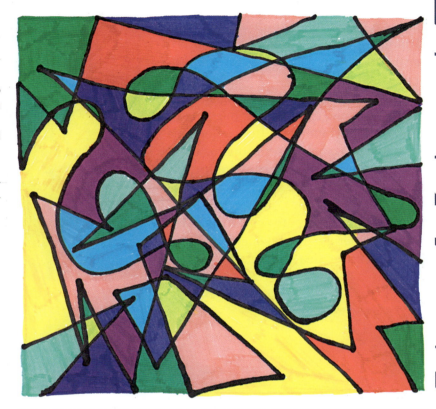

Alla maniera di Warhol

Partendo da una fotografia, l'artista americano Andy Warhol ha riprodotto la stessa immagine più volte accostando sempre colori diversi al rosso, presente in tutte le immagini.

- Ispirati al lavoro di Andy Warhol e prova anche tu a cambiare i colori in una fotografia accostandoli in modo che il risultato produca effetti diversi.
- Puoi lavorare fotocopiando più volte l'immagine di partenza e colorando ogni copia in modo diverso, oppure puoi elaborare un'immagine al computer con un programma grafico.

Fare per creare
- Sperimenta i colori su fondo nero, p. 32
- Sperimenta i colori su fondo bianco, p. 35
- Scopri come cambia un colore se..., p. 36
- Scegli l'accostamento, p. 39

Andy Warhol, *Autoritratto*, 1966, New York, Museum of Modern Art.

Sezione 1 • Il linguaggio visivo

Armonie e disarmonie cromatiche

La varietà di colori che formano un'immagine può produrre effetti di armonia o disarmonia cromatica, cioè di **accordo** o di **contrasto**, dovuti alle diverse **relazioni tra i colori**.

L'**armonia** può nascere dalla **somiglianza tra i colori**, che può essere una somiglianza di tono oppure di luminosità (tutti colori chiari o scuri). Ma ci può essere armonia anche se i **colori** sono **diversi**, per esempio quando si creano **sfumature** e **passaggi graduali** da un colore all'altro.

A partire dal Novecento, gli artisti hanno iniziato a sperimentare anche effetti di **disarmonia cromatica** e di distacco netto tra un colore e l'altro.

Armonia per somiglianza di tono
In questa opera, l'artista ha creato un effetto di grande armonia e morbidezza usando esclusivamente colori che contengono il **rosso**: le figure sembrano immerse in un'atmosfera calda e dorata che sfuma le ombre e addolcisce i contorni.

Palma il Vecchio, *Le tre sorelle*, 1520 circa, tempera su tavola, Dresda, Gemäldegalerie Alte Meister.

Armonia per somiglianza di luminosità
In questa opera Monet ha utilizzato molti **colori diversi**: puoi individuare infatti varie tonalità di azzurro, verde, giallo, arancio, rosa. Tutti i colori appaiono però molto **luminosi** e non avvertiamo contrasti.

Claude Monet, *Donna con il parasole*, 1886, olio su tela, Parigi, Musée d'Orsay.

52

Armonia con colori diversi

Osserva questo dipinto di Raffaello: i colori, anche se diversi, sono accostati in modo armonioso e i contrasti sono ammorbiditi da **sfumature** e **chiaroscuri**.

Raffaello, *Sacra famiglia con i santi Elisabetta e Giovannino*, 1507, olio su tavola, Monaco, Alte Pinakothek.

L'espressività della disarmonia cromatica

Nel ritrarre questo paesaggio, Karl Schmidt-Rottluff ha creato forti **contrasti di colore** tra i diversi elementi che costituiscono il villaggio, ottenendo così un effetto di disarmonia cromatica.

Nell'opera dell'artista tedesco Ernst Ludwig Kirchner: i colori creano una forte **disarmonia cromatica** che riflette la ricerca espressiva dell'autore e l'intenzione di scuotere la percezione dell'osservatore.

Karl Schmidt-Rottluff, *La piazza del villaggio*, 1919 circa, olio su tela.

Ernst Ludwig Kirchner, *Erna con sigaretta*, 1915, olio su tela, Stoccolma, Museo di Arte Moderna.

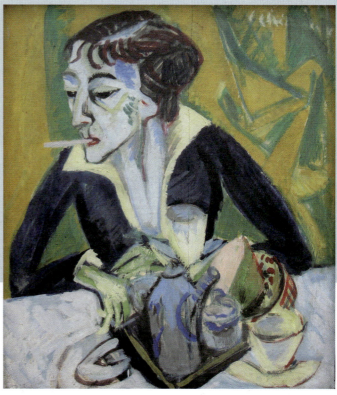

Sezione 1 • Il linguaggio visivo

La scomposizione del colore

Per riprodurre e stampare un'immagine con tutte le sue varietà di colori viene utilizzato un procedimento detto **quadricromia** (indicato con la sigla **CMYK**, ovvero Cyan, Magenta, Yellow, Key black).
La quadricromia è ottenuta «scomponendo» l'originale nei **tre colori primari** giallo, cyan (blu) e magenta (rosso): bastano infatti questi tre colori **più il nero** per comporre tutti gli altri. Tale procedimento si basa sullo stesso fenomeno ottico per cui il nostro occhio è in grado di comporre minuscoli punti di colore ravvicinati e percepire la gradazione che deriva dalla loro mescolanza.

Piccoli tocchi e punti di colore

Alcuni artisti hanno utilizzato procedimenti simili per realizzare i loro dipinti. Per esempio, i pittori impressionisti della seconda metà dell'Ottocento, in Francia, erano molto interessati ai fenomeni della luce: dipingevano all'aperto e cercavano il modo di creare sfumature di colore capaci di «catturare» le vibrazioni della luce. Per questo utilizzavano piccoli tocchi di colori il più possibile puri, senza mescolarli in precedenza sulla tavolozza. Gli artisti aderenti al movimento del Puntinismo creavano addirittura il colore accostando minuscoli punti più o meno fitti di colore puro.

Comporre i colori

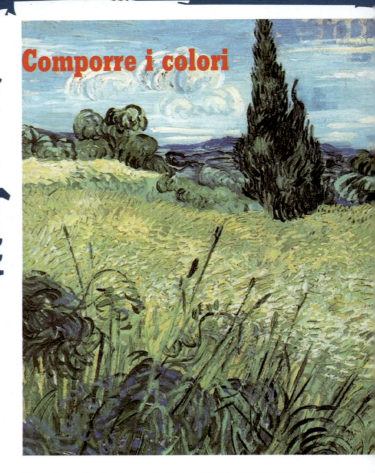

Vincent van Gogh, *Campo di grano verde con cipresso*, 1889, olio su tela, Praga, Narodni Gallery.

Georges Seurat, *La Senna e la Grande Jatte – Primavera*, 1888, olio su tela, Brussels, Royal Museums of Fine Arts of Belgium.

LABORATORIO

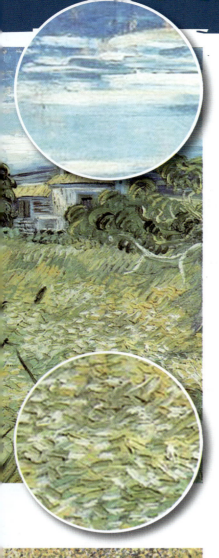

OSSERVA l'opera da lontano e poi analizza il modo in cui sono stati dipinti il cielo, l'albero, il prato, composti con piccoli **tocchi di colori diversi**.

A piccoli tratti

Sperimenta anche tu l'effetto della composizione dei colori ispirandoti a Van Gogh.
- Disegna un paesaggio semplice oppure singoli oggetti o elementi naturali e colorali con i pennarelli o i pastelli «alla maniera di Van Gogh».
- Scegli per ogni oggetto o superficie del disegno le gradazioni che vuoi usare e accostale con piccoli tratti, badando anche alle direzioni dei tratti stessi.

OSSERVA l'opera da lontano: il nostro occhio è in grado di ricomporre i **punti colorati** e di percepire il colore che deriva dalla loro **mescolanza**. I colori così composti ci appaiono tuttavia più vibranti e vivi di quelli mescolati sulla tavolozza. Poi osserva l'opera da vicino: noterai tutti i puntini che compongono i colori.

Con i puntini

Sperimenta anche tu l'effetto della composizione dei colori ispirandoti a Seurat.
Lavora con i pennarelli. Ti consigliamo di iniziare usando i pennarelli dei tre colori primari; dopo, se vuoi, puoi continuare con altri.

- Disegna su un foglio forme molto semplici e non troppo grandi.
- Dopo aver riempito una forma con punti più o meno fitti di un colore, sovrapponi su tutta la superficie (o solo su una parte) punti in un secondo colore.
- Sperimenta liberamente l'effetto di condensazioni e rarefazioni, di puntinature su una parte o su tutta la forma, di composizioni di due o più colori.

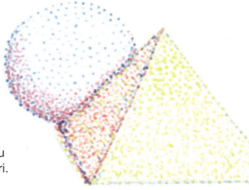

Unità 3

La composizione

Gli elementi che compongono un'opera sono collocati in un certo spazio, che può essere quello a due dimensioni della tela in una pittura, o quello a tre dimensioni in una scultura, che può essere osservata da diversi punti di vista. In architettura, poi, oltre alla forma e alle dimensioni dell'edificio, si deve tener conto anche del rapporto con gli spazi circostanti.
Il modo con cui i vari elementi vengono composti in uno spazio, dove vengono collocati e in

La composizione nello spazio a due dimensioni

In quest'opera di Giotto, sullo sfondo delle montagne sono distribuite in modo piuttosto regolare le figure degli alberi. Le costruzioni sono poste in modo simmetrico nei due angoli in alto. In basso, in primo piano, è raffigurato il soggetto dell'opera: la figura di Maria è collocata al centro e gli altri elementi invitano lo sguardo a convergere in quel punto.

Giotto, *La fuga in Egitto*, 1296-1300 circa, affresco, Assisi, Basilica Inferiore di San Francesco.

La composizione nello spazio tridimensionale

Questa scultura, collocata all'aperto, è una torre alta 15 metri in acciaio inox, composta da 76 sfere a specchio che riflettono la realtà circostante creando un continuo cambiamento in relazione al passaggio delle persone, alle condizioni atmosferiche e di luce. La superficie a specchio delle sfere fa sì che la struttura appaia dinamica e leggera.

Anish Kapoor, *Tall Tree & the Eye*, 2009, acciaio inossidabile e acciaio al carbonio, Bilbao, Guggenheim Museum.

La composizione

che relazione sono gli uni rispetto agli altri, tutto questo viene indicato con il termine «composizione».
Attraverso la composizione, l'artista può dare risalto ad alcune figure, orientando lo sguardo dello spettatore su ciò che ritiene importante, oppure può esprimere sensazioni di ordine o disordine, calma o dinamismo, o infine comunicare il proprio punto di vista.

La composizione e l'architettura

Per la sua forma suggestiva, lo stadio realizzato a Pechino in occasione delle Olimpiadi del 2008 è stato chiamato anche «nido d'uccello»: infatti l'architetto ha sfruttato le strutture della copertura per creare una forma avvolgente e morbida, che sottolinea la funzione dello spazio interno come luogo di incontro delle persone. Essa sembra adagiata nello spazio della città quasi come un corpo estraneo, creando però nello stesso tempo la sensazione di un centro che attira le persone verso quel luogo.

Jacques Herzog e Pierre de Meuron, Stadio nazionale di Pechino, 2008.

Sezione 1 • Il linguaggio visivo

Il formato

Nelle opere bidimensionali, **la forma e la dimensione del supporto** su cui si lavora determinano il formato. Ad esempio, solitamente si disegna su un supporto rettangolare, quello del foglio, decidendo se utilizzarlo in verticale o in orizzontale in base alla composizione che si vuole realizzare.
Ma ci sono anche altri formati possibili, che possono costituire uno spunto per le intenzioni creative dell'artista.

Il formato rettangolare

In pittura il formato più frequente per opere su tela o su carta è quello rettangolare, ma le dimensioni e le proporzioni possono essere molto varie.

Il formato rettangolare alto e stretto, dalle proporzioni insolite, è scelto nell'opera di Delaunay per illustrare un libro che racconta un lungo viaggio in treno.

Sonia Terk Delaunay, *La prose du Transsibérien et de la Petite Jehanne de France*, 1913, acquerello, New York, Museum of Modern Art.

Arazzo di Bayeux (part. scene 55-56), XI secolo, Bayeux, Centre Guillaume le Conquérant.

L'immagine riproduce una piccola parte dell'arazzo di Bayeux, una striscia in tessuto lunga 68 metri, dove sono illustrate con il ricamo le imprese del re normanno Guglielmo il Conquistatore (a sinistra, sul cavallo blu, mentre alza l'elmo). Il particolare formato, lungo e stretto, è adatto a **raccontare** una lunga serie di fatti.

Mondrian ha creato il suo dipinto su un supporto quadrato, ma usando uno spigolo come base, dando all'opera un effetto di **dinamismo**: questo formato permette all'artista di inserire all'interno della griglia di linee nere il triangolo, una forma geometrica fino ad allora sconosciuta nelle sue opere.

Piet Mondrian, *Composizione con nero e azzurro*, 1926, olio su tela, Philadelphia, Museum of Art.

58

Il formato rotondo e ovale

Nell'arte del passato erano utilizzati talvolta anche formati rotondi e ovali. In questo caso venivano studiati gli atteggiamenti e le posizioni delle figure rappresentate affinché si adattassero alla circolarità della tavola.

Osserva come Raffaello ha saputo collocare nel formato tondo le figure: la posizione seduta della Madonna e il tenero abbraccio con cui tiene il Bambino seguono perfettamente la forma circolare della tavola.

Raffaello, *Madonna della Seggiola*, 1513-14, olio su tavola, Firenze, Galleria Palatina.

Il formato deriva a volte dall'**oggetto** sul quale l'artista deve lavorare. Nella decorazione su ceramica, per esempio, la particolare forma del supporto può essere di stimolo all'artista nella creazione dell'immagine.
Nel piatto, rettangolo, quadrati, triangoli che compaiono nelle opere suprematiste lasciano il posto a forme geometriche dall'andamento curvo che meglio seguono il profilo circolare dell'oggetto.

Nikolai Suetin, *Piatto suprematismo*, ceramica, San Pietroburgo, Museo Statale Russo.

I formati negli spazi architettonici

Un caso particolare sono le opere destinate ad abbellire le architetture, dai grandi affreschi che decorano intere pareti o soffitti, alle immagini in rilievo che si inseriscono negli spazi creati dalle strutture architettoniche, ai particolari decorativi. In questo caso il formato è determinato dallo spazio architettonico a disposizione e l'opera è progettata anche tenendo conto del punto di vista di chi osserva.

Nel frontone dell'antico tempio di Artemide a Corfù lo scultore greco ha creato una composizione che potesse adattarsi al **formato triangolare**, collocando la Gorgone al centro come figura dominante e le due pantere nelle zone laterali più basse.

Frontone della Gorgone, 600-585 a.C, Corfù, Tempio di Artemide.

Sezione 1 • Il linguaggio visivo

L'inquadratura

Nel comporre un'immagine l'artista decide quale **soggetto** vuole rappresentare e come collocarlo **nello spazio**: può scegliere di rappresentarlo visto di fronte o dall'alto o dal basso, può creare una visione ampia di insieme o mettere in risalto un dettaglio. Tutte queste scelte determinano l'**inquadratura** o **taglio dell'immagine** che incide sulla posizione e l'importanza degli elementi all'interno della composizione.

Una veduta d'insieme
In questa opera Canaletto ha voluto dare una **visione d'insieme** di una parte di Venezia ritraendo i monumenti più conosciuti della città: San Marco e Palazzo Ducale.

Canaletto, *Piazza San Marco*, 1742-44, olio su tela, Londra, National Gallery of Art.

Un punto di vista particolare
Osserva quest'opera di Giorgio De Chirico che rappresenta uno scorcio di una città; grazie alla **particolare inquadratura**, l'attenzione di chi guarda si orienta su alcuni elementi, mentre altri sono intravisti solo in parte, suscitando una sensazione di mistero.

Giorgio De Chirico, *Mistero e malinconia di una strada*, 1914, olio su tela, New Canaan, Collezione privata.

Visto dall'alto
Felice Casorati inquadra il soggetto da lui dipinto rappresentandolo come visto **da vicino** e leggermente **dall'alto** per dare maggior risalto e quasi «dignità artistica» a oggetti di uso quotidiano.

Felice Casorati, *Le mele sulla Gazzetta del Popolo*, 1928 circa, olio su cartone, Roma, Galleria Nazionale d'Arte Moderna.

La scelta di un dettaglio
Il pittore Domenico Gnoli ritrae **dettagli** di oggetti quotidiani, suscitando nell'osservatore una sensazione di sorpresa verso le piccole cose di tutti i giorni.

Domenico Gnoli, *Camicetta verde*, 1967.

Formati e inquadrature

ISPIRATI alle immagini di questa pagina per divertirti a crearne altre lavorando sui formati e sulle inquadrature.

Una miniatura per il tuo nome

Osserva questa miniatura: nel formato particolare della lettera S il miniaturista ha creato un'immagine che unisce elementi decorativi e descrittivi, come un uccello e un fiore. L'arte delle miniature era praticata in epoca medievale: le lettere iniziali dei testi trascritti a mano venivano decorate con immagini minuscole composte secondo la forma delle lettere stesse.

- Prendi ispirazione da questa miniatura e creane una nel formato della lettera iniziale del tuo nome. Per la decorazione puoi scegliere immagini che esprimano aspetti della tua personalità.

Nuove inquadrature

Osserva le fotografie: dall'immagine di partenza sono state tagliate inquadrature diverse creando nuove immagini ricche di suggestione.
Crea anche tu nuove inquadrature partendo da un'immagine.

- Scegli da una rivista l'immagine di un paesaggio o di una persona.
- Ritaglia delle strisce di carta bianca e appoggiale sull'immagine per nascondere le parti meno interessanti. Hai creato così una nuova inquadratura.
- Fai un po' di esperimenti spostando le strisce e provando anche formati diversi.

Fare per creare

- Progetta la decorazione di un frontone, p. 40
- Progetta una vetrata, p. 41
- Scegli l'inquadratura, p. 42

LABORATORIO

Sezione 1 • Il linguaggio visivo

La simmetria

I vari elementi che compongono un'immagine possono essere **organizzati nello spazio in modo regolare o irregolare**. Un principio di composizione che produce effetti di grande ordine e regolarità è la **simmetria**, utilizzata soprattutto nell'arte antica italiana ed europea.

La simmetria bilaterale

La fotografia a lato ritrae la facciata della chiesa fiorentina di San Miniato al Monte. Se immagini di tracciare un asse verticale nel centro, puoi notare che le **due parti** a destra e a sinistra appaiono perfettamente **speculari**, cioè come se fossero riflesse in uno specchio.
La facciata è organizzata secondo il principio della simmetria bilaterale; la linea verticale che divide le due parti si chiama **asse di simmetria**.
Le opere, non solo di architettura ma anche di scultura e pittura, organizzate secondo il principio della simmetria bilaterale ci appaiono **stabili**, **ordinate**, **equilibrate**.

San Miniato al Monte, facciata, XI-XII secolo, Firenze.

Osserva le immagini: la zona centrale, lungo l'asse di simmetria, acquista un particolare **risalto**.
Forse per questo nell'arte del passato venivano posti al centro gli elementi più importanti della composizione: il portale di un edificio, la figura principale di un monumento, un personaggio sacro importante.

Madonna con il Bambino e Angeli, VI secolo, mosaico, Ravenna, Sant'Apollinare Nuovo.

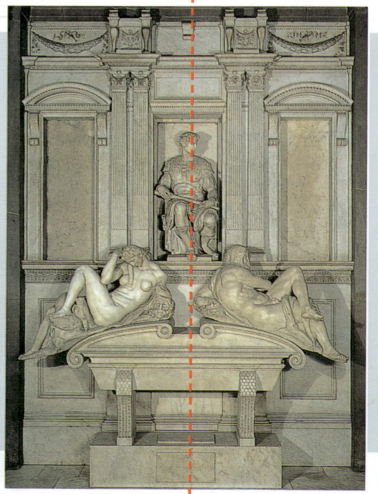

Michelangelo, *Tomba di Lorenzo de' Medici*, 1521-34, marmo, Firenze, Chiesa di San Lorenzo, Sacrestia Nuova.

62

La composizione

La simmetria radiale

Il rosone raffigurato qui a lato può essere attraversato da **numerosi assi di simmetria che si incrociano al centro** come i raggi di una circonferenza. In questo caso parliamo di simmetria radiale.

Nella simmetria radiale assume importanza il punto centrale, o **centro di simmetria**, attorno al quale la figura sembra ruotare, senza perdere le sue caratteristiche di uguaglianza.

Le immagini a simmetria radiale sono caratterizzate dalla regolarità ritmica della ripetizione e dalla circolarità della composizione, che comunicano un **senso di animazione regolare e ordinata**; per questo la simmetria radiale è sempre stata usata per creare decorazioni nei più diversi campi di applicazione: gioielli, ricami, ceramiche, fregi architettonici.

Rosone della Chiesa di San Francesco, 1266-77, Palermo.

Immagini a simmetria radiale sono presenti in epoche e luoghi diversi come **simboli sacri**: un esempio è il **mandala**, parola che significa «cerchio» o «ciclo». Per i buddhisti il mandala è un'immagine sacra che simboleggia la nascita e l'armonia del cosmo attorno al suo centro.

Orecchino a disco di produzione etrusca, fine VI sec. a.C., Londra, British Museum.

Monaci tibetani decorano un mandala, 2011.

63

Sezione 1 • Il linguaggio visivo

La composizione asimmetrica

Confronta i due paesaggi: nell'opera di Sisley la composizione, quasi perfettamente simmetrica, è chiusa e delimitata, mentre in quella di Derain la composizione asimmetrica è dinamica e movimentata.

Nel quadro di Derain, come nella scultura di Bernini, la composizione asimmetrica guida lo sguardo dello spettatore in un percorso che sembra fuoriuscire dallo spazio fisico dell'opera stessa: ciò comunica un senso di **libertà** e **movimento**, e permette di ottenere una grande **varietà di effetti**.

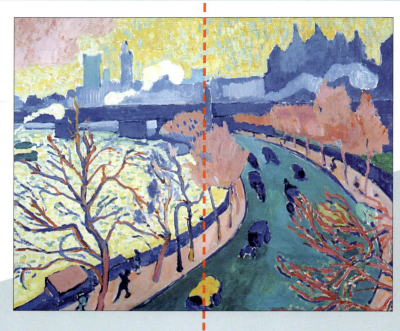

André Derain, *Ponte di Charing Cross*, 1906, olio su tela, Parigi, Musée d'Orsay.

Se tracciamo una linea che passa per il centro di questo paesaggio, notiamo che le due metà non si rispecchiano: a **destra** in primo piano c'è la strada che costeggia il Tamigi, con il traffico delle autovetture che si addensano e scompaiono dietro la curva suggerendo una sensazione di velocità, mentre a **sinistra** uno spazio in giallo mette in risalto le forme degli alberi.

Alfred Sisley, *La neve a Louveciennes*, 1878, olio su tela, Parigi, Musée d'Orsay.

In questo paesaggio la composizione è **simmetrica**, con la piccola figura al centro tra due ali di recinzioni e alberi: tutto ci appare immobile sotto la neve.

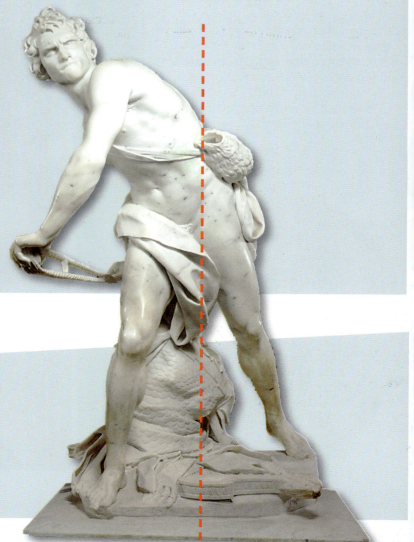

Gian Lorenzo Bernini, *David*, 1623-24, marmo, Roma, Galleria Borghese.

In questa opera di Bernini, la figura è sviluppata in modo **libero** e **irregolare**: il movimento rotatorio del torso si sbilancia verso sinistra, mentre lo sguardo dell'eroe si rivolge nella direzione opposta, verso il bersaglio contro il quale sta lanciando la pietra, comunicando tutto lo sforzo del movimento.

LABORATORIO

Immagini simmetriche

CREA immagini simmetriche utilizzando i diversi procedimenti che ti suggeriamo in questa pagina.

«A stampa»

- Piega un foglio a metà e crea liberamente un'immagine su una sola delle due parti usando colori a tempera piuttosto densi.
- Chiudi il foglio e premi per «stampare» il disegno anche sulla metà che avevi lasciato vuota.
- Riapri il foglio: hai ottenuto un'immagine simmetrica.
- Lascia asciugare e, se vuoi, rifinisci il tuo lavoro aggiungendo qualche particolare a pennarello.
Fai attenzione a mantenere la simmetria!

Con il ritaglio

- Piega a metà un foglio di carta colorata e disegna un motivo ornamentale geometrico che occupi l'intera facciata. Ritaglia e apri: hai ottenuto una **simmetria bilaterale**.

- Se disegni invece dopo aver piegato un foglio in quattro, otterrai un'immagine con **due assi di simmetria**.

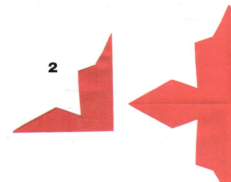

- Piega un foglio due volte e poi ancora una volta lungo la diagonale, ottenendo un triangolo. Disegna un motivo tenendo presente dove si trova il centro. Aprilo: hai ottenuto un'immagine a **simmetria radiale**.

- Incolla le tue immagini su fogli colorati creando contrasti o armonie cromatiche; puoi anche realizzare le figure con carta bianca e poi colorarle.

Fare per creare

- Completa una facciata simmetrica, p. 43
- Completa i motivi di un tappeto, p. 44
- Colora un mandala, p. 45

65

Il ritmo

Un evento che si ripete in modo regolare produce un **ritmo**. Il ritmo ci fa pensare immediatamente alla musica, di cui è un elemento fondamentale: il ritmo musicale è dato dalla successione regolare di accenti. Ma il ritmo è un fenomeno presente in molti aspetti della vita: ci sono ritmi nel nostro corpo, come per esempio nel respiro e nel battito cardiaco; c'è un ritmo in alcune nostre azioni, come camminare, danzare, correre; seguono un andamento ritmico i cicli temporali come l'alternarsi del giorno e della notte, il succedersi delle stagioni.
Anche nel linguaggio visivo esiste il ritmo: riconosciamo un **ritmo visivo** quando alcuni **elementi simili** (punti, linee, forme, colori) sono **collocati in modo regolare** all'interno di una composizione.

Ritmo uniforme

Nell'immagine in alto puoi osservare un particolare della facciata del Palazzo Ducale a Venezia: le arcate dei loggiati si susseguono **uguali a distanza regolare** creando un ritmo uniforme.
Anche le figure dipinte sul bordo del vaso greco in basso sono disposte seguendo un ritmo uniforme. La distanza tra un elemento e l'altro può produrre un ritmo ampio o serrato. Quando gli elementi sono più distanziati, il ritmo è **ampio** e si crea un effetto di animazione lenta e calma; quando gli elementi sono vicini, il ritmo si fa più **serrato**, con un effetto più vivace e dinamico.

I loggiati del Palazzo Ducale di Venezia creano un **effetto di chiaroscuro** che anima la facciata con ritmi differenti, più pacato in basso e più vivace e serrato in alto.

Loggiati di Palazzo Ducale, XIV secolo, Venezia.

I motivi ripetuti nei tappeti formano ritmi di grande **effetto decorativo**.

Tappeti esposti nel bazar di Marrakesh, in Marocco.

Eracle contro Tritone, 550 a.C. circa, coppa attica a figure nere.

La composizione

Ritmo alternato

Un ritmo diventa più mosso e vivace quando si alternano **in modo regolare elementi diversi**. Gli elementi che si alternano possono differire per forma, dimensione, colore, posizione sulla superficie. Osserva qualche esempio.

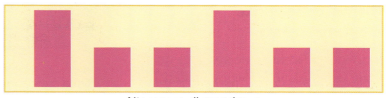

Alternanza di grandezze

Alternanza di forme

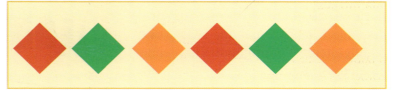

Alternanza di colore

Alternanza di posizione e colore

Osserva i motivi di questi bordi di pavimento a mosaico in marmo: il motivo centrale presenta un **ritmo alternato**, gli altri due un ritmo **uniforme**.

Con i ritmi alternati è possibile creare composizioni ordinate e armoniose grazie alla **regolarità della ripetizione**, ma nello stesso tempo vivaci e fantasiose per l'**alternarsi di forme e colori** diversi. Per questo i motivi alternati sono sempre stati usati nella decorazione di vasi, pavimenti, tessuti.
In questo tradizionale tappeto kilim puoi osservare la grande varietà di motivi creati nella tessitura alternando colori, forme, posizioni.

Anche in architettura i ritmi sono utilizzati come decorazione, come puoi vedere in questo fregio medievale con **ritmi alternati** e **uniformi**.

67

Sezione 1 • Il linguaggio visivo

Ritmo crescente e decrescente

Il ritmo è crescente o decrescente quando le caratteristiche degli elementi (dimensione, colore, distanza) **aumentano o diminuiscono gradualmente**.

Il ritmo crescente e decrescente può dare alla composizione una sensazione di **movimento** e di **profondità** inserendo **elementi dinamici** nella regolarità data dal ritmo.

Ritmo crescente da sinistra a destra per grandezza

Ritmo crescente da sinistra a destra per altezza

Ritmo crescente da sinistra a destra per spessore

Ritmo crescente da sinistra a destra per luminosità

Quando la distanza tra gli elementi diminuisce o aumenta progressivamente, si crea la sensazione di un movimento che cambia **velocità**. Per esempio, in questo fregio osservando da destra verso sinistra sembra che il movimento degli angioletti aumenti progressivamente.

Fregio di putti alati, architrave del camino della Sala degli Angeli, Palazzo Ducale, Urbino.

In questa opera di Vasarely i cerchi disposti in righe orizzontali diminuiscono di dimensione, in modo graduale, dall'alto verso il basso, creando un effetto di **movimento**: sembra che i cerchi si elevino verso l'alto.

Victor Vasarely, *Amas*, 1962.

Le fasce di colore creano ritmi decrescenti dallo scuro al chiaro guidando l'occhio dell'osservatore al centro.

Paul Klee, *Separazione di sera*, 1922, acquerello a matita, Berna, Zentrum Paul Klee.

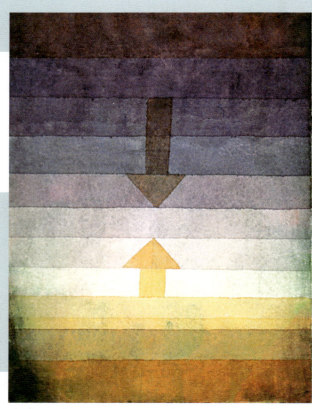

LABORATORIO

Sperimenta con il ritmo

CREA anche tu delle **composizioni ritmiche**, ispirandoti a questi esempi e a quelli delle pagine precedenti, e sperimenta gli **effetti espressivi** dei diversi tipi di ritmo.

In questo tipico tessuto tradizionale del Mali, chiamato «bogolan», stampato con la tecnica del batik, le forme e i colori creano diversi **ritmi alternati**.

Le linee accostate creano dei ritmi con un effetto di **luminosità crescente** da sinistra verso destra.

Piero Dorazio, *Occhio e croce IV*, 2003, olio su tela, Autentica Archivio Dorazio.

Una composizione ritmica

Scegli un elemento: può essere una forma geometrica o un semplice oggetto stilizzato. Disegnalo su un cartoncino e ritaglialo: ti servirà come modello per riportarlo più volte sul foglio ripassandone i bordi. In alternativa puoi utilizzare un oggetto, come per esempio un barattolo, una chiave, una gomma sagomata… Crea una composizione ritmica e colorala.

- Puoi basare la tua composizione sul **ritmo uniforme**.
- Puoi creare **ritmi alternati** variando il colore, la posizione, l'orientamento nello spazio.
- Puoi creare **ritmi crescenti/decrescenti** con il colore o cambiando la distanza tra gli elementi.

Bordo decorativo con motivi ritmici

Come hai visto anche nelle pagine precedenti, i ritmi hanno sempre trovato applicazioni decorative nelle bordure di vasi, pavimenti, bassorilievi.
Ecco alcuni motivi ripresi da opere d'arte di diverse epoche.

- Ricopiali su un foglio da disegno (ti sarà utile la quadrettatura); puoi anche semplificare i motivi mantenendo però l'andamento ritmico.
- Puoi completare con la colorazione, dando anche a questa un carattere ritmico. Se vuoi, continua inventando dei motivi tuoi.

Fare per creare

- Crea un tessuto bogolan, p. 46

Ritmo e movimento

OSSERVA come nelle foto, nei fumetti e nell'arte si possa ottenere un effetto di movimento ripetendo ritmicamente un'immagine.

Nella vignetta in basso, grazie alla **ripetizione del disegno** del collo sembra di vedere il movimento dello struzzo che cerca di beccare Pippo. Puoi osservare lo stesso affetto sulle scarpe e le gambe di Pippo.

PROVA anche tu a realizzare una situazione di movimento usando un procedimento di **ripetizione ritmica**.

Ritmo in movimento alla maniera futurista

I pittori aderenti al Futurismo, una corrente artistica italiana dell'inizio del Novecento che voleva esprimere nelle opere d'arte la velocità della vita moderna, hanno utilizzato la ripetizione ritmica per rappresentare il movimento, come puoi osservare in queste opere.

Per Giacomo Balla il movimento meccanico dell'automobile è stato un elemento essenziale per rappresentare la velocità, presente in molte sue opere. Osserva qui il **moto a spirale** delle ruote ripetuto in una **successione dinamica**.

Giacomo Balla, *Auto in corsa*, 1913, olio su tela, New York, Museum of Modern Art.

LABORATORIO

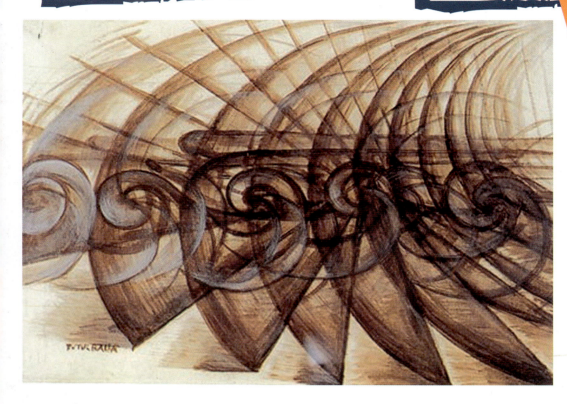

La motocicletta in movimento viene rappresentata in questo dipinto in modo schematico: la ripetizione ritmica di **elementi curvi e a spirale** crea un effetto molto dinamico e suggerisce lo spostamento nello spazio grazie al girare incessante e veloce delle ruote.

Giacomo Balla,
Velocità in motocicletta,
1913-14.

ISPIRATI a questi quadri e crea anche tu un'opera «futurista» ripetendo ritmicamente una figura in modo da evocare un effetto di movimento: puoi rappresentare un'automobile, un aereo, una foglia che volteggia nell'aria, una farfalla in volo, un oggetto che cade, un acrobata che esegue un volteggio, una danzatrice…

Una composizione «futurista» con figure geometriche

Osserva: in questa opera Giacomo Balla crea un ritmo astratto, ripetendo ritmicamente una figura geometrica.
Prova anche tu a comporre in modo simile, ripetendo un elemento di forma geometrica e cercando di ottenere un effetto di dinamismo e movimento.
Puoi usare riga e compasso, oppure il coperchietto di un barattolo, il tappo di una bottiglia, che sposterai sul foglio in modo da ottenere ripetizioni ritmiche. Utilizza anche il colore, usando i pennarelli oppure i colori a tempera, come vedi nell'esempio.

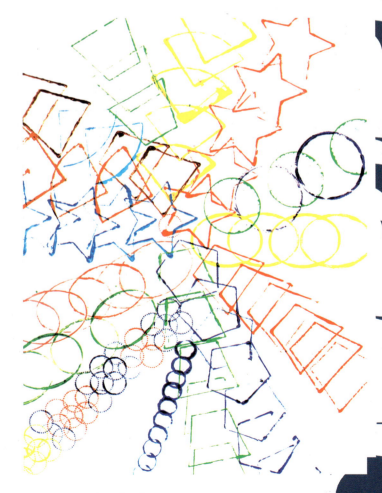

71

Sezione 1 • Il linguaggio visivo

Le configurazioni

Quando osserviamo un'immagine, la nostra percezione non coglie le figure isolatamente: ogni elemento viene percepito in relazione agli altri e alla loro posizione nello spazio. Questo «dialogo» tra i diversi elementi che formano la composizione ha un importante significato espressivo. Mentre cerchiamo di decodificare un'immagine, cioè ci chiediamo che cosa rappresenta, il nostro occhio non guarda tutti gli elementi allo stesso modo, ma tende a **raggrupparne** alcuni, perché sono vicini o perché ci appaiono simili per colore, dimensione o forma.

Questi **gruppi di elementi** sono percepiti come se facessero **parte di un insieme unitario** e si chiamano **configurazioni**.

Raggruppamenti per vicinanza e per somiglianza

Percepire le configurazioni ci aiuta a cogliere il **significato dell'immagine** che vediamo. Analizziamo in quali modi il nostro occhio può percepire alcuni elementi come un insieme unitario.

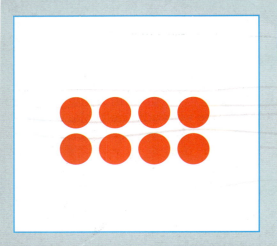

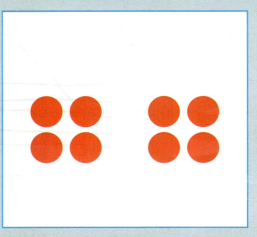

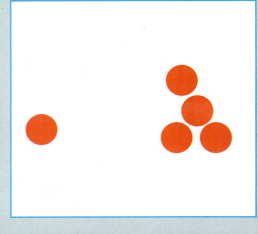

In questa immagine vediamo un **gruppo unitario** di cerchi rossi e vicini, tutti uguali.

Ecco un esempio di configurazione per **vicinanza**: cogliamo **due configurazioni** di cerchi vicini tra loro.

Anche qui, sempre per effetto di **vicinanza**, si percepiscono **due configurazioni**, ma in questo caso il dischetto isolato assume un particolare rilievo perché si differenzia dagli altri che appaiono come un unico gruppo.

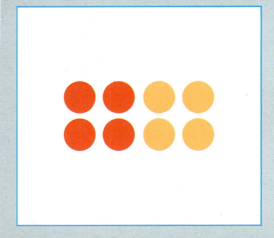

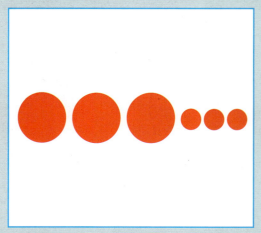

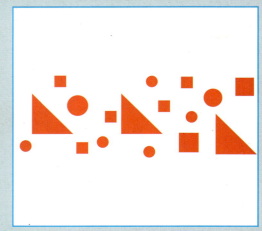

Qui cogliamo **due configurazioni**: quella dei cerchi rossi e quella dei cerchi gialli, simili per **colore**.

Qui la nostra percezione tende a cogliere come gruppi unitari l'insieme dei tre cerchi grandi e l'insieme dei tre cerchi piccoli, cioè delle figure simili per **dimensione**.

In questa immagine possiamo cogliere come configurazione i tre triangoli, simili per **forma**.

Il significato espressivo della configurazione

La scelta di accostare o distanziare alcuni elementi in una composizione è molto importante, perché **guida l'attenzione dell'osservatore** sugli aspetti a cui l'artista vuole dare rilievo. Per esempio, se una figura è isolata acquista risalto e ci appare più importante; se invece è accostata alle altre, prevale la percezione del gruppo: osserva questo fenomeno nelle opere qui riprodotte.

In quest'opera di Raffaello le figure sono simili per dimensioni, colori, abbigliamento; ma per il modo in cui sono disposte nello spazio percepiamo chiaramente **tre gruppi** di persone.

Raffaello Sanzio, *La presentazione al tempio*, 1502-03, tempera su tavola, Città del Vaticano, Pinacoteca Vaticana.

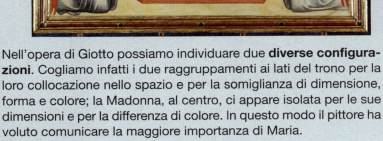

Nell'opera di Giotto possiamo individuare due **diverse configurazioni**. Cogliamo infatti i due raggruppamenti ai lati del trono per la loro collocazione nello spazio e per la somiglianza di dimensione, forma e colore; la Madonna, al centro, ci appare isolata per le sue dimensioni e per la differenza di colore. In questo modo il pittore ha voluto comunicare la maggiore importanza di Maria.

Giotto, *Madonna d'Ognissanti*, 1306 circa, tempera e oro su tavola, Firenze, Galleria degli Uffizi.

Anche in un'opera astratta possiamo distinguere diverse configurazioni determinate dal **colore**, dalla **forma**, dalla **dimensione** e dalla **vicinanza** degli elementi. In questo quadro di Kandinsky, ad esempio, possiamo cogliere come configurazione le forme triangolari al centro o quelle tondeggianti ai margini.

Wassily Kandinsky, *Freschezza oscura*, 1927, Parigi, Centre Georges Pompidou, Musée National d'Art Moderne.

Sezione 1 • Il linguaggio visivo

Il peso visivo

Quando osserviamo un'immagine, non tutti gli elementi ci colpiscono allo stesso modo. Ci sono elementi che attraggono di più la nostra attenzione: diciamo che essi hanno un maggiore **peso percettivo**. Un elemento può acquistare peso nella composizione per le sue dimensioni, per il suo colore o per la sua posizione nello spazio. Il peso di un elemento può essere bilanciato da altri elementi posti in posizioni diverse per creare una sensazione di equilibrio.
Osserva gli esempi qui sotto: quale elemento, in ogni disegno, attira maggiormente la tua attenzione?

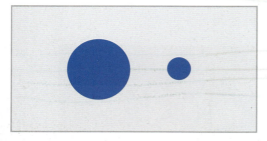

Il cerchio grande sembra pesare di più di quello piccolo.

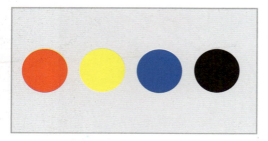

I cerchi hanno la stessa dimensione, ma probabilmente i due di sinistra ti appaiono più evidenti: infatti, a parità di dimensioni, i colori caldi e brillanti tendono a pesare percettivamente di più di quelli scuri e freddi.

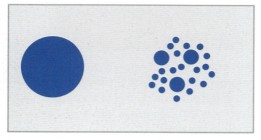

Le due parti sembrano bilanciate perché il maggior numero di cerchi piccoli compensa la differenza di dimensioni.

In questa pittura murale egizia le figure più importanti sono ritratte in dimensioni maggiori: acquistano perciò un maggior peso visivo proprio per la **dimensione**.

Caccia in palude, dalla Tomba di Nakht, 1500 a.C. circa, Tebe (oggi Luxor), Valle dei Nobili.

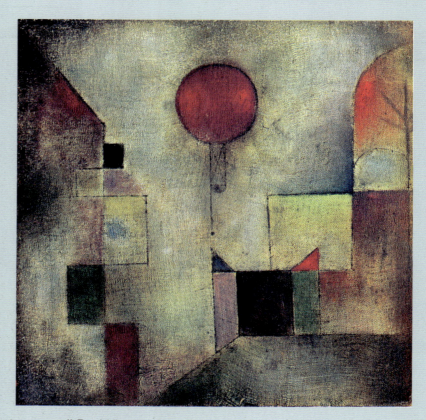

In questa opera di Paul Klee lo sguardo dell'osservatore è attratto dal palloncino rosso: è questo, infatti, l'elemento che ha maggior peso nella composizione, proprio per il suo **colore**.

Paul Klee, *Red Baloon*, 1922, olio su mussola preparata con gesso, New York, Solomon R. Guggenheim Museum.

74

La composizione

Il peso di questa composizione è dato dalla **posizione** delle figure al centro del dipinto: collocandole lì, l'artista attira in quel punto lo sguardo dell'osservatore.

Camille Pissarro, *Nell'orto*, 1881, olio su tela, Praga, Galleria Nazionale.

In questo dipinto di Seurat la composizione appare ben **equilibrata**: infatti, il peso delle **figure grandi e scure** che si vedono a destra è equilibrato dalle numerose **figure piccole e luminose** che si trovano nella zona di sinistra; lo sguardo dell'osservatore tende a distribuirsi su tutta la superficie del dipinto.

Georges Seurat, *Una domenica pomeriggio alla Grande Jatte*, 1884-85, olio su tela, Chicago, Art Institute.

Sezione 1 • Il linguaggio visivo

Equilibrio statico e dinamico

Grazie alla **distribuzione del peso**, una composizione può suggerire una sensazione di **calma e stabilità**, cioè di **equilibrio statico**, oppure di **instabilità e movimento**, cioè di **equilibrio dinamico**. Osserva i disegni.

Equilibrio statico

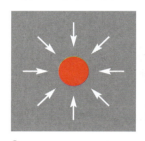 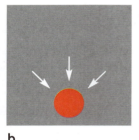

a   b

Equilibrio dinamico

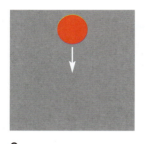 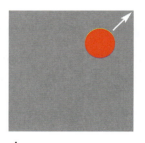

c   d

Nella figura (a) lo sguardo è attratto dal peso della figura verso il centro del quadrato, e lì tende a fermarsi: la composizione appare **statica** ed **equilibrata**.
L'effetto di staticità è ancora più accentuato in (b), dove il cerchietto è collocato in basso.

Nella figura (c) il dischetto è collocato in alto in posizione centrale: l'effetto è di **instabilità**, quasi debba cadere per la forza di gravità.
Nella figura (d) il dischetto, posto vicino a uno dei vertici, sembra invece attirato verso l'esterno: anche in questo caso l'effetto è di **instabilità**.

Nell'opera di Raffaello, le tre figure della composizione formano un triangolo, il cui vertice è la testa di Maria. Osserva come l'autore ha disegnato la posizione di Maria in modo che una gamba crei uno dei lati del triangolo. La composizione appare molto stabile ed equilibrata. È un esempio di **equilibrio statico**.

Raffaello, *Madonna del Belvedere*, 1506, olio su tavola, Vienna, Kunsthistorisches Museum.

Quest'opera di Malevič, il principale esponente del movimento artistico russo chiamato «Suprematismo», è un esempio della sua ricerca sulla composizione e l'equilibrio: un semplice cerchio nero può comunicare una sensazione di **equilibrio dinamico** per effetto della sua posizione nello spazio, in alto e laterale.

Kazimir Severinovič Malevič, *Cerchio nero*, 1913, olio su tela, San Pietroburgo, Museo Statale Russo.

Configurazioni, pesi, equilibrio

LABORATORIO

CREA liberamente delle composizioni a piacere applicando i principi che hai scoperto in queste ultime pagine dell'unità e prendendo spunto dalle immagini analizzate.

Componi con le configurazioni

- Ritaglia da vecchie riviste alcune figure (persone, edifici, alberi, oggetti), scegli la configurazione che preferisci e decidi dove vuoi creare maggior peso e come vuoi equilibrarlo. Quando hai trovato una sistemazione che ti piace, incolla le figure su un foglio.
- Completa l'opera creando lo sfondo e aggiungendo particolari a pennarello o con i colori a tempera.

Distribuisci il peso in modo creativo

- Scegli un paio di forme diverse e componile liberamente su un foglio variando le dimensioni, sovrapponendole, addensandole o distanziandole.
- Decidi se vuoi dare una sensazione di dinamismo o di staticità, poi cerca di distribuire il peso in modo da ottenere l'effetto che hai scelto.

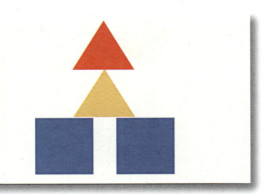

Fare per creare

- Sperimenta configurazioni diverse, p. 48
- Scopri dov'è il peso, p. 51
- Crea effetti di equilibrio e di squilibrio, p. 52
- Realizza una composizione statica e una dinamica, p. 53

Unità 4
La rappresentazione dello spazio

La rappresentazione dello spazio è un tema che ha sempre stimolato la ricerca degli artisti, per la difficoltà di trasferire su una superficie piana gli oggetti tridimensionali e il loro rapporto con lo spazio circostante.
Nella storia dell'arte, in diverse epoche e luoghi, sono state trovate tante soluzioni differenti: lo spazio è stato rappresentato come uno spazio reale, il più possibile aderente alla nostra percezione attraverso l'uso degli «indici di profondità» e della prospettiva; come qualcosa da esplorare per esprimere in modo creativo la sua essenza; come uno spazio illusorio «inventato» dall'artista o addirittura come una esperienza che l'arte stessa può stimolare nell'osservatore.

Il rapporto figura-sfondo

In questa pittura minoica la figura si staglia in primo piano su uno sfondo piatto e non definito. All'osservatore sembra che la figura sia posta davanti, mentre lo sfondo dà la sensazione di uno spazio che prosegue dietro la figura stessa.
Il rapporto figura-sfondo è stato in molte civiltà del tempo antico un criterio per raffigurare lo spazio: il pubblico riconosceva in questo semplice modo figurativo la tridimensionalità dell'ambiente.

Pescatore, XVI secolo a.C., affresco, Atene, Museo Archeologico Nazionale.

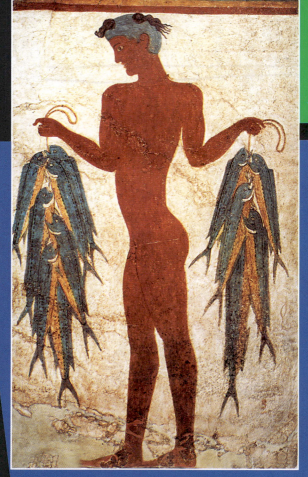

Il ribaltamento

Nell'affresco della tomba egiziana di Nebamun vi è raffigurata una vasca circondata da alberi piegati al suo esterno in varie direzioni, in modo da evocare la loro disposizione attorno al bordo.
Il procedimento è chiamato «ribaltamento» ed è una strategia elementare per rappresentare la collocazione degli oggetti nello spazio, usata anche dai bambini nei loro disegni.

Piscina di Nebamun, XIV secolo a.C., pittura murale, Londra, British Museum.

78

La rappresentazione dello spazio

Uno spazio geometrico sfaccettato

In questo quadro la veduta di una città è rappresentata con un insieme di forme geometriche accostate senza rispettare le regole prospettiche e i rapporti spaziali della realtà. L'intento, comune alla ricerca degli artisti cubisti che scompongono e frantumano l'immagine, non è di descrivere la spazio così come esso ci appare alla vista, ma di esplorare le sue forme e la sua essenza.

Aleksandra A. Ekster, *Città*, 1913, olio su tela, Vologda, Kiev Regional Art Museum.

Uno spazio inventato

L'arte può «inventare» degli spazi illusori ingannando la percezione, come fa l'artista di strada Julian Beever che con i gessetti disegna apparenti voragini sulla superficie piana di una via o di una piazza.

Uno spazio come esperienza

Alcune opere di arte contemporanea si pongono l'obiettivo di modificare la percezione dello spazio dell'osservatore. Questa installazione di Tomàs Saraceno invita gli spettatori a «entrare» nell'opera e a sperimentare una relazione con lo spazio diversa dall'usuale.

Piazza del K21 di Düsseldorf.

Sezione 1 • Il linguaggio visivo

Gli indici di profondità

Quando osserviamo l'ambiente intorno a noi, il nostro occhio riesce a valutare a quale distanza si trovano i diversi elementi, quali sono davanti e quali sono dietro, riesce cioè a cogliere la profondità dello spazio. Possiamo fare questo grazie ad alcuni **fenomeni percettivi** chiamati indici di profondità.
Gli indici di profondità sono utilizzati dagli artisti per cercare di riprodurre sullo **spazio bidimensionale della tela** o del foglio lo **spazio a tre dimensioni della realtà**. Conosciamone alcuni.

I piani di profondità

Nel paesaggio della fotografia possiamo osservare delle **fasce orizzontali sovrapposte** che percepiamo come diversi piani di profondità che vanno dal **vicino** al **lontano**: le fasce poste in basso ci appaiono più vicine, mentre via via che si sale verso l'alto i piani sembrano allontanarsi verso la linea dell'orizzonte. L'artista della stampa giapponese si è basato su questo fenomeno per rendere la profondità del paesaggio.

La sovrapposizione delle figure

Se un **oggetto** è **parzialmente nascosto** da un altro ne percepiamo solo una parte, ma il nostro cervello non interpreta quell'immagine come una figura incompleta, bensì come «posta dietro», più lontano. La sovrapposizione delle figure è un espediente che ci consente di dare l'idea della profondità, come puoi osservare nell'opera di Giorgio Morandi.

Hiroshige, *Vista del Monte Fuji*, 1850, stampe su matrice in legno.

Giorgio Morandi, *Natura morta*, 1936, olio su tela.

80

La rappresentazione dello spazio

La grandezza delle figure

Gli **oggetti lontani** ci appaiono **più piccoli**: la diminuzione della dimensione è uno degli indici di profondità più comunemente utilizzati in arte, insieme alla sovrapposizione delle figure. Ne vedi un esempio nell'opera di Pellizza da Volpedo in cui le persone più grandi al centro appaiono in primo piano rispetto a quelle dietro, rappresentate più piccole e parzialmente nascoste.

Giuseppe Pellizza da Volpedo, *Il Quarto Stato*, 1901, olio su tela, Milano, Museo del Novecento.

La variazione di tessitura

Osserva la foto: i ciottoli appaiono **via via più fitti** verso la linea dell'orizzonte, cioè percepiamo una **variazione di «tessitura»** che dà allo spazio un senso di profondità.
Nella sua opera Riley ha utilizzato questo fenomeno per creare un particolare effetto ottico: i quadrati più o meno fitti creano un effetto di ondulazione e profondità della superficie.

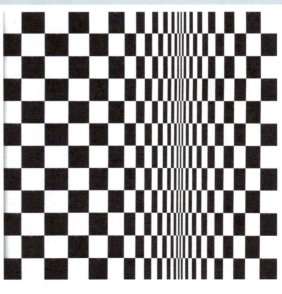

Bridget Riley, *Movimento nei quadrati*, 1961.

81

Sezione 1 • Il Inguaggio visivo

La variazione del colore

Quando osserviamo un paesaggio, notiamo che **nelle zone più lontane i colori si attenuano**, diventano meno definiti e tendono verso l'azzurro e il grigio: è un effetto dell'atmosfera. Questo principio è applicato spesso nella pittura dei paesaggi; nell'opera di Antonio Pitloo, l'artista ha creato l'impressione di uno spazio che si perde in lontananza con colori via via più tenui.

Antonio Pitloo, *Castel dell'Ovo dalla spiaggia*, 1820, Napoli, Museo di Capodimonte.

L'obliquità

Se osserviamo una strada dritta, notiamo che le **linee parallele orientate verso l'orizzonte** ci appaiono **oblique** e sembrano avvicinarsi tra loro man mano che si allontanano.
Questo tipo di deformazione è stato rappresentato da molti artisti in modo intuitivo disegnando lati obliqui e paralleli; il **sistema della obliquità parallela**, che vedi applicato nel dipinto di Lorenzetti, riesce a dare l'idea della profondità anche se non corrisponde perfettamente alla percezione ottica descritta sopra.

Ambrogio Lorenzetti, *Gli effetti del Buon Governo* (part.), 1337-40, affresco, Siena, Sala del Consiglio del Palazzo Pubblico.

LABORATORIO

La profondità con il collage

CREA delle composizioni che diano l'idea della **tridimensionalità** basandoti sul principio dei piani di profondità e della grandezza delle figure.

Uno spazio tridimensionale

- Scegli un cartoncino colorato e una carta in un colore contrastante (puoi utilizzare anche il bianco e nero).
- Taglia nella carta delle strisce, anche non perfettamente parallele, riducendone progressivamente l'altezza.
- Appoggia le strisce sul cartoncino: parti dalla base e collocale in ordine decrescente di grandezza, lasciando un piccolo spazio tra l'una e l'altra; cerca di ottenere un effetto di profondità dello spazio.
- Quando hai trovato una soluzione che ti piace, incolla le strisce sul cartoncino.

Puoi aumentare l'effetto di tridimensionalità incollando una forma in colore contrastante in basso, come se fosse in primo piano, e un'altra più piccola in alto, come se fosse sullo sfondo.

Figure grandi, figure piccole

- Ritaglia da una vecchia rivista due o tre figure di grandezze diverse e colorale di nero, come se fossero viste in controluce.
- Incolla le figure su un foglio in posizione adatta alla loro grandezza, in modo da farle apparire a distanze diverse.
- Completa con uno sfondo che renda bene lo spazio tridimensionale della tua composizione.

Fare per creare

- Colloca davanti e dietro, p. 54
- Colora i piani di profondità, p. 55

83

Sezione 1 • Il Inguaggio visivo

La prospettiva

Gli artisti del Quattrocento hanno messo a punto un sistema basato su **regole matematiche** per rappresentare esattamente, su una superfice piana, la **profondità** di un ambiente, il **volume** di oggetti e figure e la loro **posizione nello spazio** così come appaiono ai nostri occhi: sono le regole della prospettiva.

La prospettiva centrale

Analizziamo insieme come è organizzato lo spazio in questa opera di Piero della Francesca.
Lo spazio è rappresentato applicando le regole della **prospettiva centrale**: il punto di vista è quello di un **osservatore che si trova al centro** di fronte al dipinto.
Osserva lo schema: se prolunghiamo le linee oblique del soffitto e del pavimento, vediamo che convergono tutte in un punto che si chiama **punto di fuga** (PF): esso si trova esattamente di fronte allo sguardo dell'osservatore. Il punto di fuga giace su una linea: la **linea dell'orizzonte** (LO), che si trova all'altezza degli occhi di chi guarda. Le linee che abbiamo tracciato, e che sono state utilizzate dall'artista per disegnare lo spazio, si chiamano **linee di fuga**.

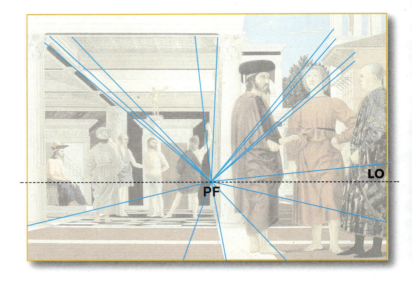

Piero della Francesca, *Flagellazione*, 1450-60, tempera su tavola, Urbino, Galleria Nazionale delle Marche.

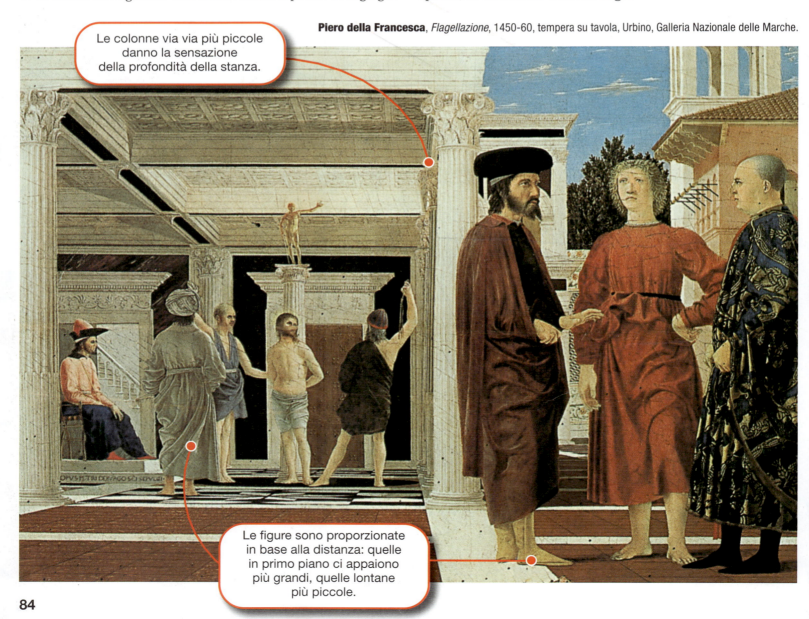

Le colonne via via più piccole danno la sensazione della profondità della stanza.

Le figure sono proporzionate in base alla distanza: quelle in primo piano ci appaiono più grandi, quelle lontane più piccole.

L'importanza del punto di vista

Nel dipinto che abbiamo analizzato il **punto di vista dell'osservatore** si trova piuttosto in basso. Ma uno spazio può essere osservato anche da un punto di vista più alto.

La scelta del punto di vista è molto importante perché **determina la posizione della linea dell'orizzonte e del punto di fuga**. Osserva i due esempi a lato.

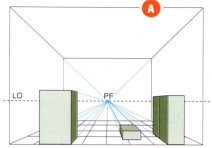

Con il punto di vista basso acquista risalto la parte alta dello spazio.

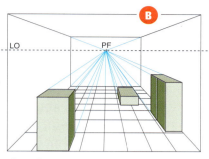

Con il punto di vista alto vediamo meglio il pavimento e ciò che vi è collocato sopra.

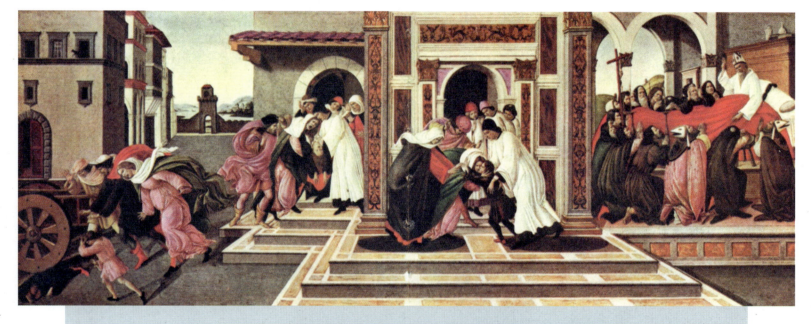

Sandro Botticelli, *Ultimi fatti di San Zanobi*, 1500-05 circa, tempera su tavola, Dresda, Gemäldegalerie Alte Meister.

Confronta questa opera di Botticelli con quella della pagina precedente: qui **il punto di vista è più in alto**, come se l'osservatore vedesse la scena un po' dall'alto. Il punto di fuga si trova nella parte superiore della composizione: l'artista così ha potuto rappresentare l'ampio spazio che si trova davanti, affollato di figure e scene diverse.

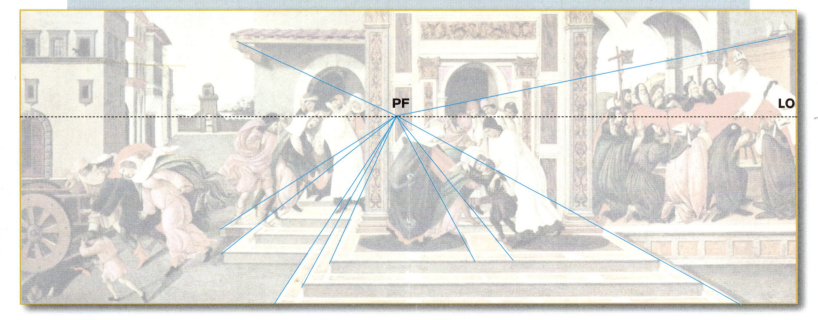

La prospettiva con il punto di fuga laterale

Nelle opere che hai visto finora il punto di fuga era centrale, cioè lo spazio era rappresentato come se l'osservatore si trovasse di fronte a esso esattamente nel centro. Uno spazio, però, può essere osservato anche da un **punto di vista più laterale**.

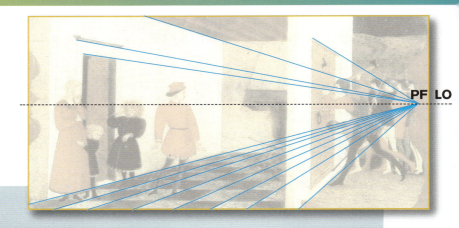

In questo dipinto la scena si sviluppa in orizzontale ed è rappresentata come se l'osservatore si trovasse a sinistra, di fronte ai personaggi che stanno fuori dalla porta. Infatti, se disegniamo le linee di fuga, vediamo che il **punto di fuga** si trova proprio al **limite destro del quadro**. Tale posizione allarga la visione sulla zona dell'ambiente opposta al punto di fuga, mentre riduce e comprime lo spazio sull'altro lato.

Paolo Uccello, *Leggenda dell'ostia profanata* (part.), 1467-68, tempera su tavola, Urbino, Galleria Nazionale delle Marche.

Anche in questa fotografia il punto di vista è laterale; seguendo il profilo dei tetti e della strada scoprirai che il punto di fuga si trova all'estrema destra.

La rappresentazione dello spazio

La prospettiva con due punti di fuga

Dal Cinquecento gli artisti hanno sviluppato gli studi sulla prospettiva e hanno introdotto la prospettiva d'angolo con **due punti di fuga**, che permette di rappresentare gli spazi in modo più animato, in quanto invita ad allargare lo spazio in due diverse direzioni.

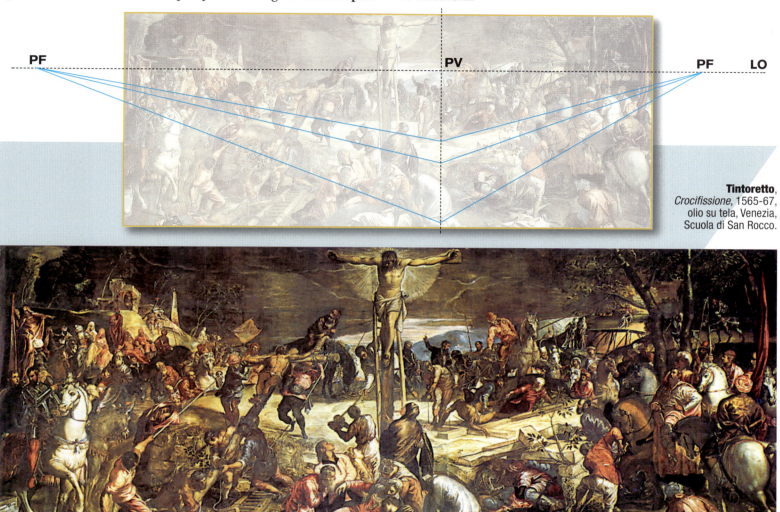

Tintoretto, *Crocifissione*, 1565-67, olio su tela, Venezia, Scuola di San Rocco.

Come vedi dallo schema, **i punti di fuga sono due**: si trovano entrambi sulla linea dell'orizzonte, **in uno spazio esterno all'immagine**. Il punto di vista è quasi al centro della composizione, piuttosto in alto, e le linee prospettiche, orientate sui due punti esterni, fanno percepire uno spazio dilatato che sembra proseguire oltre i limiti della tela. In questo modo la figura di Cristo appare in risalto, ma l'occhio dell'osservatore è stimolato a dirigersi anche verso i lati, perlustrando la scena in ogni direzione.

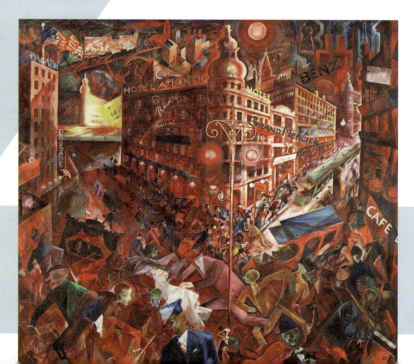

Anche in questa opera di Grosz i punti di fuga sono due: l'occhio dell'osservatore è invitato a dirigersi verso i due lati.

Georg Grosz, *Metropolis*, 1916-17, olio su tela, Madrid, Museo Thyssen-Bornemisza.

Disegnare in prospettiva

SEGUI le indicazioni per rappresentare uno **spazio interno**, per esempio una stanza, applicando la prospettiva centrale. Ti servono una matita, un righello, una squadra... e molta precisione!

Con la prospettiva centrale

- Su un foglio rettangolare traccia una linea orizzontale, la linea dell'orizzonte (decidi se la preferisci al centro o più alta o più bassa). Fissa il punto centrale della linea: è il punto di fuga (1).
- Fissa sulla linea dell'orizzonte due punti equidistanti dal centro; partendo da questi, disegna un rettangolo a piacere nella zona centrale, con le basi perfettamente parallele alla base del foglio: hai disegnato la parete di fondo. Puoi disegnarla in modo che la linea dell'orizzonte stia al centro del rettangolo o nella zona alta o nella zona bassa. Come sai, il risultato sarà diverso.
- Traccia le linee di fuga che, dal centro, passano per i vertici del rettangolo. Ripassa la parte delle linee di fuga esterna al rettangolo: ti appaiono così il soffitto, il pavimento, le pareti (2).

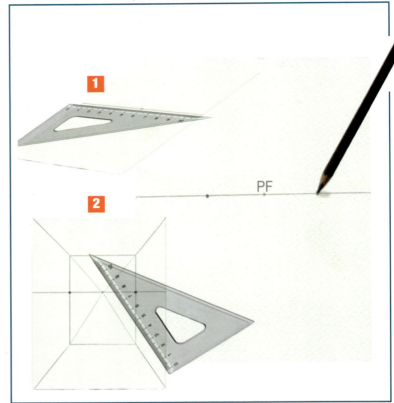

- Se vuoi disegnare le piastrelle del pavimento, segna dei punti a distanza regolare sulla base della parete di fondo. Traccia le linee di fuga che, dal centro, passano per quei punti (3).
- Traccia ora le linee orizzontali delle piastrelle (4): per dare il senso della distanza, dovrai disegnarle gradualmente più fitte verso il fondo (ricordi gli indici di profondità?).
- Se vuoi disegnare un quadro o una finestra, traccia una linea verticale a piacere su una parete e disegna le linee di fuga che passano per i due vertici (5).

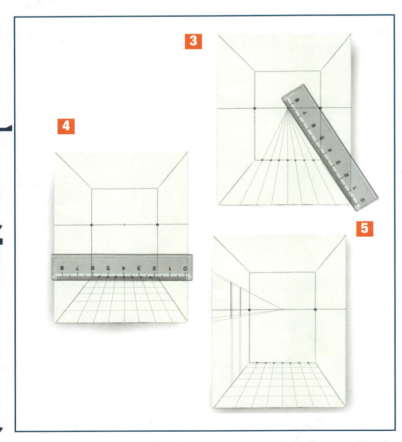

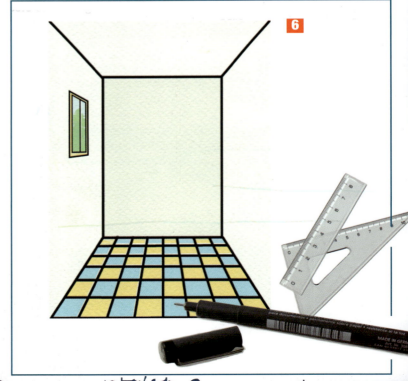

- Ora puoi completare la forma del quadro o della finestra. Usa lo stesso procedimento se vuoi disegnare anche una porta.
- Ripassa le linee principali con un pennarello, cancella le linee a matita e colora a piacere (6). Ti piace la tua stanza?

Con la prospettiva con due punti di fuga

- Prendi un foglio e disegna la linea dell'orizzonte, più o meno a metà del foglio.
- Traccia una linea perpendicolare all'orizzonte: è la linea del punto di vista (1, 2).

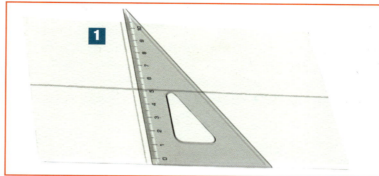

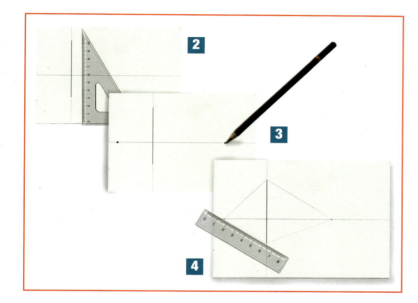

- Fissa due punti sulla linea del punto di vista e traccia un segmento a piacere che incrocia la linea dell'orizzonte: hai disegnato lo spigolo di un edificio (2). Decidi a quale altezza vuoi collocarlo rispetto alla linea dell'orizzonte, cioè se vuoi dare più spazio alla zona superiore o alla zona inferiore.
- Fissa due punti di fuga laterali sulla linea dell'orizzonte (3): se vuoi ottenere una visione ampia, li collocherai lontano dal centro; se vuoi avere una visione più raccorciata, li collocherai vicino.
- Traccia le linee di fuga unendo i due punti di fuga con i vertici del segmento verticale (4).

- Disegna tra le linee di fuga due linee verticali a piacere (5): sono gli spigoli laterali dell'edificio.
- Unisci le linee verticali seguendo le linee di fuga: ecco il tuo edificio completo.
- Se vuoi aggiungere porta e finestre, devi seguire le linee di fuga (6). Segna dei punti a uguale distanza sullo spigolo centrale e collegali con le linee di fuga. Segui queste linee guida per collocare porte e finestre.
- Ripassa con un pennarello le linee principali, cancella le linee a matita e colora (7). Puoi aggiungere altre case seguendo lo stesso metodo. Se vuoi, crea anche uno sfondo adatto.

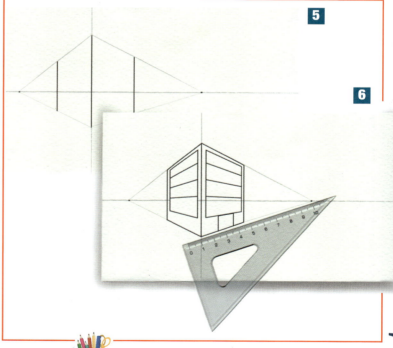

Fare per creare

- Mostra i lati nascosti con il metodo della obliquità parallela, p. 56
- Completa un ambiente in prospettiva, p. 57
- Scopri il punto di fuga, p. 58
- Trova le linee di fuga di un ambiente interno, p. 59
- Scopri i due punti di fuga, p. 60
- Completa un oggetto in prospettiva angolare, p. 61

Unità 5
La luce e l'ombra ✓

Quando la luce investe un oggetto, una figura, un paesaggio, essa ci consente non solo di percepirne i colori ma, grazie al gioco di ombre che si crea, di cogliere le forme e in particolare i volumi di oggetti e figure e il loro rapporto con lo spazio, cioè la tridimensionalità.

La luce ha anche il potere di creare atmosfere diverse secondo la sua intensità e provenienza: per questo lo studio della luce e dei suoi effetti è importante non solo in pittura e in scultura, ma anche nel cinema, nella fotografia, nel teatro, nell'architettura.

La luce, il volume, lo spazio

Osserva le tre forme circolari: la prima ci appare piatta; la seconda, grazie alle zone più chiare e più scure create dall'effetto della luce, ci appare come una sfera con un suo volume; la presenza nella terza figura dell'ombra proiettata fuori di essa permette la percezione dello spazio in cui è collocata.

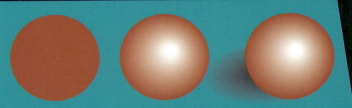

Luce e ombra nella natura

A seconda del punto in cui si trova il sole e della sua altezza nel cielo, oltre che dell'intensità della sua luce, cambiano le ombre e la percezione delle forme nella natura.
Questo fenomeno, studiato dai pittori, è molto importante anche per i fotografi che scelgono il momento e il tipo di luce più adatti all'effetto che vogliono ottenere.

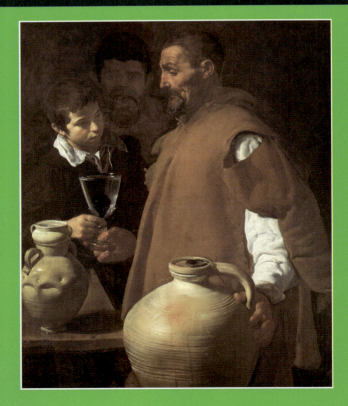

Luce nella pittura

In pittura la luce viene utilizzata per evocare volumi e suggerire la spazialità di un ambiente.
Nel quadro di Diego Valázquez, artista spagnolo vissuto nel Seicento, entrambi i tipi di ombre, quelle proprie (sui volti dei personaggi, sulle vesti) e quelle portate (quella del vaso visibile sul tavolo), contribuiscono a dare realismo alla scena e a far apparire le figure plastiche e in rilievo.

Diego Velázquez, *Acquaiolo di Siviglia*, 1620, olio su tela, Londra, Victoria and Albert Museum.

La luce e l'ombra

La luce sulla scena

Le luci possono cambiare completamente l'atmosfera di uno spazio, attirando l'attenzione su un soggetto in particolare e conferire ad esso un certo carattere a seconda di come è illuminato. Per questo le luci sono fondamentali per «creare» le scene in teatro, sul palcoscenico dei concerti, nelle riprese dei film.

La luce nella fotografia

Lo studio di luci e ombre è di importanza fondamentale anche per i fotografi. Osserva questa immagine dal famoso fotografo di moda Richard Avedon: la luce proveniente da sinistra mette in risalto il profilo e il movimento particolare della donna.

Richard Avedon, *Veruschka*, 1967, stampa in gelatina d'argento, New York, Gagosian Gallery.

Opere di sola luce a Villa Panza

La luce può essere la protagonista assoluta di un'opera d'arte. È il caso delle opere esposte a Villa Panza (Varese), proprietà del FAI.
Dan Flavin ha creato delle installazioni luminose con tubi di luce al neon, trasformando in questo modo gli spazi in luoghi ricchi di suggestione.

Dan Flavin, *Untitled*, 1987, installazione a Villa Panza (Varese), 2004.

91

Il chiaroscuro e il volume

Un oggetto tridimensionale difficilmente ci apparirà di colore uniforme: poiché la luce non raggiunge tutti i punti allo stesso modo, alcune zone risultano più illuminate e le percepiamo più chiare, altre restano in ombra e le percepiamo più scure. Sono questi **cambiamenti di tonalità e di luminosità** che ci permettono di **percepire il volume** dell'oggetto.
Gli artisti hanno studiato tali effetti della luce sugli oggetti e per cercare di rappresentarli utilizzano il **chiaroscuro**, ovvero scuriscono progressivamente la tonalità del colore in modo da riprodurre i passaggi graduali dalla luce all'ombra.

Chiaroscuro con il colore e con il tratto

Osserva queste due opere di Leonardo da Vinci.
Entrambi i ritratti ci appaiono come se fossero tridimensionali perché Leonardo, con il segno grafico o con il colore, ha saputo rappresentare gli **effetti della luce**.
Ha sfumato e dosato le gradazioni dei colori, ha creato tratteggi più o meno fitti: ha usato cioè le **tecniche di chiaroscuro**, in modo da rendere il passaggio morbido e graduale dalla luce all'ombra. I due ritratti acquistano così volume.
Il **chiaroscuro** si può ottenere con il **colore**, dosando gradazioni e intensità del colore stesso, o con il **tratto**, attraverso la condensazione e la rarefazione dei segni.

I colori hanno luminosità diverse: sono chiari nella zona di destra, investita dalla luce, e sono più scuri nella zona di sinistra, che appare in ombra. La dama emerge così nella sua plasticità dal fondo scuro.

Leonardo da Vinci, *La dama con l'ermellino*, 1488-90, olio su tavola, Cracovia, Muzeum Czartoryski.

I tratteggi sono più o meno fitti: in particolare, sono più densi nella zona del collo e degli occhi, che appaiono più scuri quindi in ombra. Sono proprio questi tratteggi a dare l'idea della tridimensionalità.

Leonardo da Vinci, *Studio per la capigliatura di Leda* (part.), 1503-06 circa, Firenze, Gabinetto dei Disegni e delle Stampe degli Uffizi.

Le tecniche dell'ombreggiatura

Esistono molti modi per rendere le luci e le ombre sia nel disegno attraverso il tratto, che in pittura attraverso il colore. Osserviamo più da vicino i disegni di Morandi e di Leonardo e il dipinto di Cézanne.

Giorgio Morandi ha creato numerose nature morte, cioè composizioni di oggetti, in cui il gioco di luci e ombre è fondamentale per mettere in risalto la forma degli oggetti stessi.
Qui le ombre sono create dal **tratteggio**, più fitto nelle zone in ombra non colpite dalla luce proveniente da destra, più rarefatto nelle zone colpite direttamente dalla luce.

Giorgio Morandi, *Natura morta con caffettiera*, 1933, acquaforte, New York, Museum of Modern Art.

In questa opera a carboncino di Leonardo il passaggio dalla luce all'ombra è **sfumato** in modo molto graduale e il tratteggio è del tutto invisibile; il bianco aggiunge tocchi di luce nelle zone illuminate.

Leonardo da Vinci, *Sant'Anna, la Vergine col Bambino e San Giovannino*, 1499-1500 circa, carboncino su carta, Londra, National Gallery.

Cézanne ha dipinto molte nature morte con le mele per studiare gli effetti della luce sul colore.
Se guardi le mele da vicino, noterai che la percezione dell'ombra è creata esclusivamente con il **colore schiarito progressivamente** nelle zone colpite dalla luce.

Paul Cézanne, *Natura morta con mele e arance*, 1899, olio su tela, Parigi, Musée d'Orsay.

Sezione 1 • Il linguaggio visivo

Ombra propria e ombra portata

Quando un corpo è investito dalla luce, si generano ombre secondo alcuni principi. Scopriamoli insieme.
L'ombra che si trova **sull'oggetto** si chiama **ombra propria**. L'ombra propria è importante per riconoscere la forma degli oggetti tridimensionali. Infatti, come vedi dai disegni, su una superficie curva le ombre proprie sfumano gradualmente; su una superficie con angoli e spigoli, l'ombra appare uniforme e con contorni netti. Anche all'esterno delle figure si creano delle ombre: sono quelle proiettate dall'oggetto **sul piano e sullo spazio circostante**. Questo tipo di ombra si chiama **ombra portata**. Essa si trova sempre dalla parte opposta alla fonte di luce e cambia forma a seconda di come l'oggetto è colpito dalla luce.

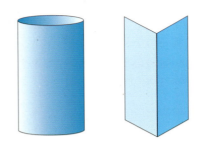
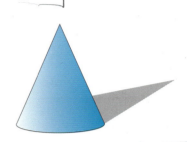

La provenienza della luce

Secondo la provenienza della luce si creano effetti di ombra molto diversi, studiati e utilizzati dagli artisti per rendere espressive le loro opere.

La **luce diffusa** proviene da più punti dell'ambiente e illumina tutto l'oggetto in modo indiretto; le ombre proprie appaiono morbide e sfumate, quelle portate molto leggere.

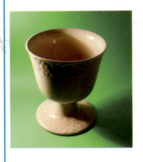
La **luce laterale** proviene solo da un lato. Crea ombre proprie marcate, in forte contrasto con le zone illuminate, e ombre portate molto allungate. La luce laterale dà il massimo risalto alla forma degli oggetti.

La **luce frontale** si ha quando la fonte luminosa è di fronte all'oggetto. Come nella luce diffusa, le ombre proprie appaiono morbide e sfumate. L'ombra portata non si vede perché si trova dietro l'oggetto. A differenza della luce diffusa, quella frontale crea un contrasto tra l'oggetto illuminato e lo sfondo.

La **luce dall'alto** valorizza la parte superiore dell'oggetto e l'ombra propria si trova nella parte inferiore.

La **luce dal basso**, al contrario di quella dall'alto, lascia in ombra la parte superiore. È un'illuminazione inconsueta in natura, e quindi può creare effetti suggestivi e drammatici.

Nel **controluce** la fonte luminosa è posta dietro l'oggetto, che spesso appare tutto scuro, e la sua sagoma si staglia con forte contrasto sullo sfondo illuminato.

Luci e ombre

LABORATORIO

OSSERVA queste due nature morte di Giorgio Morandi.
Nella prima a destra il chiaroscuro è reso con le **diverse tonalità di colore**: la luce proviene da sinistra, le parti degli oggetti illuminate sono evidenziate da colpi di luce chiari, quali bianchi, e le ombre si stagliano piuttosto nette e scure creando un contrasto deciso e dando evidenza ai volumi.
Nella seconda in basso il chiaroscuro è ottenuto esclusivamente con **tratteggi neri incrociati**, più o meno fitti.

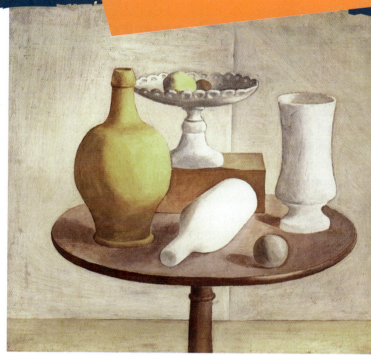

Giorgio Morandi, *Natura morta*, 1920, olio su tela, Collezione privata.

Giorgio Morandi, *Natura morta con cinque oggetti*, 1956, acquaforte, Bologna, Museo Morandi.

ISPIRATI a queste opere e alle tecniche di chiaroscuro illustrate in questa unità e crea anche tu una natura morta riproducendo questo soggetto.

- Scegli la tecnica che preferisci per rendere i volumi, le luci e le ombre degli oggetti. Puoi usare per esempio un semplice tratteggio a matita o a inchiostro, oppure creare effetti di colore con i pastelli o i colori a tempera.
- Osserva bene da dove proviene la luce, dove si trovano le ombre proprie e dove si proiettano e che forma hanno le ombre portate.

 Fare per creare

- Individua le ombre proprie e le ombre portate, p. 62
- Completa con l'ombra portata, p. 63
- Scopri luci e ombre, p. 64
- Lavora sul contrasto di luce, p. 65
- Sperimenta il chiaroscuro a matita e a penna, p. 66
- Crea il chiaroscuro con il colore alla maniera di Cézanne, p. 67

Sezione 1 • Il lnguaggio visivo

Gli effetti espressivi della luce

Nell'arte la luce può essere usata per conferire alle opere particolari significati espressivi o simbolici. Attraverso il contrasto violento tra zone in luce e zone in ombra si può rendere un'atmosfera drammatica e **coinvolgere emotivamente l'osservatore**; attraverso la luminosità si possono anche comunicare **significati simbolici** evocando per esempio la luce divina.

In questo ritratto dell'artista olandese Jan Vermeer **la luce, a metà tra laterale e frontale**, mette in risalto il volto del personaggio che spicca sul fondo scuro.

Jan Vermeer, *Ragazza con l'orecchino di perla*, 1665-66, olio su tela, L'Aja, Mauritshuis.

Nelle sue opere Caravaggio ha creato effetti di luce molto contrastanti: qui puoi vedere come la **luce laterale** mette in evidenza le figure che emergono dall'ombra, conferendo **drammaticità** alla scena.

Caravaggio, *Vocazione di San Matteo*, 1599-1600, olio su tela, Roma, San Luigi dei Francesi.

La luce e l'ombra

In questo dipinto del pittore francese Georges de La Tour la **luce** proviene **dal basso**, quasi fosse emanata dal bambino Gesù. Quando i volti sono illuminati dal basso si crea solitamente un'atmosfera di particolare suggestione; in questo caso, la luce calda del dipinto crea un'atmosfera spirituale, di **intimo raccoglimento**.

Georges de La Tour, *L'adorazione dei pastori*, 1644 circa, olio su tela, Parigi, Musée du Louvre.

Millet rappresenta la giovane pastorella in **controluce**, cioè con una fonte luminosa posta dietro la figura stessa, che si staglia netta contro il cielo luminoso. Il contrasto che si crea è mitigato dalla luce calda e morbida che avvolge tutto il dipinto e che ispira **serenità** e un senso di **misteriosa sospensione**.

Jean-François Millet, *La giovane pastorella*, 1873, olio su tela, Parigi, Musée d'Orsay.

La luce e l'ombra hanno un'importanza particolare anche nelle sculture, create dagli artisti proprio tenendo conto degli effetti della luce sulle forme e sulla materia. Questa opera di Jean Arp è tutta di colore bianco: percepiamo la sua forma e il suo volume solo attraverso il **gioco di luci e ombre**, che mette in risalto l'**andamento curvo e morbido della figura** e la **superficie liscia e omogenea**.

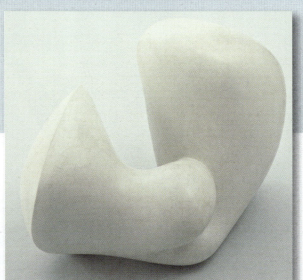

Jean Arp, *Concrezione umana*, 1949, gesso, New York, Museum of Modern Art.

Sezione 2
I materiali e le tecniche

Unità della Sezione

1. **Disegnare**
2. **Dipingere**
3. **Creare a tre dimensioni**

L'arte è un **fare pratico** che utilizza tantissime tecniche e strumenti diversi: matite, pennelli, sostanze coloranti, materiali da modellare, da scolpire o da intagliare come l'argilla, le pietre, il legno, e supporti di vario tipo (carta, tela, muro, vetro…). Ma anche materiali più comuni, addirittura materiali di scarto, sono stati utilizzati dagli artisti moderni per creare le loro opere.

Nel passato venivano utilizzati esclusivamente materiali naturali, mentre oggi l'artista ha a disposizione anche materiali artificiali. Le attuali tecnologie digitali, inoltre, offrono nuove modalità espressive artistiche: **materiali e tecniche si evolvono nel tempo**.

In questa sezione del libro «andremo a scuola» dagli artisti: osservando come hanno creato le loro opere, potrai scoprire i segreti delle tecniche e dei materiali, e imparerai anche tu a utilizzarli per esprimerti creativamente.

Nel digitale...

ARTE più+
Il disegno nella storia • L'incisione a bulino e a punta secca • Le tecniche miste e polimateriche • I vetri colorati • L'acquaforte • La litografia • La pittura parietale a tempera e a encausto • L'affresco su parete • La fusione in bronzo • Le tecniche di oreficeria • Maiolica, terracotta e porcellana • La scultura in pietra • La scultura in legno

FOTOGALLERY
La pittura a olio nella storia dell'arte • Il collage nella storia dell'arte • Tessuti stampati

TUTORIAL
Come fare sfumini da disegno fai da te • Come usare i pennarelli con punta a pennello • Dipingere con la tempera • Dipingere con i colori a olio • Come sfumare i colori • Lavorare con il mosaico • Disegnare Johnny Depp come capitano Jack Sparrow in Photoshop • Modellare un vaso con la tecnica del colombino • Modellare a tutto tondo • Modellare a rilievo • Preparare la cartapesta

VERIFICHE INTERATTIVE

IN RETE
Jan van Eyck e la pittura a olio • Intervista a Jackson Pollock • Il mosaico contemporaneo • I classici dell'arte si animano con la magia del digitale • Studio Azzurro: *Il Nuotatore* • Il Giardino dei Tarocchi • Penone, la verità del legno • La lavorazione del marmo • L'arte e il riciclo

Unità 1
Disegnare

Il disegno è il mezzo di espressione visiva più immediato e antico, utilizzato dall'uomo fin dall'epoca preistorica.
Nella sua forma più semplice consiste nel delineare le caratteristiche essenziali delle figure tracciando il loro contorno.
Le numerose possibilità espressive del disegno sono legate ai diversi strumenti utilizzati, dalle antiche penne d'oca ai moderni pennarelli, dai carboncini ai pastelli.
Il disegno è utilizzato in numerosi campi, sia come espressione autonoma, sia come supporto e preparazione per altre forme di espressione artistica. In ogni caso, la caratteristica è l'importanza preponderante del segno grafico e l'assenza o comunque la scarsa importanza del colore.

Schizzi creativi

Gli stilisti usano il disegno per rappresentare i loro modelli con uno schizzo, il cosiddetto «figurino».
Oltre alla moda, sono molti i campi in cui il progettista-artista utilizza uno schizzo disegnato per prefigurare le proprie creazioni, dai costumi alle scenografie teatrali, dai gioielli agli oggetti di design. Oggi è possibile realizzare tali schizzi anche con programmi di grafica digitale.

Il fumetto

Il fumetto è un importante campo di applicazione del disegno.
Il grande illustratore Hugo Pratt ha creato il personaggio di Corto Maltese, l'avventuroso protagonista di tanti viaggi in tutto il mondo. Qui si vede come l'autore è riuscito a rendere il personaggio e l'atmosfera dell'ambiente con pochi tratti di penna essenziali, e usando il solo inchiostro nero.

Disegnare

L'incisione

Questa opera è una incisione: Piranesi ha inciso il suo disegno su una sottile lastra di metallo che è stata poi utilizzata come matrice per stampare alcuni esemplari (in numero limitato, e solitamente numerati e firmati dell'artista stesso).
L'incisione è una delle tecniche per ottenere le stampe artistiche.

Giovanni Battista Piranesi, *Carceri d'invenzione*, 1745, incisione.

L'illustrazione

Un fumettista e disegnatore contemporaneo assai noto nell'editoria per l'infanzia è Francesco Tullio Altan. Alcune sue creazioni volte ai più piccoli sono create a pennarelli, tecnica che consente di realizzare disegni dai colori decisi e dal tono uniforme.

I disegni preparatori e gli studi

Prima di realizzare un'opera di pittura, soprattutto nel caso di un affresco, spesso l'artista utilizza il disegno su carta per studiare alcuni dettagli e per realizzare il disegno preparatorio della composizione, che verrà poi riportata sul supporto finale.

Jacopo Pontormo, *Studi di volti*.

101

Sezione 2 • I materiali e le tecniche

La matita

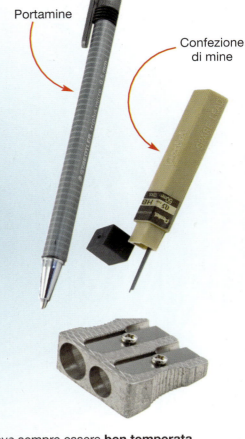

La matita è formata da un **mina**, un composto di grafite e argilla essiccato ad alta temperatura, e da un bastoncino di legno tenero oppure da un portamine che la racchiude.

La matita è lo strumento usato più comunemente per disegnare; è adatta per rapidi schizzi e per disegni preparatori, ma è spesso utilizzata dagli artisti anche come forma di espressione autonoma, grazie alla grande **varietà di tratti** e agli **effetti di chiaroscuro** che è possibile ottenere.

Matite in legno

Per cancellare la matita si usa la morbida **gomma pane** o una **gomma in plastica**.

La matita deve sempre essere **ben temperata**.

Esistono **diversi tipi di matite** che lasciano segni più o meno morbidi e intensi. Impara a conoscerle per utilizzare quella più adatta agli effetti che vuoi ottenere, anche in relazione alla carta su cui lavori.

Le **matite morbide** sono contrassegnate dalla lettera **B** (significa *black*, nero): la mina contiene una maggiore quantità di grafite e lascia un segno scuro e piuttosto sfumato. Sono adatte per disegnare su carta ruvida e ottenere effetti di chiaroscuro.

Le **matite dure** sono contrassegnate dalla lettera **H** (significa *hard*, duro): la mina contiene una maggiore quantità di argilla e lascia un segno sottile e leggero. Sono utilizzate soprattutto per eseguire disegni tecnici su carta liscia.

La matite più comunemente usate sono contrassegnate con la sigla **HB** e hanno un grado di **morbidezza intermedia**.

La matita nella storia

La prima matita di **grafite** fu fabbricata solo nel 1662. Precedentemente la matita era un bastoncino metallico (detto **stilo**) con una punta in argento o in piombo: su un fondo appositamente preparato, la punta in argento lasciava un segno delicato e lucente, quella in piombo un segno più scuro che con il tempo diventava marrone. Lo stilo era molto usato dagli artisti, soprattutto a partire dal Rinascimento, per schizzi e disegni preparatori.

LA SCUOLA DELLE TECNICHE

Esempi d'autore

OSSERVA come Edgar Degas, in questo disegno, ha utilizzato diversi tipi di **tratto** e diverse **pressioni** del segno per evidenziare i caratteri del personaggio e gli effetti di ombra e di luce sulla figura.

Edgar Degas, *Giovane spartana*, 1860 circa, matita, Parigi, Musée d'Orsay.

Segni più decisi e marcati evidenziano le zone d'ombra.

Una pressione maggiore del tratto crea un segno più netto che disegna il contorno della figura.

Sperimento io

PROVA anche tu diversi tipi di tratto usando matite più dure o più morbide, variando la pressione e l'andamento del gesto e utilizzando diversi tipi di carta.

- Traccia su un foglio tanti riquadri ed esercitati liberamente, ispirandoti agli esempi che vedi qui a lato.
  Prova anche a lavorare su pezzetti di carte diverse, che poi incollerai sul tuo foglio.

- I tratti possono essere anche accostati e sovrapposti ottenendo diversi effetti di texture: questa tecnica si chiama **tratteggio**, e può essere a **segni paralleli** (1) o **incrociati** (2). Puoi ottenere effetti di texture anche con **segni circolari** (3) o **curviformi** (4).

1   2   3   4

- Con il tratteggio più o meno fitto oppure variando la pressione del segno puoi ottenere effetti graduati di **chiaroscuro**.

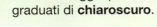

Trucchi d'ARTISTA

Prova a strofinare la polvere di grafite con i polpastrelli, con del cotone o con un pezzetto di carta assorbente: potrai ottenere una superficie densa o toni diversi di sfumature.
Con la stessa tecnica puoi sfumare i tratteggi ottenendo dei passaggi morbidi di chiaroscuro. Esiste a questo scopo anche un apposito strumento, lo **sfumino**.

103

Sezione 2 • I materiali e le tecniche

Il carboncino e la sanguigna

Il **carboncino** è lo strumento da disegno più antico: già nella preistoria si usava legno carbonizzato per tracciare i disegni sulle pareti delle grotte. Il carboncino attualmente in uso non è molto diverso: è infatti costituito da un ramoscello di legno bruciato attraverso una lenta combustione (**fusaggine**). Oggi esistono anche **carboncini artificiali**, formati da polvere di carbone impastata con un legante e pressata in barrette; si trovano inoltre le **matite carboncino**, cilindri di legno che racchiudono carboncino pressato.

La **sanguigna** è una barretta formata da un impasto di argilla ferruginosa che lascia un **segno morbido** come quello del carboncino, ma di **colore rossastro**.

La **fusaggine** o **carbonella** consiste in rametti di salice o vite disponibili in diversi spessori e gradi di durezza.

I bastoncini di **carboncino pressato** sono meno fragili della fusaggine, ma più difficili da correggere.

Le **matite carboncino** sono comode perché non sporcano le dita; la punta sottile le rende adatte ai piccoli particolari, ma non si possono usare «di piatto» per grandi campiture.

Per regolare la punta del carboncino e della sanguigna si usa la **carta vetrata**.

Anche la **sanguigna** si trova in commercio sia sotto forma di **bastoncini**, che di **matita** ed è disponibile in tre tonalità diverse (classica, media e seppia).

La **gomma pane** è indispensabile sia per cancellare, sia per creare colpi di luce.

Il carboncino e la sanguigna nella storia

Carboncino e sanguigna erano molto utilizzati nel Rinascimento per eseguire schizzi e bozzetti. A carboncino venivano realizzati i cosiddetti **cartoni**, cioè disegni completi di chiaroscuri della stessa dimensione del lavoro da eseguire successivamente in pittura.

Per la speciale morbidezza del segno e la possibilità di creare sfumati e chiaroscuri, carboncino e sanguigna hanno mantenuto nei secoli un ruolo fondamentale nella produzione artistica e sono molto usati non solo per schizzi e disegni preparatori, ma anche come forma di espressione autonoma.

LA SCUOLA DELLE TECNICHE

Esempi d'autore

OSSERVA in quest'opera a carboncino come i **tratti decisi** e di diversa intensità sono accostati e sovrapposti alle morbide **campiture sfumate**.

La zona sfumata è ottenuta sfregando il carboncino sulla carta liscia.

Hernri Matisse, *Donna in poltrona*, 1941, carboncino, Collezione privata.

Sperimento io

ESERCITATI liberamente ispirandoti all'opera di Matisse. Tieni conto che carboncino e sanguigna lasciano un segno morbido, che può essere molto leggero o intenso e scuro secondo la pressione della mano.

Usa il carboncino «di punta» per ottenere linee sottili.

Puoi usare «di piatto» un pezzetto di carboncino per riempire grandi campiture.

Prova a stendere «di piatto» il carboncino su **carte ruvide**: vedrai emergere la texture della carta.

Tratteggia con **linee sottili**, variando la pressione, per ottenere superfici sfumate.

Con il **tratteggio incrociato** puoi creare diverse texture e zone di maggiore intensità.

Puoi **sfumare** i segni usando il dito oppure lo sfumino.

Con la gomma pane puoi creare zone di luce: è la tecnica della **lumeggiatura**.

Ottieni un **effetto sfumato** passando un pennello bagnato sui segni tracciati.

Con la sanguigna puoi ottenere effetti di luce aggiungendo tocchi di **pastello bianco**.

Trucchi d'ARTISTA

Il carboncino sporca molto: non appoggiare le mani sul disegno già fatto! A lavoro finito, usa un fissativo spray o della comune lacca per capelli (da spruzzare a circa 30 centimetri dal foglio) per fissare il disegno.

Sezione 2 • I materiali e le tecniche

La penna e l'inchiostro

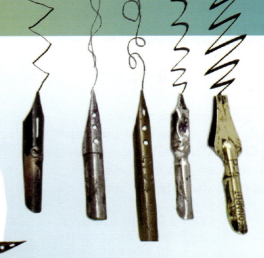

Gli inchiostri, in particolare l'inchiostro di china nero, hanno la caratteristica di unire la **fluidità** al **colore intenso e brillante**. Utilizzati nel disegno grazie all'uso di penne, mettono in risalto il **segno** e il **tratteggio**.
Esistono differenti tipi di penne che ci permettono di ottenere effetti diversi: cannucce con pennino da intingere nell'inchiostro, penne stilografiche dotate di un piccolo serbatoio per l'inchiostro, comuni penne a sfera o biro.

La **penna a cannuccia** ha diversi tipi di **pennino** che lasciano un segno più o meno sottile; con alcuni pennini è possibile ottenere segni dal tratto più o meno spesso variando la pressione della mano.

La **stilografica** è una penna a serbatoio; è usata comunemente per scrivere, ma puoi provarla anche come strumento da disegno. La gamma dei pennini è limitata e non sono flessibili come le cannucce, quindi sono meno adatti ai disegni piccoli e con dettagli.

Nella punta della **penna a sfera** (la comune biro) una minuscola pallina favorisce il fluire dell'inchiostro dalla cannuccia, producendo un segno netto e veloce; la scorrevolezza della biro la rende adatta a tracciare schizzi veloci o elaborate texture.

Nel **rapidograph** la punta è formata da un tubicino sottilissimo attraverso cui passa l'inchiostro; il segno è molto netto e sempre uguale, adatto ai disegni tecnici.

Una volta asciutto, l'**inchiostro di china** forma una superficie lucida e brillante che non si scioglie con l'acqua.

Esistono anche inchiostri diluiti colorati, detti **ecoline**, disponibili in una vasta gamma di tinte luminose e trasparenti; si usano spesso anche con i pennelli.

La penna e l'inchiostro nella storia

L'uso di tracciare segni intingendo un bastoncino nel colore ha origini molto antiche. Le prime cannucce erano **bastoncini di bambù** a punta, seguite nel Medioevo dalle **penne d'oca**, meno rigide.
L'inchiostro di china prende il nome dalla Cina dove, da tempi antichissimi, viene usato nell'arte della calligrafia e nella pittura.

LA SCUOLA DELLE TECNICHE

Esempi d'autore

OSSERVA quanti tipi di tratteggio hanno usato Van Gogh e Saul Steinberg per rendere le diverse **texture** dei campi, delle case, degli alberi e dei vestiti; in particolare Steinberg ha usato un tratteggio rigido e secco per l'uomo e uno più esitante e morbido per la donna, interpretando con il segno la personalità delle due figure.

Saul Steinberg, *Coppia*, 1953, tratto da *La scoperta dell'America*, 1992.

Vincent van Gogh, *La fattoria di padre Eloi*, 1890, grafite e penna su carta, Parigi, Musée d'Orsay.

Sperimento io

PROVA diversi tipi di tratteggio usando la penna. Al contrario della matita e del carboncino, la penna lascia un **tratto netto**, senza chiaroscuri; puoi tuttavia ottenere molti **effetti espressivi** tracciando linee fluide e sciolte, usando vari tipi di tratteggio o accostando punti e linee.

- Sperimenta segni ed effetti con una semplice biro e con diversi tipi di pennino, prendendo spunto anche dalle opere di questa pagina. Incolla poi le tue prove su un foglio.

   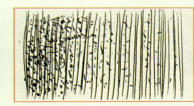

   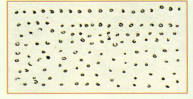

107

Sezione 2 • I materiali e le tecniche

I pennarelli

I pennarelli sono stati inventati circa sessant'anni fa e possono essere considerati un'evoluzione della penna a sfera.
Possiedono un serbatoio che contiene il colore; la punta può essere in nylon, sottile e rigida, oppure in feltro di molte dimensioni e forme (rotonda, squadrata, a scalpello) che tracciano linee di differente spessore.
I **tratti** a pennarello sono **decisi** e **uniformi** e non consentono di creare gradazioni sfumate: i pennarelli sono quindi adatti a realizzare **veloci schizzi a colori** e vengono utilizzati soprattutto per bozzetti da illustratori, grafici, designer. Alcuni pennarelli hanno inchiostri indelebili e possono essere usati anche su plastica e vetro.

Il pennarello a **punta sottile** è adatto a disegnare i particolari e a creare tratteggi.

Con la **punta a scalpello** si possono creare segni spessi o sottili; usata dalla parte piatta, è adatta a creare campiture di colore.

I pennarelli con la **punta a pennello** in nylon morbido imitano il segno del pennello.

I pennarelli **pantone** sono disponibili in un'ampia gamma di colori; alcuni hanno alle due estremità punte di diverso spessore.

I pennarelli **acquerellabili** tracciano un segno che può essere lavorato con un pennello bagnato, ottenendo un effetto «acquerello».

I pennarelli tipo **Uniposca** hanno colori coprenti e possono essere usati su superfici colorate e su materiali diversi dalla carta.

Esempi d'autore

OSSERVA il **segno marcato e uniforme** dei bordi e le **campiture piatte**, qualità espressive tipiche del pennarello, nella celebre Pimpa disegnata da Altan.
Nel bozzetto dell'illustratore Andrea Pazienza, invece, sono presenti **effetti di chiaroscuro** ottenuti sovrapponendo tratti a pennarello e intervenendo poi con le matite colorate.

Sperimento io

UTILIZZA vari tipi di pennarello e impara a sfruttare le diverse caratteristiche: scegliendo le punte più adatte e accostando e sovrapponendo tratti diversi è possibile ottenere interessanti **effetti di texture**. Anche se il segno lasciato dal pennarello è uniforme e inadatto alle sfumature, puoi creare colori più o meno intensi sovrapponendo i segni e ottenere differenti tonalità accostando punti e tratti di colori diversi.

LA SCUOLA DELLE TECNICHE

Andrea Pazienza, *La Croce di Ferro*, progetto di manifesto per il film, 1987, matita e pannarello su cartoncino.

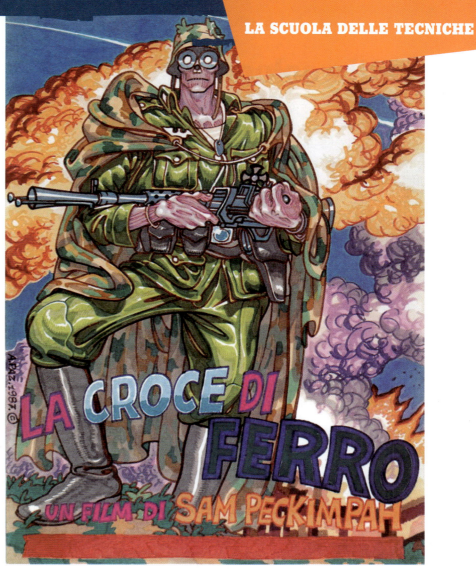

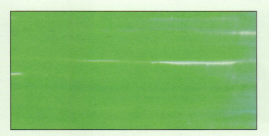

Tracciando linee regolari e nella stessa direzione con il **pennarello a scalpello**, puoi creare sfondi piatti e coprire ampie campiture.

Il colore dei pennarelli è trasparente: se **sovrapponi i tratti**, puoi creare zone di colore più intenso.

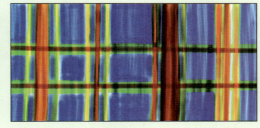

Crea una texture **incrociando linee di colori diversi**, poi osserva la sovrapposizione dei colori.

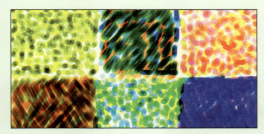

Accosta **punti e tratti in colori diversi** per ottenere varie tonalità di colore, con una tecnica simile a quella usata dai pittori divisionisti e puntinisti.

Traccia dei segni con i **pennarelli acquerellabili** e passaci sopra un **pennello bagnato**: puoi ottenere tratti morbidi e sfumati.

Usando i **pennarelli acquerellabili**, tratteggia con colori diversi e poi sfuma con il **pennello bagnato**: otterrai delle mescolanze di colori morbide e sfumate.

Sezione 2 • I materiali e le tecniche

La matite colorate

Le matite colorate hanno mine formate da pigmenti impastati con un legante. Nelle matite colorate attualmente in commercio i pigmenti sono costituiti da colori sintetici prodotti industrialmente.

Le matite colorate sono facili da usare: sovrapponendo i tratti è possibile mescolare i colori direttamente sulla carta e ottenere una **grande varietà di tonalità** e **sfumature**. Con le mine ben appuntite, le matite sono adatte a definire i **particolari** di un disegno, anche colorato con una tecnica differente.

Esistono anche **matite acquerellabili**, il cui segno si scioglie con l'acqua e può essere quindi lavorato con il pennello.

Esistono in commercio matite colorate in una grande **gamma di colori**; in genere vengono vendute a scatole con quantità diverse; le matite di qualità sono vendute anche singolarmente, così è possibile sostituire nella scatola quelle consumate.

Le **matite acquerellabili** consentono di lavorare il tratto con un pennello bagnato, ottenendo effetti simili all'acquerello.

Le matite devono essere **ben temperate**; quando serve la mina molto appuntita per definire un particolare, è consigliato usare la **carta vetrata**.

I tratti leggeri di matita possono essere cancellati con la **gomma pane** o con la **gomma in plastica**.

Con le matite colorate è molto importante la **scelta della carta**: otterrai effetti molto diversi sulla carta **liscia** o **ruvida**. Sperimenta anche gli effetti su carte colorate.

 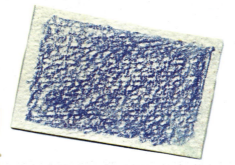 

LA SCUOLA DELLE TECNICHE

Esempi d'autore

OSSERVA questo disegno del pittore austriaco Oskar Kokoschka: con **poche linee** colorate, dal **tratto fresco e vivace**, ha delineato sommariamente la figura, riuscendo però a trasmettere l'atteggiamento e l'espressione assorta.

Oskar Kokoschka, *Ritratto di donna*, 1939, colori a matita, Collezione privata.

Sperimento io

SCOPRI come ottenere con le matite colorate **variazioni di intensità e di tonalità**, ed esercitati a creare **sfumature** di colore ed effetti di **chiaroscuro**.

Variazioni di intensità e sfumature di colore

Ricordati di partire sempre con un tratteggio leggero e di creare successivamente le zone di colore più intenso. Allo stesso modo, quando mescoli i colori inizia dalla tonalità più chiara.

Cambiando la **pressione**, cambia l'intensità del colore.

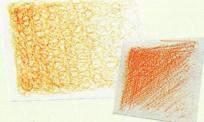

Un altro modo per aumentare l'intensità è sovrapporre i **tratteggi**.

Se il **tratteggio** è molto **leggero e fitto**, puoi ottenere un passaggio di intensità morbido e continuo.

Puoi ottenere sfumature molto delicate e morbide spandendo con un dito o con lo sfumino la **polvere di mina**.

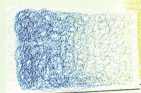

Con tratteggi in **due colori diversi** puoi ottenere una grande varietà di **sfumature** e **passaggi di tono**.

Effetti di chiaroscuro

Esercitati disegnando dal vero un oggetto a scelta, per esempio un frutto. Quando avrai finito il tuo lavoro, ricordati di proteggerlo con un fissativo spray.

- Traccia il disegno a **matita** con segno leggero. Comincia poi a stendere il **colore di base** sempre con tratteggio leggero.

- Osserva da dove viene la luce e intensifica il tratteggio nelle **zone in ombra**.

- Sovrapponi **altri colori** adatti per creare sfumature e intensificare le zone di ombra e luce.

- Evidenzia le zone di luce con la **matita bianca** o con la **gomma**.

Sezione 2 • I materiali e le tecniche

I pastelli

Il vero e proprio **pastello** utilizzato da artisti e illustratori è un materiale costoso.

I pastelli sono **bastoncini di pigmento colorato** impastato con acqua e altre sostanze che agiscono da legante; questa pasta (da cui deriva la parola «pastello») viene fatta essiccare e a seconda del tipo di impasto può avere diverse consistenze (morbida, semidura, dura).
I pastelli lasciano sul foglio, soprattutto se di carta ruvida, un **colore puro e luminoso**. Veloci e pratici da usare, consentono un'ampia gamma di **possibilità espressive**.
Poiché i colori non si possono mescolare sulla tavolozza ma direttamente sul disegno, i pastelli sono prodotti in molteplici tonalità diverse.
I pastelli veri e propri sono usati dagli artisti soprattutto per ritratti e paesaggi. Impastando i pigmenti con olio e cera si ottengono rispettivamente i cosiddetti **pastelli a olio** e **a cera**.

I **pastelli a olio** lasciano un segno molto morbido, pastoso e brillante, adatto a creare mescolanze e sovrapposizioni di colore.

I **pastelli a cera** sono un po' più duri dei pastelli a olio e sono utili per schizzi preliminari e per definire i dettagli. La cera presente nell'impasto conferisce al segno il caratteristico aspetto lucido.

I pastelli a olio si possono sciogliere con l'**olio di trementina**.

I pastelli nella storia

Il pastello è stato inventato alla fine del XV secolo e veniva usato nel Rinascimento esclusivamente per schizzi e per rifinire opere eseguite con altre tecniche. Solo nel Settecento la colorazione a pastello divenne mezzo di espressione autonoma, raggiungendo la massima diffusione. Questa tecnica fu applicata soprattutto ai **ritratti**: la rapidità di esecuzione permetteva infatti di cogliere con immediatezza l'espressione o un particolare atteggiamento del personaggio. Alla fine dell'Ottocento i pastelli furono usati dagli Impressionisti per le loro qualità di freschezza e rapidità.

LA SCUOLA DELLE TECNICHE

Esempi d'autore

OSSERVA questi due diversi esempi di utilizzo della tecnica del pastello: l'opera di Rosalba Carriera, ritrattista del Settecento, dove i **toni sfumati** rendono sapientemente la **delicata espressione** del volto della ragazza, e il quadro di Edgar Degas, dove invece **tratti veloci** colgono la **vitalità** delle figure in movimento.

Rosalba Carriera, *Ritratto di ragazza*, 1708 ca., pastello su carta, Parigi, Musée du Louvre.

Edgar Degas, *Balletto di danzatrici*, 1900, pastello su carta, Saint Louis, Saint Louis Art Museum.

Sperimento io

USA i più comuni pastelli a cera e a olio per «copiare» le tecniche degli artisti, sperimentando liberamente le possibilità espressive proprie di questi materiali.

Puoi **mescolare i colori** in tanti modi diversi: con una sfumatura continua, con tratteggi regolari o incrociati, con i puntini.

Mescola due colori con i **pastelli a olio** passandoci sopra un **dito**: il calore del dito scioglie il colore e crea una mescolanza pastosa.

Per una sfumatura ancora più morbida, passa sul **pastello a olio** un pennello intinto nella **trementina**.

Se passi un dito sul **pastello a cera**, ottieni un impasto di colore morbido e una patina brillante e lucida.

 ### Trucchi d'ARTISTA

I pastelli vanno usati preferibilmente su carta ruvida, che trattiene meglio il colore.
I colori dei pastelli sono intensi e coprenti, adatti anche a supporti colorati.

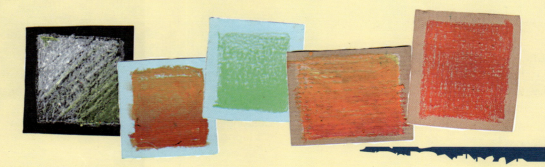

113

Sezione 2 • I materiali e le tecniche

Il graffito

Il graffito è una delle tecniche più antiche, utilizzata già dagli uomini nella preistoria per le **incisioni rupestri**, immagini essenziali «graffiate» nelle pareti delle grotte.

Il graffito si ottiene incidendo una superficie con uno **strumento appuntito**: in questo modo si rimuove lo strato superficiale rendendo visibile quello sottostante, di colore più chiaro o più scuro, che forma un disegno.

La tecnica del graffito è stata utilizzata dagli artisti su materiali come la pietra, il vetro, la terracotta; ma è possibile realizzare un disegno a graffito anche su carta e cartoncino ricoperti da diversi strati di colore.

Per graffiare la superficie servono strumenti con una punta dura più o meno sottile; a seconda degli effetti che vuoi ottenere, puoi usare **pennini**, **chiodi**, **spatole** piatte o a punta, punteruoli...

Esempi d'autore

OSSERVA questa immagine creata su un vaso greco in **terracotta**. Le figure venivano dapprima colorate completamente di nero, poi rifinite incidendo a graffito sulla superficie colorata i dettagli: emergeva così il colore di fondo della terracotta.

L'artista è riuscito a rendere magistralmente i dettagli della barba e dei capelli di Achille e la criniera e i finimenti del cavallo.

Achille parla ai suoi cavalli (part.), frammento di *kantharos* attico a figure nere, 560 a.C. circa, Atene, Museo Archeologico Nazionale.

Sperimento io

ESERCITATI con la tecnica del graffito su fogli di carta da disegno liscia o su cartoncino; per gli strati di colore usa i pastelli a cera o colori coprenti come gli acrilici e l'inchiostro di china nero.

- Copri in modo uniforme la superficie del foglio con un colore chiaro; passa poi su tutta la superficie un colore scuro o contrastante. Per il secondo strato puoi anche usare colori a tempera, acrilici o l'inchiostro di china steso con un pennello a punta grossa: in questo modo il colore della superficie appare denso e compatto, e il disegno risalterà maggiormente.

- Graffia lo strato scuro con uno strumento a punta. Prova l'effetto con diversi strumenti e con differenti gesti e tratti.

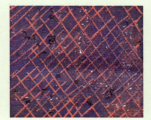

In positivo e in negativo

- Dopo aver preparato la superficie come sopra, tratteggia prima il disegno con uno strumento sottile, poi intervieni graffiando la superficie in modo da far emergere le figure.

Puoi graffiare il fondo e far emergere le figure in nero su **fondo chiaro**, intervenendo poi per aggiungere dettagli: otterrai un effetto simile a quello del vaso greco a fianco.

Oppure puoi graffiare la superficie delle figure, che emergeranno chiare su **fondo scuro**. Fai attenzione a non scavare le linee di contorno ma solo la superficie interna delle figure.

Con la base a più colori

- Puoi anche creare una base a zone di colori diversi, che poi coprirai con un colore scuro uniforme: graffiando, emergeranno le figure nei diversi colori dello sfondo.

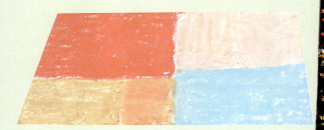

Unità 2
Dipingere

 ARTE più

Il colore è il protagonista della pittura. Utilizzando i pigmenti colorati che si trovano in natura, gli uomini hanno creato materiali per colorare con caratteristiche diverse: fluidi, pastosi, trasparenti, coprenti, brillanti. E gli artisti hanno sperimentato una grande varietà di tecniche per esprimere con il colore la propria creatività, usando il tradizionale pennello, ma anche spatole, dita, spruzzi, sgocciolamenti.

Negli ultimi anni, poi, la disponibilità di nuovi materiali sintetici e il desiderio di sperimentare nuove possibilità espressive hanno spinto gli artisti a creare tecniche diverse da quelle tradizionali e a mescolarle, superando a volte la classica distinzione tra la pittura e altri generi artistici.

Si usa considerare come appartenenti alla pittura anche il mosaico, le vetrate, il collage.

Giorgione, *La tempesta*, 1507-08, olio su tela, Venezia, Accademia.

La pittura a olio su tela

Stendere dei pigmenti colorati, come i colori a olio in quest'opera di Giorgione, su un supporto di tela è una delle tecniche di pittura più diffuse dal Quattrocento ai giorni nostri.

Jackson Pollock ha realizzato quest'opera con la tecnica del dripping, cioè facendo sgocciolare (*drip* in inglese) il colore direttamente dal pennello sulla tela; la composizione, parzialmente casuale, rivela l'energia, l'orientamento, la velocità del gesto dell'artista.

Jackson Pollock, *Number 7*, 1948, Collezione privata.

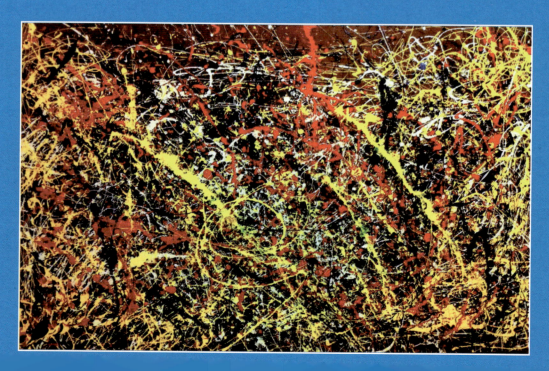

Dipingere

Pitture di vetro e di pietra

Nelle vetrate la composizione è creata accostando pezzi di vetro colorato tenuti insieme da una intelaiatura di piombo. Le immagini, investite dalla luce naturale, creano un particolare e magico effetto di luminosità e trasparenza.

Il mosaico, già in uso nella Grecia antica, consiste nel creare immagini utilizzando tessere colorate; le tessere erano inizialmente in pietra e successivamente anche in pasta di vetro o ceramica.

Mosaico bizantino, dal palazzo imperiale di Costantinopoli, V secolo.

Due sante, XIV secolo, vetrata, Firenze, Chiesa di Santa Croce.

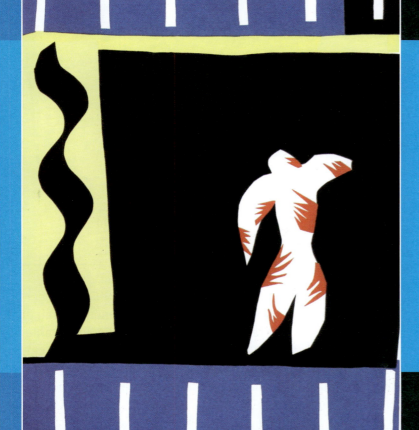

Il collage

Dagli inizi del Novecento gli artisti hanno cominciato a fare pittura non solo dipingendo con colori e pennelli, ma anche incollando forme ritagliate da carta colorata (collage) o accostando materiali diversi, anche di scarto.

Matisse negli ultimi anni della sua vita inventò la tecnica del *papier découpé*, cioè della carta ritagliata: colorava dei fogli di carta su cui disegnava le forme che avrebbe poi ritagliato e incollato per creare la composizione. Secondo le sue parole, era un procedimento molto semplice «per disegnare direttamente nel colore», anziché disegnare una forma e poi riempirla di colore.

Henri Matisse, *Il clown* (dalla serie *Jazz*), 1943-46, carte colorate, ritagliate, incollate sulla tela, Parigi, Centre Pompidou, Musée National d'Art Moderne.

Sezione 2 • I materiali e le tecniche

La tempera ARTE più

La tempera è una delle tecniche pittoriche più antiche ed è costituita di **pigmenti naturali** sciolti in acqua con l'aggiunta di una sostanza legante, che in passato poteva essere il tuorlo d'uovo.
Oggi i colori a tempera vengono prodotti industrialmente e sono disponibili in tubetti o vasetti.
La tempera va diluita con l'acqua e si stende con **pennelli** grossi o sottili, a punta piatta o tonda, secondo le dimensioni della superficie e gli effetti che si vogliono creare. I colori sono facilmente mescolabili e si possono ottenere molte **tonalità diverse** anche con poche tinte di partenza (giallo, rosso, blu, bianco e nero).

Su un **piattino** o una **tavolozza** si mescolano e diluiscono i colori.
Sono sufficienti pochi **colori base** per ottenere numerose tonalità diverse.

I pennelli **grossi a punta** sono adatti per creare grandi superfici di colore uniforme.

I pennelli a **punta piatta** di setola sono adatti per creare pennellate evidenti in rilievo.

Con i pennelli a **punta fine** si definiscono i particolari.

L'**acqua** per diluire i colori deve essere **pulita**.

I pennelli vanno puliti bene con acqua e **straccio**.

La tempera nella storia

La pittura a tempera era già conosciuta nel mondo antico, ma si diffuse soprattutto nel Medioevo e nel Rinascimento per dipingere su tavole di legno **soggetti sacri** per le chiese: grazie alla qualità coprente del colore, gli artisti potevano creare morbide sfumature con effetti naturalistici.
A partire dal Rinascimento si ottennero effetti ancora più delicati con la **tecnica della velatura**, cioè sovrapponendo strati di colore sottilissimi che lasciano intravedere quello sottostante. Dal Cinquecento, con la diffusione della pittura a olio, la tempera fu quasi abbandonata. Oggi è usata per opere su carta, cartone e tela con tecniche del tutto personali secondo le intenzioni di ogni artista.

LA SCUOLA DELLE TECNICHE

Esempi d'autore

CONFRONTA i diversi effetti espressivi che si possono ottenere con la tempera: con la **tecnica della velatura** il pittore rinascimentale Andrea Mantegna ha ottenuto delicate **sfumature** di colore, mentre Emilio Vedova, un artista contemporaneo, ha creato un effetto di **forti contrasti**; la tempera densa è stesa con ampie pennellate che producono **impasti di colore** e **striature**.

Andrea Mantegna, *Madonna col Bambino* (part.), 1490-1500, tempera su tela di lino, Bergamo, Accademia Carrara.

Emilio Vedova, *Emerging*, 1984, tempera su tela.

Sperimento io

ESERCITATI con le tempere, sperimentando gli effetti della maggiore o minore diluizione con l'acqua, delle mescolanze e sovrapposizioni di colore, delle diverse pennellate.

La tempera ha un effetto opaco e coprente, ma se la diluisci molto diventa **trasparente**. Esercitati a trovare la giusta **diluizione** secondo gli effetti che vuoi ottenere.

Alleggerendo gradualmente la quantità di colore, puoi ottenere **sfumature e gradazioni**.

Per ottenere gradazioni più chiare ma non trasparenti, si mescola il colore con il **bianco**. Ricordati di partire dal bianco e aggiungi via via piccole quantità di colore fino a ottenere la gradazione desiderata.

La tempera si sfuma facilmente accostando i **colori** quando sono ancora **bagnati**. Puoi così ottenere passaggi morbidi tra una tonalità e l'altra.

Quando un colore è **asciutto**, puoi sovrapporre un altro colore.

Puoi intervenire su un colore asciutto anche con le **matite colorate**, definendo dei particolari o creando effetti di **chiaroscuro**.

Per colorare una **superficie** in modo **piatto e omogeneo** usa un pennello a punta piatta. Con il colore piuttosto denso ma fluido stendi delle pennellate in senso orizzontale; quando il colore è ancora bagnato, ripassa con pennellate in senso verticale.

 Trucchi d'ARTISTA   Pulisci bene i pennelli con l'acqua e uno straccio quando passi da un colore all'altro; se vuoi che i tuoi pennelli durino a lungo, lavali con cura quando hai finito di usarli e lasciali asciugare con le punte verso l'alto.

119

Sezione 2 • **I materiali e le tecniche**

La pittura a olio

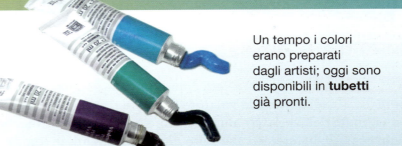

Nella pittura a olio le sostanze coloranti sono mescolate con **oli vegetali** di lino, di noce o di papavero, che rendono il colore particolarmente **brillante** e **luminoso** mantenendolo inalterato nel tempo.

Il colore a olio asciuga lentamente: è possibile quindi apportarvi ritocchi e correzioni e creare una grande varietà di sfumature e combinazioni cromatiche. Per queste caratteristiche la pittura a olio ha avuto un'enorme diffusione, soprattutto da quando sono apparsi in commercio i tubetti di colore già confezionato.

I supporti più usati sono la **tela** e il **cartone telato**, ma è possibile dipingere anche su carta, cartone, tavole in legno e altri supporti.

Un tempo i colori erano preparati dagli artisti; oggi sono disponibili in **tubetti** già pronti.

Sulla **tavolozza** si dispongono i colori.

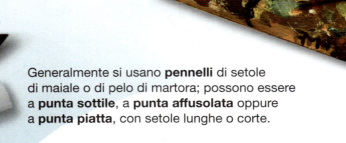

Generalmente si usano **pennelli** di setole di maiale o di pelo di martora; possono essere a **punta sottile**, a **punta affusolata** oppure a **punta piatta**, con setole lunghe o corte.

Le **spatole** in metallo dalla lama sottile e flessibile servono a impastare i colori o a stenderli sulla tela, con effetti particolarmente espressivi.

Per diluire i colori si usa olio di **trementina** o **acquaragia**.

La pittura a olio nella storia 🔗

Fu il pittore olandese **Jan van Eyck**, nel Quattrocento, ad avere per primo l'idea di mescolare i pigmenti con l'olio. La nuova tecnica ebbe grande successo e si diffuse rapidamente sostituendo la tempera. In Italia venne introdotta alla fine del Quattrocento da **Antonello da Messina**. Nel Cinquecento i pittori veneti iniziarono a dipingere su tele di canapa o di lino al posto delle tradizionali tavole in legno: da allora la pittura a olio su tela è diventata una delle tecniche preferite dagli artisti. Nell'Ottocento la produzione di colori in tubetti rese possibile la pittura all'aperto e nuove tecniche di uso del colore, attinto anche direttamente dai tubetti, steso a macchie o in numerosi altri modi.

LA SCUOLA DELLE TECNICHE

Esempi d'autore

OSSERVA diversi modi di utilizzo del colore a olio. La pittura a olio oggi non segue procedimenti prestabiliti: ogni artista crea un proprio **linguaggio espressivo** con effetti che dipendono dalla densità del colore, dal tipo di strumento usato per stenderlo e dal supporto su cui lavora.

Nel celebre quadro di Monet le **pennellate a macchia** sono date di getto sulla tela, con effetto di grande freschezza e luminosità.

Claude Monet, *La passeggiata*, 1875, olio su tela, Washington, National Gallery of Art.

L'artista ha lavorato con grossi pennelli, simili a quelli usati per dipingere le pareti: la composizione nasce dell'andamento delle **pennellate lunghe** e **veloci**.

Hans Hartung, *T. 1956-59*, 1956, olio su tela, Collezione A.E. Bergman.

Il **colore** è **spremuto** direttamente dal tubetto sulla tela, creando un disegno in **rilievo** che contrasta con il fondo di colore uniforme.

Georges Mathieu, *Sogno di fiamme*, 1990, olio su tela, Cannes, Galerie Hurtebize.

Sperimento io

ISPIRATI alle opere di questa pagina per creare un **paesaggio** o una **pittura astratta** con il procedimento che preferisci.

Pennellate **visibili**.　　Pennellate brevi **a macchie**.　　Con un **tampone di stoffa** o spugna.　　Con uno **strumento appuntito** sul colore già steso.

Effetto di **velatura** con poco colore diluito.　　Colore denso lavorato con la **spatola**.　　Effetto pastoso con il colore **denso**.　　**Sfumature** e **gradazioni** ottenute accostando punti di colori diversi.

Sezione 2 • I materiali e le tecniche

I colori acrilici

I colori acrilici sono una versione moderna della tempera; il colore, mescolato a **resine sintetiche**, è solubile in acqua, ma una volta asciutto diventa **impermeabile**.
Se diluiti, i colori acrilici permettono di ottenere **effetti di trasparenza** come nell'acquerello; con un impasto denso si ottengono invece colori molto **coprenti** e **brillanti**, simili a quelli della pittura a olio. Per queste caratteristiche oggi gli acrilici vengono scelti da molti artisti; inoltre, hanno il duplice vantaggio di asciugare molto velocemente, accorciando i tempi di esecuzione rispetto alla pittura a olio, e di poter essere usati su tutti i supporti.

I colori acrilici sono disponibili in **tubetto** o in **vasetto**.

Gli strumenti per stendere il colore sono gli stessi della pittura a olio: **pennelli** di diverse forme e dimensioni, e **spatole**.

Gli acrilici nella storia

I colori acrilici furono inventati verso il 1930 da alcuni pittori messicani che dipingevano grandi **murales** per raccontare la storia del loro popolo: per questo avevano bisogno di colori adatti a dipingere i muri e che restassero inalterati all'aria aperta.
Diego Rivera, autore dell'opera che vedi a fianco, fu uno dei più famosi pittori di murales messicani.

Diego Rivera, *Storia del Messico* (part.: Emiliano Zapata), 1934-35, Mexico City, National Palace.

122

LA SCUOLA DELLE TECNICHE

Esempi d'autore

NOTA la **varietà di effetti** che si possono ottenere con i colori acrilici: Frank Stella ha sfruttato i colori intensi e coprenti dell'acrilico per dipingere le strisce in **modo piatto e uniforme**, ottenendo un effetto quasi impersonale, mentre Emilio Tadini ha creato **diverse gradazioni e tonalità**, sovrapponendo i colori con pennellate ampie e ben visibili.

Frank Stella, *Harran II*, 1967, acrilico su tela, Newhaven, Lovian Museum for Modern Art.

Emilio Tadini, *La fiaba del Giro*, 2001, acrilico su tela.

Sperimento io

PROVA con i colori acrilici i procedimenti di lavorazione già presentati per la tempera e il colore a olio.

Poiché il colore asciuga velocemente, i colori sovrapposti non si mescolano in sfumature morbide, ma resta visibile il **segno** delle pennellate.

Usando il colore diluito con acqua puoi ottenere un effetto di **velature** trasparenti.

Usa il colore denso per realizzare **campiture uniformi**, sovrapponendo anche pennellate dello stesso colore.

Per realizzare campiture dai **contorni netti**, delimita la superficie da dipingere con del nastro adesivo; quando il colore è perfettamente asciutto, togli il nastro.

Tampona una superficie di colore appena steso con uno straccio o una spugna, otterrai così **effetti particolari**.

ISPIRANDOTI alle opere che vedi in queste due pagine, applica i procedimenti che hai sperimentato per dipingere un semplice **paesaggio** con effetti sfumati o una **composizione geometrica** a tinte piatte.

Sezione 2 • I materiali e le tecniche

L'acquerello

Pastiglie

Gli acquerelli sono formati da pigmenti finissimi mescolati alla gomma arabica, un collante che permette al colore di aderire alla carta.
Si usano diluiti con l'acqua su fondo chiaro o bianco. Effetti caratteristici dell'acquerello sono la **trasparenza** dei colori e la **freschezza** del risultato finale.
Il supporto più adatto è una **carta spessa**; utilizzato su carta ruvida, l'acquerello ne mette in evidenza la texture.

Tubetti

Tavolette

Gli acquerelli sono disponibili in **tubetti**, **pastiglie** o in piccole **tavolette**.

Il coperchio della scatola o un piattino possono servire da supporto per **mescolare i colori**.

I **pennelli**, di varie dimensioni, devono essere morbidi e flessibili.

L'**acqua** per diluire i colori deve essere sempre ben pulita; può essere comodo usare due bicchieri d'acqua: uno in cui sciacquare il pennello e l'altro per diluire il colore.
È bene avere a portata di mano anche uno **straccio**.

In commercio si trovano blocchi di **carte speciali** per acquerello, spesse e con diverse grane più o meno in rilievo.

L'acquerello nella storia

L'acquerello era usato in Cina fin dal III secolo a.C. per dipingere delicati paesaggi su carta o seta.
In Europa gli artisti iniziarono a utilizzarlo nel Cinquecento per completare schizzi e disegni, ma fu tra il Settecento e l'Ottocento che si affermò per la **pittura di paesaggi** dal vero. Dal Novecento l'acquerello è diventato una delle tante tecniche con cui gli artisti esprimono anche in modi sperimentali la propria creatività.

LA SCUOLA DELLE TECNICHE

Esempi d'autore

OSSERVA questo dipinto che ritrae un **paesaggio dal vero**, soggetto tipico delle opere ad acquerello.

Il paesaggio è appena abbozzato e non è definito in tutti i dettagli: l'acquerello, infatti, poiché non si può correggere è adatto a schizzi veloci. Qui l'elemento più espressivo sono le velature di colore che comunicano l'**atmosfera** e le **luci**.

J.M. William Turner, *Blue Rigi: Lake of Lucerne*, 1842, acquerello, Collezione privata.

Sperimento io

PROVA alcune procedure di base e lasciati sorprendere dagli effetti che scoprirai. Dipingere ad acquerello, infatti, non è facile, perché il lavoro non può essere corretto e gli effetti del colore sul foglio sono sempre un po' imprevedibili.

   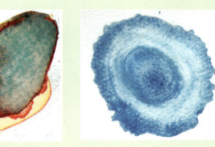

Stendi una piccola pennellata di colore, poi, con il pennello pulito e bagnato, diluiscila subito in modo da lasciar **trasparire** sempre più il bianco del foglio.

Accosta un secondo colore al primo ancora bagnato: i colori si fondono uno nell'altro creando **passaggi sfumati**.

Puoi ottenere diverse tonalità per **velature** aspettando ogni volta che sia ben asciutta la stesura precedente. Inizia dai colori chiari e sovrapponi velature più scure; se vuoi ottenere un effetto brillante e luminoso, non sovrapporre più di due o tre colori diversi.

Puoi intervenire su un acquerello ancora fresco con un pennello o una spugna inumiditi per ottenere campiture e sfumature o per **schiarire** un colore.

Dipingi sulla **carta bagnata**: il colore tende a spandersi e crea effetti molto suggestivi.

 Trucchi d'ARTISTA

Quando il lavoro si asciuga, la carta tende ad arricciarsi. Per evitarlo, prima di cominciare stendi il foglio su un piano fissandolo con nastro adesivo di carta e bagnalo leggermente con una spugna; lascia asciugare prima di iniziare a dipingere.

APPLICA le tecniche che hai sperimentato per rappresentare dal vero un **paesaggio** o una **natura morta**.

125

Sezione 2 • I materiali e le tecniche

Il dripping

A partire dal Novecento gli artisti iniziarono a sperimentare nuove tecniche pittoriche, stimolati anche dai nuovi materiali prodotti dall'industria, come i colori acrilici o le vernici a smalto.

Uno dei procedimenti più innovativi è la tecnica del dripping, che consiste nel far **gocciolare** il colore direttamente sul foglio o sulla tela.

Con questa tecnica si ottengono **immagini astratte** nelle quali i colori si intrecciano e si sovrappongono in modo casuale, con effetti legati al **gesto immediato** dell'artista e alla densità dei colori utilizzati.

Il primo a sperimentare la tecnica del dripping fu l'artista americano **Jackson Pollock** verso la metà del Novecento. Egli stendeva enormi tele sul pavimento sopra le quali, con gesti decisi, faceva gocciolare il colore dal pennello o da un bastoncino intriso di colore.

Jackson Pollock al lavoro nel suo studio.

Esempi d'autore

OSSERVA l'effetto che nasce dalle «**colate**» anche impreviste di colore che Sam Francis ha lasciato gocciolare su un supporto verticale, e l'intricato **intreccio di linee e macchie** scure dell'opera di Jackson Pollock, che lasciano intuire l'energia del suo gesto.

Sam Francis, *Nero brillante*, 1958, acrilico su tavola, New York, Solomon Guggenheim Museum.

Jackson Pollock, *Number 8*, 1949, olio su tela, New York, Neuberger Museum.

LA SCUOLA DELLE TECNICHE

Sperimento io

PROVA anche tu gli effetti del dripping lavorando con colori a tempera o acrilici su carta. Ecco alcuni suggerimenti per cominciare; ma poi ti invitiamo a lavorare liberamente, lasciandoti sorprendere dagli **effetti imprevedibili** che otterrai.

Muovendo il foglio

- Lascia cadere su un foglio una macchia di colore a tempera o acrilico piuttosto liquido.
- Piega e inclina il foglio in varie direzioni per ottenere gocciolature e ramificazioni.
- Puoi intervenire con un secondo colore quando il primo è asciutto.

Con una cannuccia da bibita

- Lascia cadere sul foglio una macchia di colore piuttosto abbondante.
- Poi crea delle ramificazioni soffiando con una cannuccia da bibita.

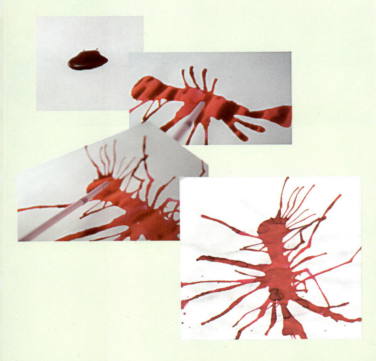

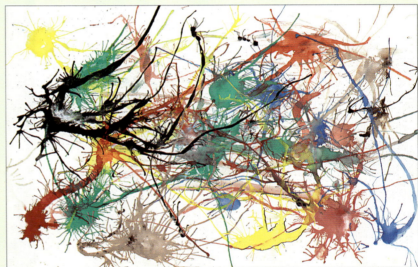

- Soffiando nella cannuccia, puoi ottenere intrecci e ramificazioni con diversi colori, come vedi in questo lavoro di un tuo coetaneo. Scegli prima i colori e decidi gli accostamenti, poi lavora con decisione perché la tecnica non permette ripensamenti!

Come Pollock

- Stendi un grande foglio di carta da pacchi sul pavimento.
- Con gli acrilici e un pennello a punta di grosse dimensioni fai gocciolare il colore alla maniera di Pollock, creando con il gesto intrecci e ghirigori. Sperimenta l'effetto di gesti piccoli e ampi, lenti e veloci. I colori acrilici sono particolarmente adatti per questa tecnica, perché hanno tinte intense e brillanti e asciugano in pochi minuti, permettendoti di sovrapporre nuove tracce senza alterare il colore precedente.

 Trucchi d'ARTISTA

Quando si dipinge con questa tecnica non si sa mai con precisione quale sarà l'effetto finale. Parti da un'idea scegliendo i colori da utilizzare e immaginando la composizione che vorresti ottenere; ma poi lasciati stimolare da quello che accade mentre procedi: da un effetto inaspettato può nascere una nuova idea!
Un consiglio pratico: proteggi gli spazi e gli oggetti circostanti con un foglio di plastica o carta di giornale. È possibile togliere le macchie di colore fresco dalle superfici lisce con uno straccio umido. Le eventuali macchie sui vestiti vanno lavate con acqua molto calda.

Sezione 2 • I materiali e le tecniche

La pittura a spruzzo

Un'altra tecnica nuova, diffusa a partire dal Novecento, è la pittura a spruzzo; essa permette di ottenere effetti diversi a seconda del tipo di colore e della quantità impiegata, e anche degli strumenti utilizzati: lo spruzzatore, l'aerografo, le bombolette di vernice spray.
Il **colore** deve essere **liquido**: i colori più adatti sono la tempera, gli acrilici, gli ecoline e gli inchiostri, oltre alle vernici contenute nelle bombolette spray.

L'**aerografo** è uno strumento professionale utilizzato dagli illustratori; consente dei lavori estremamente precisi grazie alla possibilità di regolare il tipo di spruzzo; per questo è molto diffuso in pubblicità per creare immagini dall'effetto realistico, quasi fotografico.

Per spruzzare può essere usato un contenitore vuoto di detersivo dotato di **spruzzatore**, in cui verrà messo del colore molto diluito.

Le **bombolette spray** sono lo strumento tipico dei graffitisti, pittori che lavorano sui muri delle città creando immagini molto vivaci ed enormi scritte dai caratteri fantasiosi e decorativi.

Esempi d'autore

OSSERVA in questo graffito murale alcuni caratteri tipici della pittura a spruzzo: i **colori vivaci** e gli **andamenti veloci** delle linee.

128

LA SCUOLA DELLE TECNICHE

Sperimento io

DIVERTITI a sperimentare procedimenti e soluzioni originali con la tecnica dello spruzzo, seguendo la tua creatività. Ecco alcuni suggerimenti.

Puoi dipingere a spruzzo anche con uno spazzolino duro (come quello da denti o per le unghie). Intingilo nel colore, poi passaci sopra un dito o un bastoncino: otterrai un effetto picchiettato a macchie molto adatto come sfondo.

Con le mascherine

- Per ottenere immagini dal contorno definito, prepara delle mascherine in cartoncino: ritaglia in negativo la sagoma della figura, appoggia il cartoncino sul foglio e spruzza.
- Puoi creare delle sfumature spruzzando con un secondo colore in alcuni punti.

Con bombolette e colla

- Appoggia un grande foglio di carta sul pavimento.
- Con la tecnica del dripping fai colare della colla vinilica direttamente dal flacone creando motivi in rilievo.
- Poi, con una bomboletta spray (tenendola in basso, vicino al foglio), spruzza il colore orientando il getto lateralmente. Come vedi nell'esempio a lato, si formeranno interessanti effetti di ombreggiatura e di rilievo che daranno risalto al disegno.

Oggetti come mascherine

- Scegli piccoli oggetti come pezzetti di spago, catenelle, graffette, stecchini, chiodi, foglie, vecchi bottoni o altri che a tuo parere hanno una forma interessante.
- Disponili su un foglio da disegno creando una composizione.
- Spruzza i colori usando le bombolette spray o uno spruzzatore in cui avrai diluito colori a tempera o acrilici.
- Studia l'accostamento dei colori e regola lo spruzzo creando zone più leggere o più dense secondo l'effetto che vuoi ottenere.
- Quando il colore è asciutto, togli gli oggetti: la composizione apparirà bianca sullo sfondo colorato, come vedi in questo esempio.

 Trucchi d'ARTISTA

Quando usi le bombolette spray, apri le finestre per arieggiare la stanza. Ricordati anche di coprire con giornali il pavimento o il tavolo su cui lavori per non sporcare.

129

Sezione 2 • I materiali e le tecniche

Il frottage

Il termine «frottage» deriva dal francese *frotter*, che significa «strofinare». Questa tecnica consiste infatti nello **strofinare** una matita o un pastello morbido su un foglio sottile posto sopra una superficie ruvida o in rilievo, per esempio una corteccia, un tessuto a trama grossa, una moneta: in questo modo si ottiene sul foglio una **texture** che evidenzia la trama e i rilievi dell'oggetto.

Esempi d'autore

ESAMINA queste opere di Marx Ernst, il primo artista che sperimentò il frottage nel 1925, e di Paul Klee.

Max Ernst, *Visione notturna della Porta San Denis*, 1927, Collezione privata.

Paul Klee, *C per Schwitters*, 1923, Collezione privata.

Sperimento io

Molti oggetti di uso quotidiano o che si trovano in natura sono adatti a lavori di frottage: tessuti con diverse trame, reticelle in metallo, cartone ondulato, un pezzo di corda, monete, bottoni, vetro smerigliato, plastica a bolle, cortecce, legni con venature in rilievo, foglie.

CREA con i tuoi compagni una piccola **collezione**, usando fogli di carta leggera e una matita nera morbida oppure pastelli a cera o a olio. Ecco alcuni suggerimenti.

Usando una **superficie puntinata**, passa prima con un colore; sposta leggermente il foglio e ripassa con un secondo colore.

Usando una **superficie quadrettata**, passa prima con un colore; ruota leggermente il foglio e ripassa con altri colori.

Su uno stesso foglio sperimenta la sovrapposizione di **texture diverse**, cambiando colore per ogni texture.

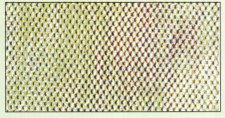
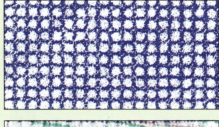
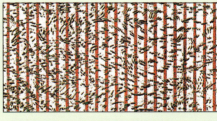
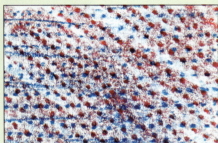

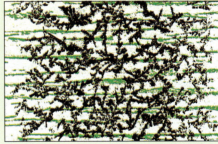

REALIZZA anche tu un'opera con il frottage, lasciandoti ispirare dagli effetti che hai ottenuto e dalle opere di queste pagine. Crea un **paesaggio** come quello di Marx Ernst, o anche solo un elemento di un paesaggio, oppure un **lavoro astratto** come quello di Paul Klee.

Ecco un albero molto semplice realizzato con due diversi tipi di texture per il tronco e le fronde.

Con movimenti ondulati di un grosso pastello a cera su una superficie rigata puoi ottenere un effetto di onde marine.

Sezione 2 • I materiali e le tecniche

Il collage

La tecnica del collage consiste nell'**incollare** su un supporto **carte** o **altri materiali**. Furono Pablo Picasso e George Braque, all'inizio del Novecento, i primi a introdurre nelle loro opere frammenti di tela, di carta di giornale o da parati, spinti dal desiderio di superare le tecniche tradizionali della pittura per ampliare le possibilità espressive dell'artista.

La scelta dei materiali che si possono usare per il collage è vastissima. Sono in commercio speciali carte colorate da collage, ma è possibile utilizzare molte carte diverse: carta velina, carta stagnola, carta crespa, cartoncini, cartone ondulato, carte di giornali e riviste, carte da regalo, carta da tappezzeria, cartoline, vecchie fotografie, carte precedentemente colorate, e anche ritagli di tessuto.

Tagliando la carta con le forbici o con il taglierino si ottengono contorni netti. È possibile strapparla con le mani se si preferiscono forme più irregolari e contorni più indefiniti.

Carte colorate

Henri Matisse, *Polinesia, il cielo*, carta colorata con guazzo, ritagliata e incollata, Parigi, Musée National d'Art Moderne.

Sperimento io

ISPIRATI alle opere dei maestri e crea che tu...

Colla in barattolo

Colla in stick

LA SCUOLA DELLE TECNICHE

Esempi d'autore

OSSERVA due esempi di collage d'artista, in cui puoi vedere l'**effetto espressivo** dato dall'accostamento di texture, colori e forme.

Henri Matisse compose opere di grandi dimensioni come questa, ritagliando e incollando forme essenziali da carte precedentemente colorate.

Gino Severini ha utilizzato carta da parati, cartoni ondulati, carte da gioco, pagine stampate. L'espressività del risultato nasce non solo dall'accostamento di forme e colori, ma anche dallo spessore di alcuni materiali che creano dei rilievi sulla superficie.

Gino Severini, *Natura morta*, 1917, collage, guazzo, carboncino e matita su carta, Collezione privata.

... forme e colori alla maniera di Matisse

- Su carte a tinta piatta dai colori vivaci (le puoi preparare tu con la tempera o gli acrilici) disegna una serie di forme simili a quelle che vedi nell'opera di Matisse: spirali, forme ondulate, fiori e così via.
- Scegli tre o quattro forme diverse e ripetile variando le dimensioni e le proporzioni.
- Componile su uno sfondo colorato, anche a più colori.

... un collage alla maniera di Severini

- Senza tracciare alcun disegno di partenza, componi via via sul foglio le diverse forme lasciandoti ispirare dal materiale che hai a disposizione. Cerca di ottenere effetti espressivi dall'accostamento di diverse texture.

Sezione 2 • I materiali e le tecniche

Il mosaico

Il mosaico è composto da piccoli frammenti di materiali colorati, detti **tessere**, accostati gli uni agli altri a formare un disegno o un motivo ornamentale.
Le tessere possono essere in pietra, ceramica, pasta di vetro o qualunque altro materiale.
Il mosaico si presta particolarmente per decorazioni di tipo **geometrico**, mentre le **figure** risultano in genere un po' stilizzate e semplificate.
Questa tecnica era usata già dai Greci, e ancor più dai Romani, per impreziosire i **pavimenti** di ville ed edifici pubblici. In età bizantina il mosaico è usato anche al posto della pittura per decorare le **pareti** delle chiese.

Nei negozi di articoli d'arte si trovano tessere in **pasta vitrea** di diversi colori, e anche più economiche tessere in **plastica colorata** per esercitazioni scolastiche.

Tessere in pasta vitrea

Tessere in plastica colorata

Per un mosaico insolito puoi usare anche **materiali comuni** come chicchi di riso, di caffè, sassolini.

Esistono **tessere utilizzate in edilizia** per il rivestimento di muri a mosaico, in alternativa alle comuni piastrelle.

Esempi d'autore

ESAMINA questi due diversi tipi di **decorazione**: una a motivi geometrici, l'altra figurativa.

Mosaico geometrico policromo, III secolo d.C., Roma, Terme di Caracalla.

Il mosaico si presta a **decorazioni di tipo geometrico**, dove l'alternanza delle tessere colorate crea un ritmo regolare.

Giona gettato sulla spiaggia dal mostro marino, IV secolo, mosaico pavimentale, Aquilea, Basilica di Santa Maria Assunta.

In questo dettaglio di un mosaico della Basilica di Aquilea, le **sfumature** e gli **effetti di rilievo** sono ottenuti accostando tessere in diverse gradazioni dello stesso colore.

134

Sperimento io

CREA anche tu il mosaico in classe, utilizzando **tessere in carta** o cartoncino, ritagliandole da fogli colorati o colorandole; incolla poi le tessere su un cartone robusto che non si deformi per effetto della colla.
In alternativa, puoi provare a creare mosaici con le **tessere in plastica** che si trovano in commercio, oppure utilizzare in modo creativo chicchi di caffè, sassolini, perline, pasta: in questi casi, usa come supporto un cartone robusto o una tavola in compensato. Ecco alcune proposte di lavoro.

Un mosaico geometrico

Ispirandoti al pavimento a mosaico romano, crea anche tu un mosaico geometrico.

- Puoi usare le tessere in plastica oppure ritagliarle da cartoncini colorati; ti serviranno 3 o 4 colori, di cui uno scuro.
- Traccia il motivo sul cartone di supporto, poi disponi le tessere partendo dal contorno fino a riempire completamente i diversi spazi.

Una composizione naturalistica

Prendi spunto da questo mosaico romano e disegna una composizione di frutti, foglie o fiori. Fai un disegno semplice, perché nel mosaico non puoi creare particolari minuti.

Mosaico romano, IV secolo, Roma, Mausoleo di Santa Costanza.

- Con la pittura a tempera stendi i colori che ti servono in diverse gradazioni, dal chiaro allo scuro, su fogli di carta robusta. Ritaglia le tessere dai fogli colorati e disponile in ciotoline distinte per colore.
- Incolla le tessere sul supporto con una colla tipo vinavil; parti dal bordo esterno del fondo e dal contorno delle figure, poi riempi le figure scegliendo colori e gradazioni adatti agli effetti di luce che vuoi ottenere.
- Per riempire completamente gli spazi, puoi sovrapporre parzialmente le tessere o tagliarle in forma irregolare quando è necessario.

Un mosaico con materiali insoliti

Osserva questo originale mosaico: è un'immagine per la pubblicità di cibo per cani, composta con il cibo stesso.

- Prendendo spunto da questo esempio, raccogli materiali diversi: sassolini, semi, pastina, chicchi di riso o di caffè, perline.
- Lasciandoti ispirare dai colori e dalle superfici dei materiali raccolti, progetta un'immagine e traccia il disegno su cartone robusto o compensato (un paesaggio, un animale, dei fiori).
- Riempi poi il disegno con le tue tessere particolari: fai attenzione non soltanto agli accostamenti cromatici, ma anche all'effetto dei diversi materiali e delle diverse superfici.

Sezione 2 • I materiali e le tecniche

La pittura su stoffa

È possibile dipingere su tessuti con diversi materiali e tecniche che consentono di ottenere **motivi indelebili**. Anticamente venivano usati per questo scopo **coloranti naturali**; oggi si trovano in commercio **coloranti sintetici** per i vari tipi di tessuto.

Tra i materiali che puoi facilmente usare ci sono i colori per tessuto liquidi in vasetto, oppure in forma di pennarello e pastello.

Flaconi di colori per tessuto

Pastelli per tessuto

Pennarelli per tessuto

Esempi d'autore

SCOPRI due diverse tecniche per ottenere motivi decorativi su stoffa: l'uso di **stampini** e il **batik**.

Le stampe artistiche su tessuti di lino, canapa e cotone della tradizione artigianale romagnola si ottengono con l'utilizzo di **stampini** in legno di pero intagliati. Impregnati di pasta colorante (dei classici colori ruggine, blu e verde) gli stampini imprimono sul tessuto motivi geometrici, floreali o animali.

Tela stampata romagnola.

Tecnica molto diffusa in Africa e in Asia, il **batik** prevede un vero «bagno di colore». Dopo aver disegnato il motivo sul tessuto, si copre con la cera fusa la parte di disegno che non si vuole colorare e si immerge il tessuto nel colore: le parti senza cera prendono il colore del bagno, quelle impregnate di cera, divenute impermeabili, mantengono il colore di base.

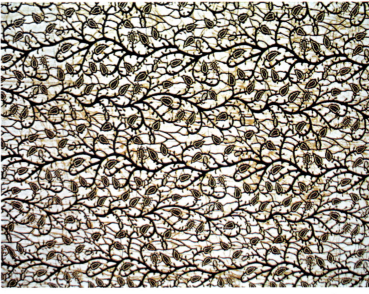

Batik africano.

LA SCUOLA DELLE TECNICHE

Sperimento io

PERSONALIZZA un indumento o un accessorio: una tovaglietta, un astuccio... seguendo questi suggerimenti. Ti accorgerai come è semplice e divertente dipingere tessuti!

A pennello, pennarello o pastello

- Prima di cominciare, metti dei fogli di giornale sotto la parte che vuoi colorare. Tendi la stoffa fissandola con puntine, spilli o nastro adesivo al piano di lavoro.
- Traccia il motivo sulla stoffa con segni leggeri, utilizzando possibilmente un gessetto da sarta.
- Dipingi con i colori liquidi a pennello oppure con pennarelli o pastelli, secondo l'effetto che vuoi ottenere.
- Quando il lavoro è asciutto, stira il tessuto a rovescio per fissare il disegno.

Con lo stencil

- Puoi anche lavorare con la tecnica dello stencil creando delle mascherine in cui hai intagliato il motivo da riprodurre.
- Prepara la parte di tessuto che vuoi decorare isolandola con la carta di giornale, come sopra. Appoggia la mascherina sul tessuto e colora l'interno con il pennello o un tampone.
- Con le mascherine puoi riprodurre più volte un motivo base creando effetti ritmici.

«Batik» semplificato

Il batik, come hai visto, consiste nel mettere il tessuto in un bagno di colore impedendo ad alcune zone di tingersi. In sostituzione della cera, ti suggeriamo un sistema molto semplice per raggiungere questo scopo e ottenere motivi colorati... a sorpresa!

- Procurati una maglietta di cotone.
- Legala strettamente in più punti con uno spago, poi immergila in un bagno di colore.
- Quando è asciutta, puoi ripetere l'operazione con un secondo colore.

Il risultato finale è sempre imprevedibile: fai qualche esperimento con tessuti di scarto per acquisire un po' di pratica e trovare gli effetti che ti piacciono di più.

Sezione 2 • I materiali e le tecniche

Le tecniche artistiche di stampa

Esistono diverse tecniche per realizzare un'opera d'arte in più copie. Tutte hanno bisogno di una **matrice** su cui viene riprodotta l'immagine; sulla matrice viene poi passato il colore, generalmente un **inchiostro**; premendo infine la matrice inchiostrata sul supporto finale, il disegno resterà impresso, cioè stampato sul supporto.

La matrice può essere di diversi materiali e il disegno può essere riportato sulla matrice in vari modi: esistono quindi molteplici tecniche di stampa, ciascuna con un particolare effetto espressivo. Qui presenteremo due tecniche che, con modalità semplificate, puoi utilizzare anche tu in classe: la **xilografia** (da cui deriva la più moderna linoleografia) e il **monotipo**.

Nella **xilografia**, una delle tecniche di stampa più antiche, si usa una **matrice in legno** su cui viene incisa l'immagine con l'aiuto di sgorbie, scalpelli e martelletti.

Sgorbie — Martelletto — Matrice in legno — Scalpello

Dal Novecento gli artisti usano anche delle **matrici in linoleum**, materiale che può essere inciso più facilmente e che produce segni più morbidi. Per uso scolastico, si trovano nelle cartolerie matrici morbide, facili da lavorare, in un materiale plastico chiamato **adigraf**.

Linoleum

La matrice viene **inchiostrata** con uno o più colori usando un **rullo**. Il foglio su cui si vuole riprodurre l'immagine va appoggiato poi sulla matrice inchiostrata e ripassato con il rullo per distribuire bene l'inchiostro. Nella xilografia il foglio viene pressato contro la matrice da un torchio tipografico.

Esempi d'autore

OSSERVA una xilografia: questa tecnica fa parte delle **stampe** chiamate **in rilievo**: vengono infatti stampate le parti di matrice che non sono state scavate, cioè quelle che, rimaste in rilievo, si inchiostrano.

Il cielo è stato completamente **scavato** e quindi appare bianco.

La zona della montagna è stata lasciata **in rilievo** (per questo appare nera), tranne alcuni punti scavati con segni irregolari.

Fritz Bleyl, *La vela*, 1905, xilografia.

Nella zona dell'acqua l'artista ha scavato linee più o meno spesse: nella stampa esse risultano come segni bianchi che danno l'idea dei riflessi sull'acqua.

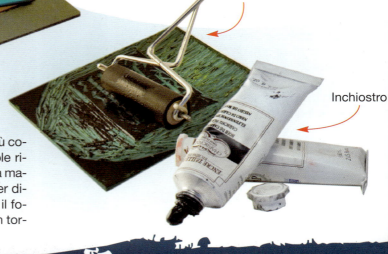

Rullo — Inchiostro

LA SCUOLA DELLE TECNICHE

Sperimento io

CREA opere simili a una xilografia usando una matrice di **adigraf**.

- Traccia il disegno sulla **matrice**; con gli appositi strumenti, scava le parti che non dovranno essere stampate e lascia in rilievo le altre.

- Su una superficie liscia, come una lastra di vetro o di plastica, stendi dell'**inchiostro**; passaci un rullo di gomma; poi, con questo, distribuisci l'inchiostro sulla matrice.

- Appoggia sulla matrice il foglio che vuoi stampare, premendo con la mano o con un rullo. Osserva l'effetto della stampa, che appare **speculare** rispetto al disegno scavato.

Attenzione! Ricorda che puoi ottenere un'immagine in positivo o in negativo.

- Per un'**immagine in positivo**, scava tutto attorno e lascia in rilievo la figura o i suoi contorni.
- Per un'**immagine in negativo**, scava la figura e lascia in rilievo lo sfondo.

Per non confonderti, decidi prima l'effetto che vuoi ottenere e poi colora sulla matrice le parti che andranno scavate.

Il monotipo

Il monotipo è una tecnica di stampa con cui si crea **un solo esemplare** dell'opera.

1

- Stendi del colore su una lastra di vetro o di plastica; crea una composizione o delle macchie di colore più o meno denso, stendendolo con il pennello, il rullo o una spatola.

2

- Appoggia il foglio sulla lastra e premi con le mani per distribuire il colore; come scoprirai, il tipo di pressione condiziona il risultato finale.

3

- Solleva il foglio e ammira il risultato, prodotto in parte casualmente dalla distribuzione e dall'impasto del colore.

4

- Puoi provare anche così: appoggia delicatamente il foglio sulla lastra colorata; con un bastoncino o un altro strumento traccia dei segni o un disegno sul retro del foglio; solleva e osserva come si è impresso il disegno.

Sezione 2 • I materiali e le tecniche

L'arte digitale

Le tecnologie informatiche sono entrate anche nel mondo dell'arte introducendo nuovi modi di disegnare e dipingere e addirittura nuove forme d'arte.

Illustratori, disegnatori di fumetti, grafici, designer, scenografi, architetti e in generale tutti coloro che lavorano nel campo delle arti applicate usano **il computer per creare immagini**. Il termine «arte digitale» comprende tanti tipi diversi di opere. Ci sono immagini che vengono generate da un programma informatico (o software) senza alcun intervento grafico manuale dell'artista (**arte generativa**); altre invece nascono da un disegno, uno schizzo, una foto, rielaborati, colorati e completati attraverso appositi programmi grafici (**computer grafica**).

Tipico prodotto dell'arte digitale è la **videoarte**, cioè la produzione di immagini in movimento (disegni animati, riprese video con l'inserimento di effetti speciali), spesso accompagnate da suoni e fruibili attraverso dei monitor.

La caratteristica comune delle opere digitali è che sono sempre **modificabili** e sfruttano **nuovi modi di diffusione** dell'arte al pubblico: un'opera digitale, infatti, è qualcosa di «virtuale», cioè non ha la materialità delle opere tradizionali, e può essere riprodotta all'infinito, essere condivisa attraverso la rete **internet** o mostrata al pubblico in una **video installazione**.

Per chi non vuole rinunciare a disegnare sulla carta esiste anche la **penna digitale**. I segni tracciati dalla penna su un foglio qualunque vengono registrati da un apposito sensore applicato al foglio e trasformati in impulsi digitali.

La **tavoletta grafica** è uno strumento utilizzato da illustratori e progettisti per creare disegni che vengono immediatamente importati nel computer collegato. Il disegnatore traccia il disegno con una apposita penna su una tavoletta che trasforma i segni in impulsi digitali.

Dal fotoritocco al 3D

Esistono numerosi programmi che permettono agli artisti di manipolare e rielaborare immagini preesistenti, fino a ottenere immagini nuove e originali, o di crearne direttamente al computer.

Con i programmi di disegno e colorazione informatici è possibile imitare gli effetti delle tecniche tradizionali (per esempio diversi tipi di stesura del colore, diversi segni grafici), ma anche ottenere effetti del tutto nuovi, come l'effetto **3D**, o tridimensionale, molto utilizzato nell'illustrazione, nel fumetto e nel cinema di animazione.

Il manga giapponese *Astro Boy* nato nel 1952 dalla mano di Osama Tezuka, è divenuto un moderno cartoon prodotto in Computer Grafica 3D.

LA SCUOLA DELLE TECNICHE

Esempi d'autore

OSSERVA le seguenti opere: esse rappresentano tre tipologie tipiche dell'arte digitale e sono un esempio delle possibilità espressive totalmente nuove offerte dalle nuove tecnologie.

Carlo Fabre, *Lo spessore del ricordo.*

San Base, 2002.

Ecco un esempio di **arte generativa**, cioè generata attraverso un software grafico senza alcun intervento manuale dell'artista. Quest'opera del canadese San Base è prodotta da un programma che amalgama le immagini della geometria frattale (forme geometriche ripetute) seguendo una scala di colori: Base crea così immagini imprevedibili e sempre diverse, che possono anche essere in movimento.

L'immagine ritrae un'opera di **computer grafica** del fotografo Carlo Fabre realizzata con la fusione di due diverse figure, che vengono combinate fra loro con effetti di sovrapposizione e trasparenza impossibili a ottenersi con qualunque altra tecnica e in tempi rapidissimi di esecuzione.

Questa **video istallazione** creata per la campagna di sensibilizzazione contro i soprusi sulle donne è costituita da video-ritratti di 90 secondi ciascuno proiettati in sequenza su quattro monitor di 75 pollici. Il numero del titolo è l'approssimazione di quante donne ci sono sul pianeta: ogni donna del video porta la sua esperienza e nello stesso tempo rappresenta tutto il genere femminile.

Francesca Montinaro, *Ritratto continuo mod. 3.375.020.000 - Una video installazione femminile, plurale*, 2013, Roma, Galleria Nazionale d'Arte Moderna.

Sperimento io

DIVERTITEVI a sperimentare gli effetti dei più comuni software grafici disponibili.

Potete creare delle semplici immagini con Paint, oppure immagini più complesse con programmi per disegnare come Illustrator, FreeHand, Art Rage, o ancora Photoshop che permette di disegnare e rielaborare immagini in modo professionale.

- Photoshop è un programma molto usato per ritoccare e rielaborare immagini fotografiche, con la possibilità di fusioni ed effetti suggestivi: potete cimentarvi a rielaborare foto scattate da voi!
- Per far conoscere le vostre opere potete caricarle nel sito della scuola oppure creare una piccola «videoinstallazione» proiettandole in uno spazio della scuola o semplicemente dislocandovi alcuni computer accessibili al pubblico.

141

Unità 3

Creare a tre dimensioni

Uno dei campi della produzione artistica è la creazione di oggetti a tre dimensioni.
I materiali usati sono l'argilla, il gesso, i metalli, la pietra e il legno, trattati con una varietà di tecniche come il modellaggio, la scultura, lo sbalzo, la fusione; gli artisti moderni hanno a disposizione anche nuovi materiali sintetici, ma alcuni preferiscono utilizzare e assemblare materiali comuni come carte, tessuti, oggetti di scarto o quelli offerti dalla natura.
I lavori a tre dimensioni creano un rapporto con lo spazio in cui sono inseriti e tendono a modificarne la percezione, come si può ben cogliere osservando le grandi sculture all'aperto e le moderne installazioni.

A tutto tondo e in rilievo

La scultura a tutto tondo può essere percepita da diversi punti di vista in quanto l'osservatore può muoversi attorno all'opera e guardarla da ogni lato.

Nel rilievo, invece, le figure prevedono una sola visione frontale; a seconda di quanto le figure sporgono dalla lastra del fondo possiamo avere un bassorilievo o un altorilievo.

Il Giardino dei Tarocchi è stato realizzato da Niki de Saint Phalle nel corso di 17 anni: si compone di 22 grandi figure in acciaio e cemento dipinte e ricoperte di vetri, specchi e ceramiche colorate. Le installazioni creano uno spazio «magico» in cui il visitatore può interagire con le opere, muovendosi attorno ad esse ma in alcuni casi dentro di esse.

Henry Moore, *Figura reclinata*, 1951, gesso dipinto, Cambridge, Fitzwilliam Museum.

Niki de Saint Phalle, *Il Giardino dei Tarocchi*, Capalbio (GR).

I Romani costruiscono fortificazioni, part. del rilievo della Colonna Traiana, 113 d.C., Roma.

142

Creare a tre dimensioni

Scolpire, modellare, fondere, assemblare

Scolpire significa togliere materiale da un blocco che può essere di pietra o di legno. Ma possiamo creare una scultura anche con altre tecniche legate alle caratteristiche dei materiali utilizzati, come il modellaggio, la fusione, l'assemblaggio.
Le figure dell'*Esercito di terracotta* sono un esempio di modellaggio, che consiste nel plasmare un materiale malleabile come l'argilla, la cera, la resina.
Con il bronzo e altri metalli si possono realizzare opere con la tecnica della fusione: il metallo fuso viene fatto colare in uno stampo predisposto dall'artista, che viene eliminato dopo che il metallo, raffreddandosi, si è solidificato.
Le opere di assemblaggio sono ottenute componendo materiali e anche oggetti diversi, come in questa maschera; è un procedimento molto diffuso nell'arte contemporanea.

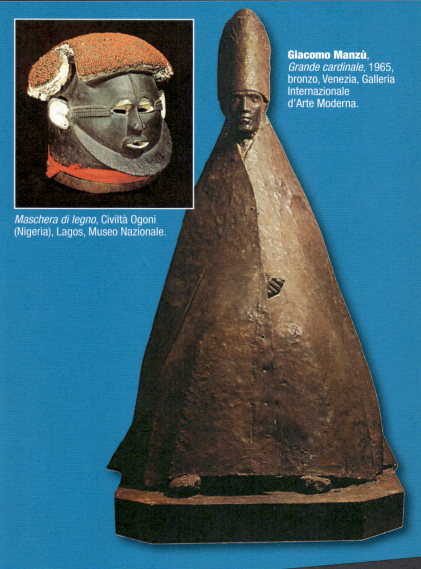

Giacomo Manzù, *Grande cardinale*, 1965, bronzo, Venezia, Galleria Internazionale d'Arte Moderna.

Maschera di legno, Civiltà Ogoni (Nigeria), Lagos, Museo Nazionale.

Alcune figure dell'*Esercito di terracotta*, III secolo a.C., Mausoleo dell'imperatore Qin Shihuang, Xi'an, Cina occidentale.

Con la natura

Alcuni artisti creano sculture utilizzando la natura stessa. È il caso della *Cattedrale Vegetale* allestita in Trentino nell'ambito di Arte Sella, uno spazio aperto dove gli artisti creano opere nella natura. La *Cattedrale Vegetale* è formata da 80 colonne di rami intrecciati al cui interno sono stati piantati altrettanti giovani alberi ed è stata progetta in modo che la natura stessa, grazie alla crescita degli alberi, possa completare negli anni l'opera dell'artista.

Giuliano Mauri, *Cattedrale Vegetale*, 2001, Malga Costa (Trento).

143

Sezione 2 • I materiali e le tecniche

Modellare

Le tecniche del modellaggio consistono nel **plasmare con le mani** e con l'aiuto di appositi strumenti dei **materiali malleabili** come la creta (o l'argilla), la cera, la plastilina.
Il materiale più usato per modellare è l'**argilla**, un impasto terroso che si trova in natura. Quando l'argilla è umida e morbida è facile plasmarla facendole assumere la forma desiderata: si realizzano così vasellame, sculture a tutto tondo e opere a bassorilievo o altorilievo. In seguito alla cottura, l'argilla diventa dura e resistente, assumendo un colore che va dal bianco al rosso, e l'oggetto prende il nome di **terracotta** o **ceramica**, secondo il tipo di cottura e di lavorazione.
La terracotta può essere dipinta con colori appositi che si fissano all'oggetto durante una nuova cottura.

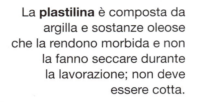

La **creta** si trova in panetti già pronti da lavorare.

La **plastilina** è composta da argilla e sostanze oleose che la rendono morbida e non la fanno seccare durante la lavorazione; non deve essere cotta.

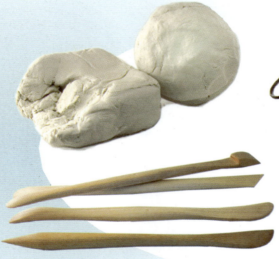

Il **das**, usato per i lavori scolastici, è un materiale simile alla creta ma che non richiede cottura; a lavoro ultimato può essere dipinto con vernici, colori a tempera o acrilici.

Si usano le **mirette** per togliere il materiale in eccesso.

Con il **matterello** si può stedere il materiale per ottenere una tavoletta o un «foglio» piatto.

Con **stecche** di varie forme e dimensioni si modellano i particolari.

L'argilla nella storia

L'argilla fu utilizzata fin dalla preistoria per modellare **vasi** e **statuette**. I Greci e i Romani realizzarono con l'argilla soprattutto vasi e recipienti, spesso decorati. Ma i più abili modellatori dell'argilla furono gli Etruschi, che la utilizzarono per creare vasi, sarcofagi, statue, decorazioni dei templi.
Dopo il Medioevo l'argilla fu usata dagli artisti anche per realizzare i **bozzetti** delle opere che poi sarebbero state scolpite nella pietra o fuse in bronzo.
Oggi la lavorazione dell'argilla costituisce una forma autonoma di espressione, spesso completata con il colore o con altri materiali.

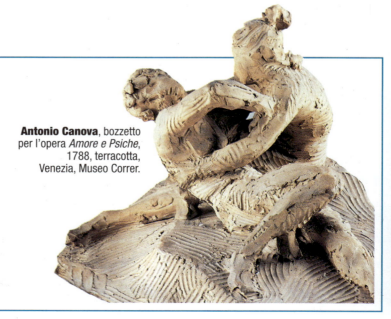

Antonio Canova, bozzetto per l'opera *Amore e Psiche*, 1788, terracotta, Venezia, Museo Correr.

LA SCUOLA DELLE TECNICHE

Esempi d'autore

OSSERVA queste opere di Pablo Picasso, che dalla metà degli anni Quaranta avvia una ricchissima produzione ceramica: egli modella i suoi vasi trasformandoli nei soggetti che già ricorrevano nelle sue opere (centauri, colombe, donne, cavalli...).

Pablo Picasso, *Vaso a forma di figura femminile*, 1949, ceramica, Parigi, Musée Picasso.

Pablo Picasso, *Vaso a forma di civetta*, 1969, ceramica, Parigi, Musée Picasso.

Sperimento io

LAVORA con le tue mani! Partendo da un blocco di argilla già pronto, scopri alcuni **procedimenti di base**: innanzi tutto plasmalo con le mani per renderlo morbido e malleabile, prima di iniziare a lavorarlo.

Tondini e **colombini** sono semplici forme che si ottengono con la pressione delle dita e movimenti rotatori.

Per ottenere una **lastra piatta**, puoi usare un filo di metallo oppure un matterello.

Creata la forma di base, puoi aggiungere materiale incollandolo con la **barbottina**, una miscela liquida di acqua e argilla.

Se vuoi ottenere una **superficie liscia**, ripassala con le dita inumidite.

ISPIRATI alle opere di Picasso e crea anche tu una statuetta o un vaso-statuetta.

Un rilievo astratto

- Stendi una tavoletta in argilla con l'aiuto del matterello.
- Crea la composizione incidendo dei segni.
- Aggiungi elementi in rilievo incollandoli con la barbottina.
- Per decorare la superficie, puoi usare alcuni oggetti imprimendone la forma.
- Durante la lavorazione bagna spesso la superficie con uno spruzzatore. Se devi sospendere il lavoro, ricoprilo con un panno umido e avvolgilo in una plastica per impedire che indurisca.

Una scultura a tutto tondo

Crea la statuetta di un personaggio; oppure modella un animale, come vedi nell'immagine a fianco.
Ti consigliamo di iniziare con una scultura che non superi i 15 centimetri di altezza; per sculture più grandi occorre creare un'armatura in ferro o legno che verrà poi ricoperta dall'argilla.

Lavoro realizzato presso l'Istituto Statale d'Arte di Firenze.

Sezione 2 • I materiali e le tecniche

Scolpire

Le tecniche della scultura consistono nello **scavare un materiale solido e resistente** come la pietra, il legno, il ferro.
La **pietra** fu lavorata fin dall'antichità per realizzare opere grandiose a tutto tondo oppure altorilievi e bassorilievi. Esistono molti tipi di pietre: il colore e la grana del materiale scelto dall'artista contribuiscono al risultato espressivo. Inoltre i materiali possono essere molto duri come i **marmi**, o più porosi e friabili come le cosiddette **pietre tenere**: ciascun materiale richiede procedimenti di lavorazione specifici.
Anche il **legno**, più duttile e morbido della pietra, si presenta in una grande varietà di colori, durezze, venature.
Per scolpire si usano diversi strumenti a seconda del materiale.

Martellina

Martelli di diverse forme sono utilizzati nella prima fase del lavoro, lo **sgrossamento**: dal blocco grezzo si inizia a togliere materiale per abbozzare la figura.

Martello a taglio

L'artista continua poi a scavare con **scalpelli** di varie forme e misure fino a ottenere la figura voluta in tutti i suoi dettagli.
Gli scalpelli vengono battuti con **mazze** in legno o metallo.

L'ultima fase è la **levigatura**, cioè la rifinitura della superficie, con raspe, lime, pietra pomice.

Raspe e lime

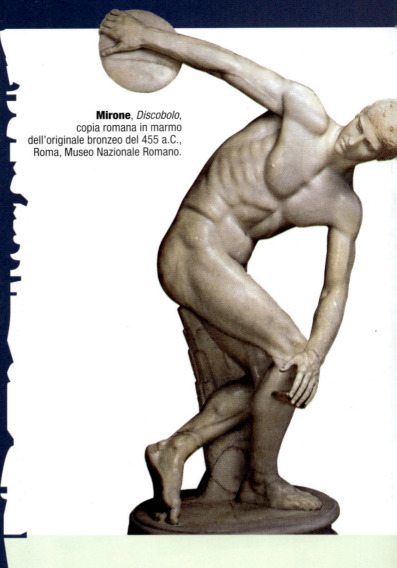

Mirone, *Discobolo*, copia romana in marmo dell'originale bronzeo del 455 a.C., Roma, Museo Nazionale Romano.

● Sciogli in acqua del gesso in polvere (**scagliola**) fino a ottenere un impasto fluido e versalo nel coperchio di una scatola da scarpe. Dopo pochi minuti il gesso sarà solidificato e avrai una tavola pronta per lavorare.

1

LA SCUOLA DELLE TECNICHE

Esempi d'autore

OSSERVA questi esempi scultorei dell'arte occidentale: dall'antica Grecia fino ai giorni nostri l'abilità tecnica raggiunta dagli artisti nella lavorazione del marmo è sempre più significativa e ha raggiunto risultati di grande **naturalismo**, soprattutto nelle opere dello scultore rinascimentale Gian Lorenzo Bernini. Egli è riuscito a far percepire all'osservatore persino la morbidezza e la tensione della pelle, i muscoli tirati e la pressione della mano.

Gian Lorenzo Bernini, *Il ratto di Proserpina* (part.), 1621-22, marmo, Roma, Galleria Borghese.

Lastra con pavone di San Salvatore, seconda metà VIII secolo, marmo proconnesio, Brescia, Museo di Santa Giulia.

Sperimento io

PROVA a scolpire un **bassorilievo**. Dal momento che a scuola non è possibile realizzare una scultura in pietra, per sperimentare alcuni procedimenti della scultura utilizza un blocco di **gesso**, materiale morbido e facile da lavorare.

- Traccia il disegno a **matita** ispirandoti, se vuoi, al rilievo con pavone.

- Con un piccolo **scalpello a punta** incidi il contorno e gli altri particolari della figura; poi scava il piano di fondo in modo che le immagini risultino in rilievo.

2

3

147

Sezione 2 • I materiali e le tecniche

Lo sbalzo

Lo sbalzo è una tecnica che permette di creare **immagini in rilievo** su una sottile **lamina in metallo** come oro, argento, rame e stagno: tutti materiali malleabili che possono essere battuti fino a diventare lamine sottili, per poi essere lavorati con l'aiuto di appositi strumenti.

È un procedimento usato fin dall'antichità per realizzare diversi tipi di oggetti: vasellame elegante, maschere funerarie, gioielli, armature, oggetti di arte sacra.

Puoi sperimentare questa tecnica utilizzando le **lamine** che si trovano in commercio.

Si lavora sul rovescio premendo con appositi strumenti detti **punzoni**: con quelli **appuntiti** si tracciano le linee, con quelli **arrotondati** si creano i volumi che appariranno in rilievo sul dritto della lamina.

Lo sbalzo nella storia

Già i Micenei e poi i Greci, gli Etruschi e i Romani crearono con la tecnica a sbalzo opere di oreficeria, vasi, armi decorate.
I Celti e i Longobardi predilessero questa arte: le loro opere presentano caratteristici motivi decorativi vegetali e zoomorfi.
A partire dal Medioevo, e per i secoli successivi, uno dei campi di applicazione dell'oreficeria a sbalzo fu la creazione di oggetti legati al **culto religioso**, come croci, calici, reliquiari.

Lamina di re Agilulfo (decorazione dell'elmo), VII secolo, bronzo lavorato a sbalzo e decorato, Firenze, Museo Nazionale del Bargello.

Esempi d'autore

OSSERVA queste antiche decorazioni eseguite con la tecnica dello sbalzo: una appartiene a un **calderone** bronzeo **celtico**, mentre la croce decorata con elementi vegetali è un'opera di **oreficeria** di età **longobarda**.

Calderone celtico ritrovato a Gundestrup in Danimarca (part.), I secolo a.C.

Croce longobarda in lamina d'oro sbalzata, VII secolo, Verona, Museo di Castelvecchio.

LA SCUOLA DELLE TECNICHE

Sperimento io

SPERIMENTA diversi effetti decorativi della tecnica a sbalzo, tenendo a mente che la lamina va lavorata sul rovescio appoggiandola sopra una superficie morbida, per esempio un panno spesso o uno strato di giornali.

Traccia **segni** con oggetti e strumenti comuni, come una penna biro o un cucchiaino.

Con uno strumento a punta e un martelletto puoi anche praticare dei **forellini** con cui creare texture e motivi ornamentali.

Prova anche l'**effetto «impronta»** appoggiando oggetti comuni e martellandoli leggermente affinché ne rimanga impressa la forma.

ISPIRATI poi alle opere di queste pagine e crea un motivo decorativo alla maniera longobarda o una maschera come quella del calderone celtico. Se preferisci un altro soggetto, scegli una figura semplice, come un animale stilizzato, un fiore, una foglia.

Una maschera

- Traccia il disegno su un foglio della stessa dimensione della lamina; appoggiando il foglio sul rovescio del lamierino, traccia i **contorni** del disegno con una penna biro o un altro strumento appuntito.

- Decidi quale **sporgenza** vuoi dare alle diverse parti della figura; con un cucchiaino o uno strumento arrotondato premi con maggiore o minore intensità in modo da incurvare il metallo verso l'esterno.

- Intervieni sulle **superfici** con graffi, punti, texture per rendere più espressivo il lavoro.

- Quando lo sbalzo è finito, puoi renderlo stabile riempiendo le cavità del retro con **stucco** o **cera**.

Sezione 2 • I materiali e le tecniche

I materiali poveri

Carta, cartoni, polistirolo espanso, plastica sono materiali cosiddetti «poveri» in quanto di **poco costo** e prodotti per **fini** non artistici ma **pratici**; altrettanto «poveri» sono stracci, paglia, materiali di scarto e gli oggetti che ci regala la natura, come pietre comuni, rami, conchiglie.
Molti artisti in epoca moderna utilizzano questi materiali insoliti per le loro opere d'arte, stimolati dalle possibilità creative che essi offrono.

Esempi d'autore

OSSERVA questi tre esempi di opere d'arte: **Picasso**, tra gli artisti che aprirono la strada all'utilizzo dei materiali poveri nell'arte, ha assemblato oggetti comuni in una forma del tutto nuova, mentre l'artista francese **Arman** e l'italiano **Mimmo Rotella** hanno realizzato le loro opere partendo da materiali di scarto.

Nell'opera *Testa di toro* del 1942 una sella e un manubrio di bicicletta diventano la testa dell'animale: l'artista è stato stimolato dalla forma degli oggetti e li ha assemblati per creare una nuova figura. Tale procedimento anticipa alcuni aspetti della tecnica del ready made.

Pablo Picasso, *Testa di toro*, 1942, Barcellona, Museu Picasso.

Sperimento io

PROCURATI materiali di scarto e piccoli oggetti naturali e lasciati ispirare per comporre delle creazioni su cui intervenire successivamente anche con il colore.
Qui ti suggeriamo alcuni lavori con materiali che puoi reperire con facilità: il cartoncino, il cartone ondulato e il polistirolo.

Tagli e curvature con i cartoni

Con il cartoncino bristol o carta da disegno un po' robusta puoi ottenere effetti interessanti effettuando semplici **tagli** e **curvature**.

- Per creare un'opera come quella che vedi a lato, incidi con un taglierino delle forme rotonde, facendo attenzione a non tagliare completamente i cerchi; poi solleva i lembi in modo da ottenere un effetto di vuoti e di rilievi. Prova anche con altre forme e composizioni.
- Alla fine puoi incollare la tua creazione su un supporto di colore contrastante.

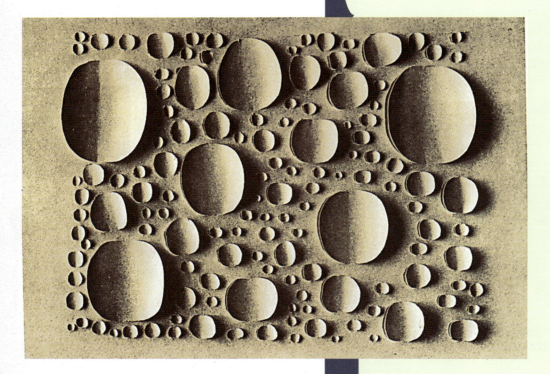

LA SCUOLA DELLE TECNICHE

Armand Pierre Fernandez (Arman), *Bebida Loca*, 1960, tappi di bottiglia accumulati in una scatola di legno e plexiglass, Collezione privata.

L'artista francese Arman ha creato molte opere utilizzando **materiali di scarto** e **rifiuti** trovati nei cestini, che egli poi assembra. Il suo intento è duplice: criticare la società dei consumi, che produce in continuazione oggetti e rifiuti, e mostrare le possibilità espressive di oggetti considerati di nessun valore, accumulandoli e accostandoli in base alla forma e al colore. Nell'opera che vedi ha accumulato un gran numero di tappi di bottiglia in un quadro-scatola.

Dopo aver incollato uno sull'altro alcuni **manifesti pubblicitari**, l'artista ne ha poi eliminato casualmente alcune parti, così come avviene per strada quando vengono strappati. Rotella chiama questi lavori **décollage** per sottolineare l'azione opposta a quella costruttiva del collage.

Mimmo Rotella, *Spioni di Marilyn*, 2003, décollage.

Bassorilievi con il cartone ondulato

Puoi realizzare una **composizione astratta** con vecchi cartoni da imballaggio, sfruttando in modo creativo il loro rilievo ondulato.

- Ritaglia alcune forme e disponile su un foglio robusto o un cartone, orientando le righe in varie direzioni.
- Otterrai così un bassorilievo, che potrai completare con colori a tempera dati a spruzzo.
- Lasciati ispirare dalle forme e dimensioni del materiale che hai trovato e crea una composizione.
  Puoi anche intervenire tagliando i pezzi con un coltello o con un seghetto simile a quello del traforo.
- Quindi incolla i blocchi tra loro.

La tua composizione potrà essere geometrica e statica come nell'opera che vedi qui. Ma la leggerezza del materiale ti permette anche di realizzare un'opera dall'aspetto più aereo e instabile.

Composizioni con il polistirolo

Esistono in commercio blocchi e lastre di polistirolo espanso, ma ti consigliamo di recuperare senza alcun costo questo materiale dagli **imballaggi di elettrodomestici** o di oggetti delicati.
Nelle confezioni da imballaggio il polistirolo segue la forma dell'oggetto e quindi presenterà sporgenze e rientranze.

Georges Vantongerloo, *Costruzione di interrelazioni volumetriche derivate da un quadrato inscritto e da un quadrato circoscritto da un cerchio*, 1924, polistirolo, Venezia, Collezione Peggy Guggenheim.

Sezione 2 • I materiali e le tecniche

Il ready made

Esempi d'autore

Un **oggetto quotidiano** può apparirci improvvisamente in una luce diversa e acquistare un nuovo significato se lo isoliamo dal suo contesto abituale. È ciò che fanno alcuni artisti con la tecnica del ready made, che consiste nel prendere un oggetto comune o una parte di esso intervenendo con piccole modifiche o semplicemente esponendolo come **opera d'arte**.
La creatività dell'artista sta nel riuscire a «**vedere**» **in modo nuovo** qualcosa che di solito non è considerata un'opera d'arte, stimolando anche il pubblico a guardare diversamente le cose.

Marcel Duchamp è il massimo esponente del movimento artistico Dada, che ha dato inizio al ready made. Nel 1913 egli ha preso una ruota di bicicletta e l'ha esposta come opera d'arte: quest'opera voleva «scuotere» il pubblico e invitarlo a considerare che **il valore artistico di un oggetto non è nell'oggetto stesso**, ma nel significato che i critici e il pubblico gli attribuiscono.

Marcel Duchamp, *Ruota di bicicletta*, 1951, replica dell'originale del 1913, ready made, New York, Museum of Modern Art.

L'artista americano George Segal ha realizzato grandi opere usando oggetti di tutti i giorni, come macchine da caffè, sgabelli, automobili, arredi della casa o di luoghi pubblici accanto ai quali poneva calchi in gesso di persone reali. Come puoi osservare dall'immagine, gli ambienti così creati assumono un'**atmosfera** al tempo stesso **familiare e misteriosa**.

George Segal, *Panchine*, 1979, oggetti e calchi in gesso, Cleveland, Museo d'Arte Moderna.

Piero Manzoni, *Achrome* (part.), 1961-62.

L'artista bulgaro Christo ha impacchettato oggetti di uso comune, nascondendoli così alla vista. In questo modo egli vuole far nascere il **desiderio di vedere** ciò che è nascosto, stimolando gli osservatori a riscoprirne la forma.

LA SCUOLA DELLE TECNICHE

Sperimento io

PROVA anche tu a creare un'opera ready made: non devi seguire procedimenti particolari, ma semplicemente **pensare in modo creativo**! Cerca di guardare con occhi diversi gli oggetti più comuni, quelli che hai davanti tutti i giorni. Se osservi un oggetto come se lo vedessi per la prima volta, forse ti verrà una buona idea per utilizzarlo con un'altra funzione o per cambiarne il significato con una piccola modifica.
Ti suggeriamo alcune attività, ispirate alle opere che hai osservato, da realizzare in gruppo.

Un ready made alla maniera di Duchamp

- Lavorate in piccoli gruppi.
- Scegliete un oggetto comune ed esponetelo in classe come facevano gli artisti Dada: mettetelo su un piedistallo e dategli un titolo come se fosse un'opera d'arte.

Ma attenzione! L'operazione non deve essere fine a se stessa: perché avete scelto quell'oggetto?
Che senso ha esporlo in quel modo? Preparatevi a spiegare ai compagni il significato della vostra opera.

Christo con *Macchina impacchettata (Volkswagen)*, 1963.

In questa opera l'autore Piero Manzoni ha utilizzato panini veri disposti su una teglia da forno limitandosi a dipingere tutto di **bianco**.

Nascondere... per scoprire

- Scegliete anche voi un oggetto comune che avete in classe o in casa, impacchettatelo ed esponetelo alla maniera di Christo. Anche in questo caso preparatevi a spiegare il significato della vostra azione creativa.

Oggetti dipinti

- Prendi un oggetto comune che non usi più e con i colori acrilici dipingilo completamente di bianco, come ha fatto Piero Manzoni con i panini.

Con i tuoi compagni potete anche realizzare una composizione di oggetti simili (o anche diversi) tutti dipinti di bianco. Analizzate insieme il risultato: che effetto fa?

Sezione 3
Temi per creare

Unità della Sezione

1. **La natura**
2. **Paesaggi e ambienti**
3. **La figura umana**

Che cosa «rappresentano» le opere d'arte? Di che cosa «parlano»? Paesaggi, elementi naturali, oggetti quotidiani, ambienti, persone...

L'ambiente che ci circonda presenta numerosi «soggetti» che possono ispirare l'artista: nel raffigurarli, in modo realistico, simbolico o astratto, egli non si limita a imitare la realtà, ma esprime il suo mondo interiore, le sue emozioni, le sue idee.

Alcuni **temi** sono **universali**, hanno attraversato tutte le epoche e sono diffusi ovunque, dando origine anche a specifici «**generi**» **artistici**, come il ritratto, la natura morta, il paesaggio...

In questa sezione imparerai a osservare la realtà in cui vivi e a trarne spunti per esprimere creativamente il tuo mondo, prendendo a modello le opere dei grandi artisti e magari «copiando» qualche buona idea!

Nel digitale...

ARTE più
Gli animali nell'arte • La pittura en plain air • La land art, quando il paesaggio è opera d'arte • Il cielo nell'arte • La città nell'arte • Gli oggetti nell'arte • La body art, quando il corpo è opera d'arte • Volti e maschere • La figura umana nell'arte • Il volto nell'arte

FOTOGALLERY
Gli alberi nella storia dell'arte • Fiori e foglie per decorare • La natura morta • Animali in movimento • Paesaggi e atmosfere • Le nuvole • Manifesti turistici • Figure in movimento

TUTORIAL
Dipingere un papavero ad acquerello • Come disegnare un gatto • Un paesaggio collinare all'aperto • Disegnare il corpo umano in proporzione

IN RETE
I fiori di Georgia O'Keeffe • Gli animali di Franz Marc • Monet e la pittura en plain air • Le nature morte di Giorgio Morandi • Le figure stilizzate di Keith Haring • L'altra faccia (umana) delle cose

Unità 1
La natura

Alberi, foglie, fiori, frutti: il mondo vegetale presenta una straordinaria varietà di forme e di colori che cambiano nel corso delle stagioni e ci colpiscono per la loro armonia e bellezza. Esso ci offre quindi soggetti affascinanti per osservazioni e rappresentazioni dal vivo ed è la principale fonte di ispirazione per la creazione di motivi decorativi.
Anche il mondo animale regala interessanti stimoli per la rappresentazione visiva. Rappresentare un animale significa studiarne forme, proporzioni, colori, cercare di renderne il movimento, ma anche di intuirne la «personalità» ed esprimere le emozioni che suscita in noi.

Pitture rupestri, 6700-3500 a.C., Tassili N'Ajjar (Algeria).

Artisti e cacciatori

Per le antiche civiltà preistoriche e anche per le odierne civiltà di cacciatori gli animali sono tra i soggetti artistici preferiti.

Suqualuk Akesuk, *Pulcinella di mare che nidifica*, arte inuit, 1990 circa, Cape Dorset.

Animali e simboli

In tutte le culture gli animali vengono spesso rappresentati come simboli: per esempio il leone è simbolo di forza, il cane di fedeltà, il lupo di avidità e ferocia... Le colombe nella Bibbia hanno diversi significati: rappresentano l'innocenza e la purezza, ma possono anche annunciare la volontà di Dio. In questo mosaico, esse sono il simbolo dell'anima che si disseta della Grazia divina.

Colombe che si dissetano, V secolo, mosaico policromo, Ravenna, Mausoleo di Galla Placidia.

Animali... come noi

I disegnatori di fumetti ci hanno regalato figure indimenticabili di animali umanizzati: attraverso di essi, come nelle favole, gli autori parlano dei difetti e delle qualità degli uomini.

Walt Disney, *Topolino*.

La natura

La natura come motivo ornamentale

Affascinati dalla bellezza e dall'armonia della natura, gli artisti hanno sempre tratto da essa, e in particolare dal mondo vegetale, idee per creare motivi ornamentali: fiori, foglie, tralci, frutti decorano ceramiche, gioielli, abiti, tessuti per la casa, elementi architettonici.

Piatto ming, XV secolo, Londra, British Museum.

Dalla natura alla pietra

L'arte romanica è ricca di motivi ornamentali ricavati dalle forme vegetali e animali, motivi spesso attinti dalle precedenti civiltà barbariche: la loro funzione non è solo estetica, ma anche simbolica, poiché alludono a concetti cristiani e precetti morali.

Capitelli con sirene a doppia coda e fiori, 1150 circa, Le Puy-en-Velay, cattedrale Notre-Dame.

La bellezza dei fiori nell'arte

I fiori, con le loro forme armoniose e i loro colori delicati o vivaci, hanno spesso ispirato gli artisti. Monet negli ultimi decenni della propria vita ha dedicato moltissime opere all'amato giardino di Giverny, contemplando e raffigurando come gli stessi fiori cambiano in diversi momenti della giornata e in differenti stagioni.

Claude Monet, *Il sentiero del giardino a Giverny*, 1900, olio su tela.

157

Sezione 3 • Temi per creare

Gli alberi

Gli alberi sono un elemento fondamentale del paesaggio: li troviamo spesso nei disegni dei bambini e nelle opere degli artisti.
Se li osservi con attenzione, ti accorgerai che esiste una grande varietà di alberi: tutti hanno degli elementi comuni (il tronco, i rami, la chioma), ma diversi in ogni specie per forma, dimensioni, colori.
Gli alberi inoltre cambiano aspetto e colore nel corso delle stagioni.
Gli elementi che costituiscono le caratteristiche visive e strutturali di un albero sono il **tronco** e la **corteccia** che lo ricopre; i **rami**, che sono una specie di scheletro dell'albero; la **chioma**, che cambia colore con l'alternarsi delle stagioni.

Il modo in cui i **rami** partono dal tronco e si suddividono via via in rametti sempre più sottili determina la forma e l'andamento dell'albero.

Il **tronco** può essere slanciato o tozzo, ergersi dritto o assumere un andamento contorto.

Lo spessore, la consistenza, la texture e il colore della **corteccia** cambiano da specie a specie.

ABETE

CIPRESSO

SALICE

La **chioma** è costituita dall'insieme del fogliame e assume forme diverse secondo le specie: a ombrello, a punta, ricadente verso il basso... Può essere folta e compatta oppure leggera e rarefatta.

DISEGNO DAL VERO

OSSERVA la forma degli alberi e impara a capirla con l'aiuto del disegno. Esercitati prima con delle fotografie, poi prova dal vero.
Inizia sovrapponendo a questa fotografia un foglio di carta da lucido per rilevare gli **elementi strutturali** dell'albero, che poi riporterai su un foglio da disegno.

- Disegna l'andamento del **tronco** e delle **ramificazioni**.

- Disegna il contorno della **chioma**.

- Cerca poi di rendere i pieni e i vuoti del **fogliame** più o meno fitto; puoi lavorare con una matita, con un pennarello nero sottile, con penna e inchiostri. Usa puntini o segni diversi, nel modo che ti sembra più adatto a rendere l'aspetto delle foglie. Infine colora.

Fare per creare

- Riproduci la forma degli alberi, pp. 68-70
- Completa gli alberi a collage, p. 71

Lo sviluppo dei rami

Esempi d'autore

CONFRONTA queste due opere di Piet Mondrian che interpreta lo **stesso soggetto** (l'albero) in due modi opposti, realistico nella prima opera e astratto nella seconda.

Piet Mondrian, *L'albero rosso*, 1908, olio su tela, L'Aia, Gemeentemuseum.

Qui l'andamento contorto dei rami è raffigurato in modo **realistico**: osserva come il tronco nodoso si suddivide via via in rami sempre più sottili.

Piet Mondrian, *Melo in fiore*, 1912 circa, olio su tela, L'Aia, Gemeentemuseum.

Lo stesso tema è interpretato in quest'opera in modo più **astratto**: i rami sono rappresentati solamente da linee scure e curve che ne evocano il movimento nello spazio.

Sperimento io

INTERPRETA a tuo piacimento la forma di un albero, cercando di esprimere in modo essenziale la sua struttura e il suo andamento.

Una struttura di carta

Sperimenta un procedimento molto semplice che ti aiuterà a capire come i rami si sviluppano dal tronco secondo una delle strutture di crescita più diffuse.

- Prendi una striscia di carta bianca o colorata e dividila a metà con le forbici fino a una certa altezza; poi allarga le due parti verso l'esterno.
- Suddividi nuovamente ogni parte a metà e continua così varie volte, come vedi nell'esempio.
- Incolla la figura su un foglio di colore contrastante.
- Se vuoi, puoi completare questa struttura aggiungendo la chioma a collage o con i colori.

160

NELLA BOTTEGA DELL'ARTISTA

Rami in contrasto

Interpreta creativamente la forma degli alberi cercando di esprimere in modo essenziale la struttura e l'andamento dei rami.

- Scegli un albero a piacere, tra quelli che hai osservato dal vero o in fotografia, in cui sia ben visibile la ramificazione.
- Ispirandoti alla sua forma, disegna una sagoma semplificata del tronco e dei rami: cerca di esprimere l'andamento e il movimento dei rami nello spazio. I rami non dovranno essere troppo numerosi, né troppo sottili, altrimenti risulterà difficile ritagliarli.
- Ritaglia la sagoma e incollala su un cartoncino di colore contrastante.

Ramificazione con il dripping

Segui il procedimento illustrato a pagina 126 per creare degli alberi di fantasia soffiando il colore con la cannuccia.

- Fai cadere una macchia di colore liquido alla base del foglio e poi soffia con la cannuccia indirizzando il colore verso l'alto e cercando di ottenere delle ramificazioni.
- Se vuoi, completa il lavoro aggiungendo particolari o colorando lo sfondo.

Alberi personificati

Hai notato che molti alberi sembrano avere una personalità? Alcuni paiono ergersi impettiti e severi, in altri i rami assomigliano a braccia che si muovono verso il cielo, in altri ancora sembra di intravedere un viso nella forma del fogliame o nella rugosità del tronco.
Nei fumetti e nei cartoni animati gli alberi sono spesso personificati, con occhi, atteggiamenti ed espressioni simili a quelli degli uomini.

- Lasciandoti ispirare dalla forma e dal «carattere» degli alberi che osservi, crea anche tu personaggi-albero che comunichino immediatamente la loro personalità e il loro «stato d'animo», come vedi negli esempi a lato.

La chioma a pennellate

Esempi d'autore

Vincent van Gogh ha ritratto in molte opere il paesaggio mediterraneo della Francia meridionale con la sua tipica vegetazione.

CONFRONTA queste raffigurazioni di un cipresso, un bosco di olivi e un gruppo di pini, osservando in particolare come le **pennellate dense** descrivono in modo molto espressivo l'aspetto del fogliame, creando delle **texture diverse** in ogni tipo di pianta, mentre le differenti tonalità di colore danno un effetto di **volume** e **movimento**.

Vincent van Gogh, *Bosco di olivi*, 1889, olio su tela, Amsterdam, Van Gogh Museum.

Vincent van Gogh, *Strada con cipresso sotto il cielo stellato*, 1890, olio su tela, Otterlo, Kröller-Müller Museum.

Vincent van Gogh, *Il parco dell'ospedale di Saint Paul*, 1889, olio su tela, Amsterdam, Van Gogh Museum.

Sperimento io

PROVA anche tu a **rappresentare un albero dal vero**, come ha fatto Van Gogh.

- Disegna uno schizzo della struttura dell'albero e coloralo a tempera, scegliendo il tipo di pennellata che secondo te rende meglio l'idea del fogliame.
- Usa diverse tonalità di verde: prepara la tua tavolozza mescolando i colori dei tubetti; ricordati di iniziare a dipingere dai colori più chiari. Se non hai la possibilità di «copiare» un albero dal vero, scegli come modello uno degli alberi di Van Gogh di questa pagina.

Fare per creare

- Copia le texture a colori, imitando gli artisti, p. 72
- Copia le texture in bianco e nero imitando gli artisti, p. 73

I colori degli alberi

NELLA BOTTEGA DELL'ARTISTA

Esempi d'autore

OSSERVA come si possono dipingere gli alberi con **colori di fantasia** per esprimere un particolare stato d'animo o l'atmosfera del momento così come la percepisce l'artista.

Marianne von Werefkin, *L'albero rosso*, 1910, tempera su carta incollata su cartone, Ascona, Museo Comunale d'Arte Moderna.

Il **rosso** dell'albero spicca contro lo sfondo blu della montagna.

L'**atmosfera** appare magica e nello stesso tempo un po' inquietante, tanto da dominare la figura, sola, che è ritratta ai piedi dell'albero.

Sperimento io

PRENDI SPUNTO da questa fotografia per creare un paesaggio di alberi con una **atmosfera speciale**, secondo quello che vuoi esprimere.

- Interpreta l'immagine come preferisci: puoi scegliere una rappresentazione naturalistica oppure semplificare e rielaborare gli alberi in modo libero e personale.
- Colora l'immagine con i pennarelli o i pastelli. Scegli i colori secondo l'atmosfera che vuoi creare, come vedi nell'opera riprodotta sopra.
- Confronta infine il tuo lavoro con quello dei compagni, osservando l'effetto espressivo dei colori usati.

Sezione 3 • Temi per creare

Foglie e fiori

Foglie e fiori hanno sempre suscitato ammirazione per la bellezza e la **varietà di forme e colori**. I fiori in particolare, che all'arrivo della primavera donano un volto nuovo al paesaggio, sono considerati il **simbolo della bellezza** e del continuo rinnovarsi della natura. Foglie e fiori sono l'**elemento decorativo** più diffuso: in ogni tempo e in ogni luogo gli artisti si sono ispirati alle loro forme per creare motivi ornamentali per edifici, tessuti, tappeti, vasellame, carte da parati, rivestimenti in ceramica.

Tutte le foglie hanno una **struttura simmetrica**.

La **nervatura** è la struttura interna delle foglie. Le nervature si diramano dal picciolo in modi diversi secondo la specie.

Foglia cuoriforme

Le foglie hanno **forme** diverse: lanceolate, palmate, cuoriformi...

Foglia palmata

Foglia lanceolata

I **colori** cambiano da specie a specie e nel corso delle stagioni.

La **superficie** può essere liscia e lucida, opaca, vellutata.

I **margini** possono essere lisci, seghettati, frastagliati, lobati.

Corolla — Pistillo — Calice

La parte più appariscente dei fiori è la **corolla**, formata da un numero variabile di petali di forme diverse secondo la specie.

Al centro della corolla c'è il **pistillo**, che spesso ha un colore contrastante con quello dei petali.

Il **calice** racchiude e sostiene i petali. La forma di un fiore cambia nelle diverse fasi della fioritura.

164

DISEGNO DAL VERO

PROCURATI campioni di foglie e fiori: osservali attentamente e cerca di comprendere la loro **struttura** e di riprodurla con il disegno. Puoi anche utilizzare delle fotografie come quelle di questa pagina. Ecco alcuni suggerimenti per il tuo «studio dal vero».

La struttura e il colore delle foglie

Esaminiamo una foglia per cercare di rappresentarla, iniziando dalla sua struttura.

- Individua innanzitutto la **linea di simmetria** (1).
- Traccia poi la **forma** della foglia (2).
- Osserva le **nervature**, individua la loro struttura e disegnale (3).
- Osserva infine il margine e disegna in modo preciso il **contorno** (4).

- Dopo aver disegnato la foglia, colorala con le matite colorate o i pastelli: cerca di trovare la giusta tonalità, di rendere gli **effetti di chiaroscuro** dati dalla forma e dalle nervature e le eventuali striature più chiare o più scure presenti in alcune specie.

La struttura e il colore dei fiori

I fiori presentano una straordinaria **varietà di forme e di colori**, e il loro aspetto cambia nei diversi momenti della fioritura. Nell'osservarli, inoltre, la nostra percezione varia a seconda del **punto di osservazione**, che può essere frontale, di lato, dall'alto.

- Osserva una corolla aperta: i fiori hanno una struttura a **simmetria radiale**, ovvero i petali sono disposti regolarmente intorno a un centro, dove si trovano i pistilli.

- Per disegnare un fiore, racchiudi il suo contorno in una **forma geometrica** adatta. Traccia poi le linee che caratterizzano la **struttura** del fiore e disegna il **contorno** e i **petali**.

 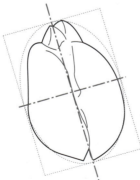  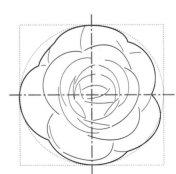

- Dopo aver disegnato il fiore, coloralo cercando di riprodurre le **diverse tonalità** che lo caratterizzano, al centro e all'estremità dei petali.
- Con le matite colorate, sovrapponendo tratteggi in tonalità diverse, prova a rendere gli effetti di **luce** e **ombra** dovuti alla forma tridimensionale del fiore e alla superficie, lucida o vellutata, dei petali.

Fare per creare

- Riproduci la forma delle foglie, p. 74
- Riproduci la forma dei fiori, p. 76

165

Foglie e fiori per decorare

Esempi d'autore

OSSERVA queste due opere molto diverse per epoca, tecnica, scopo, intenzioni dell'artista, ma che hanno in comune l'utilizzo decorativo di forme tratte dal mondo vegetale.

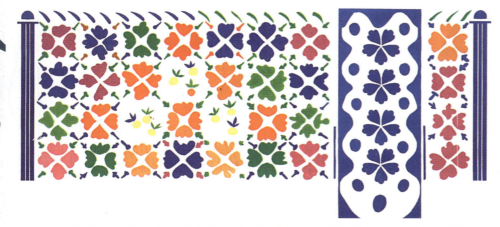

Questo è un dettaglio di un'opera in rilievo di un artista rinascimentale, Luca della Robbia: fa parte di una ghirlanda di foglie, fiori e frutti che costituisce il bordo di una formella rotonda.

Questa grande opera moderna è un collage: Matisse ha creato una **composizione ritmica** con delle forme ritagliate da fogli di carta che aveva precedentemente colorato.

Henri Matisse, *Fiori e frutta*, 1952-53, collage, Nizza, Musée Matisse.

Sperimento io

ISPIRATI alle opere di questa pagina e crea anche tu con foglie e fiori.

Foglie decorative tridimensionali

- Raccogli foglie fresche di vario tipo; con la creta o la plastilina prepara una sfoglia alta circa 1 cm; appoggiaci le foglie premendo in modo da lasciare l'**impronta**.
- Ritaglia la **forma** con un coltello non tagliente o un ferretto; se necessario, ripassa le **venature** con uno strumento appuntito. Dai movimento alla forma piegando leggermente la foglia nel modo che preferisci.
- Quando la foglia è asciutta, dipingila con la tempera o gli acrilici; ripassa infine con una vernice trasparente per rendere il **colore** luminoso e brillante. Con più foglie puoi creare un centrotavola.

Un collage di foglie e fiori

- Seguendo il procedimento di Matisse, colora con la tempera alcuni fogli.
- Ripiega i fogli più volte su se stessi, disegna delle sagome stilizzate di petali, foglie, fiori e ritagliale. Otterrai tante forme simili in diversi colori.
- Usa le forme per creare una composizione che potrà essere regolare, come quella di Matisse, o libera.
- Potete anche lavorare in gruppo e realizzare con questa tecnica un grande pannello per decorare un muro della scuola.

- Progetta una vetrata a soggetto vegetale, p. 78

Fiori in composizione

NELLA BOTTEGA DELL'ARTISTA

Esempi d'autore

OSSERVA come questi due artisti hanno sviluppato in modi diversi il tema della composizione dei fiori: in entrambe le opere, però, le pennellate in differenti tonalità di colore riescono a dare l'idea della **forma** e dell'**andamento dei petali**, creando **effetti di chiaroscuro**.

Pierre-Auguste Renoir, *Vaso di crisantemi*, 1884 circa, olio su tela, Rouen, Musée des Beaux-Arts.

Vincent van Gogh, *Vaso con dodici girasoli*, 1888, olio su tela, Monaco, Neue Pinakothek.

I fiori di Renoir, in tonalità diverse di colori caldi, sembrano avvolti dallo sfondo che riprende gli stessi colori.

Nell'opera di Van Gogh il contrasto tra il giallo dei girasoli e della base e l'azzurro dello sfondo aumenta la vivacità e la forza espressiva dei fiori: guarda quante tonalità di giallo ha saputo creare!

Sperimento io

PROVA anche tu a raffigurare un mazzo di fiori. Puoi ispirarti alle opere rappresentate sopra, oppure partire dalla fotografia a lato.

- Per studiare e comprendere le caratteristiche di ogni fiore e della composizione, ti consigliamo di ripassare le forme su un foglio di carta da lucido utilizzando la riproduzione in grande che trovi nell'album di lavoro *Fare per creare*.
- Lavora poi liberamente su un foglio a mano libera, completando il lavoro con il colore e i chiaroscuri. Scegli la tecnica che preferisci.

Fare per creare
- Disegna una composizione di fiori, p. 79

Sezione 3 • Temi per creare

Frutti e ortaggi

Frutti e ortaggi ci colpiscono per le **forme** piene e tondeggianti, i **colori** variegati, le **superfici** lucide, opache o vellutate su cui si evidenziano luci e ombre.

Soprattutto sulla superficie lucida si creano **punti di luce** che mettono in evidenza la forma.

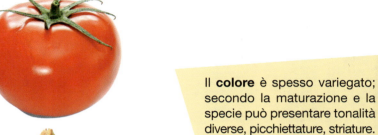

Le **forme** di frutti e ortaggi sono generalmente semplici e piuttosto regolari.
La struttura tondeggiante mette in risalto il volume che percepiamo attraverso luci e ombre.

Il **colore** è spesso variegato; secondo la maturazione e la specie può presentare tonalità diverse, picchiettature, striature.

La **superficie** può essere caratterizzata da particolari texture, come quella della buccia degli agrumi o di una fragola.

DISEGNO DAL VERO

SCEGLI alcuni frutti e prova a disegnarli dal vero oppure esercitati riproducendo quelli delle fotografie.

- Disegna prima il **contorno** e poi i **particolari**: non avrai difficoltà, visto che le forme sono piuttosto semplici.

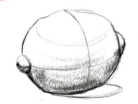

- Osserva le luci e le ombre e colora con le matite o i pastelli cercando di rendere gli effetti di chiaroscuro. Inizia a dare un **colore di fondo** usando la tonalità più chiara.

- Osserva da dove viene la luce e ripassa sulle **zone in ombra** per intensificare il colore; aggiungi tratteggi con tonalità più scure.

- Con la gomma puoi creare **colpi di luce** per dare maggior rilievo.

- Se vuoi, puoi completare aggiungendo anche l'**ombra portata** (vedi a p. 94).

Fare per creare

- Riproduci la forma di frutti e ortaggi, p. 80

Fuori e dentro

NELLA BOTTEGA DELL'ARTISTA

Esempi d'autore

In questa opera l'autore ha rappresentato in modo molto **realistico** un'arancia aperta mettendo in risalto tutti i dettagli e tutti gli aspetti del frutto: la forma esterna, la texture della buccia, la struttura interna, la forma delle foglie.

Francesco Stile, *Tarocco*, 2006, Cagliari, Centro Comunale d'Arte e Cultura Lazzaretto.

Sperimento io

PROVA anche tu a rappresentare un frutto o un ortaggio raffigurando sia il suo aspetto esterno, che quello interno.

- La struttura interna di un frutto o di un ortaggio presenta aspetti visivi molto interessanti: in molti frutti osserviamo una simmetria bilaterale (come nella mela tagliata a metà) o radiale (come negli agrumi); alcuni semi hanno una forma speciale o creano una texture particolare, come per esempio i semi del melograno; alcuni ortaggi, come la cipolla e il porro, mostrano una serie di anelli concentrici.

- Fai le tue esplorazioni prima di scegliere il soggetto che vuoi rappresentare.

- Quando hai scelto, crea una composizione disegnando dal vero un elemento intero e uno aperto, in modo da mostrare l'interno. Colora con la tecnica che preferisci.

169

La natura morta

Esempi d'autore

Frutti e ortaggi sono stati spesso raffigurati in un tipo di composizione chiamato **natura morta**, dove possono trovarsi accanto ad altri oggetti oppure a foglie e fiori.
L'artista sceglie e accosta gli oggetti in una composizione e poi li ritrae dal vero, interpretando il soggetto secondo l'atmosfera che vuole creare e ciò che desidera esprimere.

CONFRONTA queste nature morte di epoche diverse.

Caravaggio dipinge questo cesto di fiori e frutta in modo molto preciso e **realistico**: osserva come la luce ne mette in evidenza ogni aspetto, anche le imperfezioni, che rendono gli oggetti quasi veri.

Caravaggio, *Canestro di frutta*, 1596 circa, olio su tela, Milano, Pinacoteca Ambrosiana.

Sperimento io

CREA tu stesso una composizione in cui frutti, foglie o fiori siano gli assoluti protagonisti, prendendo spunto dalle opere di questa pagina, e poi copiala dal vero.

Puoi osservare qui l'esempio di un lavoro di un ragazzo della tua età eseguito a pennarelli.

- Esamina prima l'insieme e poi le proporzioni dei diversi elementi che formano la composizione, ma non sentirti obbligato a riprodurla realisticamente: ogni disegno è sempre un'interpretazione personale. Colorala poi con la tecnica che preferisci, seguendo i nostri suggerimenti.
- Con i **pastelli** colora in modo realistico e preciso, come nell'opera di Caravaggio.
- Se vuoi usare liberamente il colore per mettere in risalto forme e volumi, alla maniera di Cézanne, ti consigliamo i **colori a tempera** o i **pastelli a cera o a olio**.
- Se vuoi creare un'opera pop alla maniera di Lichtenstein, puoi utilizzare i **pennarelli** o i **colori a tempera** o **acrilici**.

NELLA BOTTEGA DELL'ARTISTA

Circa tre secoli dopo, Cézanne dipinge questa natura morta; egli non è interessato a raffigurare i frutti in ogni dettaglio, ma vuole metterne in risalto la **geometria** e i **volumi** usando vivi contrasti di colore e chiaroscuri accentuati.

Roy Lichtenstein, esponente della Pop Art americana, ci dà un'**interpretazione contemporanea** della natura morta. La sua arte si ispira al **linguaggio dei fumetti e della pubblicità**: osserva le forme semplificate ed essenziali; i colori, poco realistici, piatti, senza chiaroscuro; i contorni spessi e neri che contribuiscono all'assenza di volume delle forme, e infine la base e la ciotola colorate con una texture grafica.

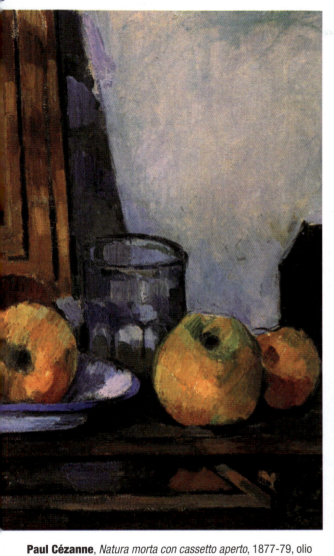

Paul Cézanne, *Natura morta con cassetto aperto*, 1877-79, olio su tela, Collezione privata.

Roy Lichtenstein, *Natura morta con prugne*, 1972, olio su tela.

Fare per creare
- Disegna una composizione di frutta, p. 81

171

Sezione 3 • Temi per creare

Gli animali

Gli animali sono stati i primi soggetti raffigurati dagli uomini in epoca preistorica sulle pareti delle caverne. Da allora essi sono presenti nelle opere d'arte, come protagonisti o come elementi nella rappresentazione di ambienti naturali o scene di vita quotidiana.

Gli animali comprendono una grande varietà di gruppi con caratteristiche molto diverse, sviluppate nel corso dell'evoluzione in relazione ai differenti habitat.

Per raffigurare un animale, occorre riconoscere le **caratteristiche specifiche della famiglia** a cui appartiene. Puoi esercitarti osservando gli animali più vicini a te o quelli delle fotografie.

La caratteristica principale degli **uccelli** sono le ali, più o meno ampie, che permettono diversi tipi di volo. Il becco e le zampe sono differenti da specie a specie. Il corpo è ricoperto da penne e piume che possono assumere colori molto vivaci.

I **mammiferi** sono gli animali con cui l'uomo è entrato maggiormente in relazione. La loro struttura è caratterizzata dal tronco su cui si sviluppano quattro zampe, la testa e la coda. Il mantello di pelo presenta diversi colori e disegni.

Tra gli **insetti**, le farfalle sono un soggetto affascinante da ritrarre per la bellezza dei loro colori e la struttura simmetrica delle loro ali.

La caratteristica principale dei **pesci** è la forma affusolata del corpo, adatta a «scivolare» nell'acqua, a cui sono attaccate pinne e coda. Il corpo è coperto di squame lucenti, che in alcune specie sono molto colorate.

DISEGNO DAL VERO

OSSERVA attentamente un animale prima di disegnarlo, e analizzane la **forma**, le **proporzioni** e l'**atteggiamento**. Ti può essere d'aiuto esercitarti con fotografie: sovrapponendo della carta da lucido, potrai ripassare le forme essenziali. Procedi come negli esempi.

- Osserva la **forma** nel suo insieme e cerca di individuare le sue **parti**.

- Fai uno schizzo disegnando le parti in modo semplificato, come **figure geometriche**: in questo modo ti sarà chiara la **proporzione** tra le parti e la loro collocazione nell'insieme.

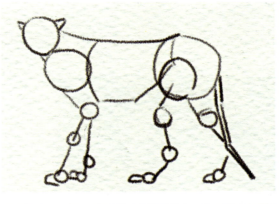 

- Quindi disegna il **contorno** e aggiungi i **particolari**.

Fare per creare

- Disegna un gatto, un orso, un cavallo, un pappagallo, pp. 82-85
- Riproduci le texture degli animali, p. 86

Colori e forme in libertà

Esempi d'autore

OSSERVA questi esempi: gli artisti rappresentano gli animali anche in modo non del tutto realistico, interpretandone forme e colori secondo **intenzioni espressive** personali.

Il pittore tedesco Franz Marc ha rappresentato i cavalli con forme schematiche e semplificate e con colori non realistici: il suo intento è comunicare in modo espressivo la **forza** e il «**carattere**» di questi animali.

Andy Warhol, *Cover to 25 Cats named Sam and One Blue Pussy*, 1954 circa, litografia colorata a mano, Newport, Williams Fine Art.

Franz Marc, *I cavalli azzurri*, 1911, olio su tela, Minneapolis, Walker Art Center.

L'artista americano Andy Warhol amava molto i gatti e ha creato numerosi ritratti come questo. Il gatto è rappresentato in modo affettuoso, con un'espressione quasi umana; osserva come gli occhi rosa risaltino sul colore viola del mantello e come con un disegno semplice, senza troppi dettagli, l'artista sia riuscito a rendere l'**atteggiamento dell'animale**.

In questo **paesaggio fantastico** di Paul Klee spiccano le sagome degli uccelli gialli, rappresentati con forme semplificate quasi fossero silhouette. La composizione comunica un'atmosfera fiabesca e un po' misteriosa, dovuta anche alle forme irreali dei vegetali e alle tonalità scure e notturne dello sfondo, su cui risaltano il colore argenteo di alcuni vegetali e il giallo luminoso degli uccelli.

Paul Klee, *Paesaggio con uccelli gialli*, 1923, guazzo, Basilea, Collezione Doetsch-Benziger.

NELLA BOTTEGA DELL'ARTISTA

Sperimento io

INTERPRETA in modo creativo il tema degli animali, rappresentandone liberamente forme e colori. Puoi partire dall'osservazione diretta di un animale, o ispirarti a una fotografia.

Il colore per dare «carattere»

- Partendo da una fotografia, disegna un animale che secondo te esprime una forte «personalità», in un atteggiamento particolare (un uccello in volo, un lupo, un orso, un gatto).
- Dipingilo con le tempere in modo fantasioso, come i cavalli di Franz Marc, scegliendo un colore che ritieni adatto a esprimere il carattere dell'animale.
- Completa con uno sfondo in colore contrastante o in armonia, secondo l'effetto che vuoi ottenere.

Animali in silhouette

- Cerca fotografie di animali visti di profilo; ripassa il contorno su carta da lucido e riporta la sagoma, in modo semplificato ed essenziale, su cartoncino nero.
- Crea uno «zoo fantastico» ritagliando e incollando le sagome su cartoncino in colore contrastante.
- Oppure inventa tu delle sagome di animali, ispirandoti liberamente alle forme di animali che conosci: non preoccuparti di rispettare le proporzioni ma cerca di creare forme espressive.
- Colorale a piacere e ritagliale. Colora il fondo a macchie sfumate (puoi usare l'acquerello su carta bagnata oppure le matite colorate sfumate con il dito) e incolla le sagome per comporre uno zoo fantastico.

Un animale amico

- Scegli un animale domestico che conosci bene come ha fatto Andy Warhol; osserva non solo il suo aspetto, ma anche i suoi movimenti e atteggiamenti tipici.
- Poi disegnalo a memoria con pochi tratti semplici e coloralo cercando di metterne in risalto il carattere e di comunicare le emozioni che l'animale suscita in te.

Una farfalla colorata

- Per riprodurre la struttura simmetrica delle farfalle, dividi un foglio a metà tracciando una linea verticale, poi disegna solo su un lato la sagoma di una farfalla di fantasia.
- Colorala a tempere con macchie di colore e motivi a piacere; piega subito il foglio lungo la metà e premi leggermente per ottenere a stampa l'altra metà.
- Apri il foglio e, quando i colori sono asciutti, ripassa il contorno e aggiungi i particolari che vuoi.

Animali a tre dimensioni

Esempi d'autore

OSSERVA queste rappresentazioni tridimensionali di animali, create per scopi differenti in epoche molto lontane tra loro.

Statuetta egizia di ippopotamo, Medio Regno, faience, Parigi, Musée du Louvre.

Per gli antichi Egizi gli animali erano considerati come divinità; essi venivano rappresentati in **statuette** e **amuleti** che avevano un **significato simbolico**. Osserva la forma semplice ma espressiva di questo ippopotamo modellato in terracotta, smaltato e decorato con motivi di papiro.

Questa leggerissima e divertente immagine tridimensionale di cavallo è ottenuta piegando del fil di ferro sottile. L'animale, in questo caso, non ha un significato simbolico: l'artista americano Calder ne ha osservato le **forme** e il **movimento** cercando di coglierne i **tratti essenziali**.

Alexander Calder, *Lo stallone*, 1928, fil di ferro, New York, Museum of Modern Art.

Sperimento io

PRENDI SPUNTO dalla statuetta degli artisti egizi e dall'opera di Calder e crea anche tu un animale tridimensionale.

Un animale-amuleto

Ispirati alla forma della statuetta egizia di questa pagina oppure scegli un animale che vuoi tu.
- Usando la creta o la plastilina, modella la forma in modo semplificato ma rispettando le proporzioni. Se rappresenti il tuo animale ritto sulle zampe, dovrai creare un'anima di sostegno in fil di ferro.
- Infine colora con la tempera o gli acrilici e rifinisci con una vernice trasparente.

Un animale leggero in fil di ferro

Prendi spunto dall'opera di Calder e crea anche tu un'opera che metta in risalto le forme essenziali dell'animale che hai scelto.
- Prepara prima degli schizzi a matita della forma che vuoi realizzare e poi lavora piegando e annodando un sottile fil di ferro. Puoi valorizzare la leggerezza della tua «scultura» appendendola con un filo di nylon.

Animali come moduli

NELLA BOTTEGA DELL'ARTISTA

Esempi d'autore

Le forme regolari e simmetriche di alcuni animali possono suggerire composizioni in cui la stessa sagoma è **ripetuta più volte** come **modulo**.

OSSERVA questi esempi: nel piatto apulo l'immagine è decorativa, mentre nell'opera di Escher stimola interessanti effetti percettivi.

Piatto con pesci a figure rosse, 340-320 a.C., ceramica apula, Londra, British Museum.

Nella civiltà della Magna Grecia gli artigiani-artisti si ispiravano alle affascinanti forme degli abitanti del mare per **decorare piatti e vasi** in ceramica. In questo vaso il modulo ripetuto è costituito dalla forma del pesce.

Sono pesci che nuotano nel mare o uccelli in volo? Escher, un artista interessato a studiare gli effetti percettivi delle forme nello spazio, ha creato questa **immagine ambigua** utilizzando come moduli le forme stilizzate di pesci e uccelli: a seconda che consideri come sfondo la parte nera o la parte bianca, ti apparirà un'immagine diversa.

Maurits C. Escher, *Cielo e acqua I*, 1938, xilografia.

Sperimento io

DISEGNA stelle marine a cinque punte, meduse, polpi dai lunghi tentacoli, cavallucci marini e conchiglie ripetendone più volte la forma per creare **composizioni decorative**.

- Semplificando la forma di uno o due degli animali marini citati sopra, crea una sagoma e ritagliala da un cartoncino piuttosto robusto.
- Riporta le sagome-modulo su un foglio e ripassa i bordi creando una composizione decorativa, che può avere una struttura geometrica regolare o pure libera.
- Colora i moduli a tinte piatte con il pennarello, utilizzando un unico colore o un colore per ciascuna forma.

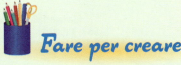

Fare per creare

- Componi moduli in positivo e negativo, p. 89
- Decora un tessuto con forme animali, p. 90

Animali fantastici

Esempi d'autore

OSSERVA queste tre diverse opere che rappresentano **animali immaginari**, protagonisti di miti, leggende o credenze popolari e dotati spesso di **significati simbolici**.

Il **drago** è uno dei più famosi animali fantastici, presente nei miti di molte civiltà. In alcune tradizioni esso rappresenta la fortuna, in altre le forze del male. Una delle sue riproduzioni più antiche si trova sulla porta di Babilonia: probabilmente era un **simbolo di potenza e protezione**.

Figura di drago sulla Porta di Ishtar di Babilonia, Berlino, Pergamonmuseum.

Una zampa anteriore ha lo zoccolo come un cavallo, l'altra gli artigli come un felino.

Il corpo ricoperto di squame, il lungo collo, la testa e la coda ricordano un serpente.

Le zampe posteriori sono quelle di un uccello rapace.

In questo dipinto è illustrata una scena della tradizione cristiana: San Giorgio che sconfigge il drago, **simbolo del male**.
Il drago ha la coda di serpente e le ali di uccello.

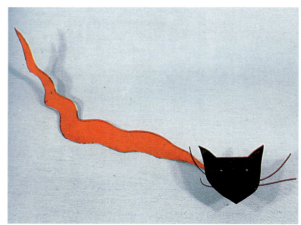

Anche ai nostri giorni gli artisti creano immagini fantastiche di animali, ma con un significato completamente diverso rispetto al passato. Qui Calder si è divertito a creare un **animale immaginario** accostando le forme schematiche di una testa nera di gatto e di un lungo serpente rosso.

Alexander Calder, *Il gatto serpente*, 1968, lamierino, Parigi, Collezione privata.

Paolo Uccello, *San Giorgio e il drago*, 1455-60, olio su tela, Londra, National Gallery.

NELLA BOTTEGA DELL'ARTISTA

Sperimento io

LIBERA la tua fantasia e crea anche tu **animali immaginari**. Ecco qualche divertente suggerimento.

Animali fantastici con il fotomontaggio

Puoi creare draghi e animali fantastici con la tecnica del fotomontaggio.

- Cerca e ritaglia da vecchie riviste immagini di animali e divertiti ad accostare parti diverse secondo la tua fantasia: puoi creare leoni volanti, giraffe con la testa di uccello o pesci anfibi con le zampe.
- Incolla le tue creature su un foglio.
- Puoi completare il lavoro aggiungendo particolari a pennarello e creando uno sfondo adatto.

Animali personificati

Un tipo particolare di animali fantastici sono quelli personificati. Ne avrai visti molti nelle fiabe, nelle storie illustrate e nei fumetti, dove gli animali assumono comportamenti, atteggiamenti, espressioni simili a quelli degli esseri umani.
Ecco alcuni personaggi che forse conosci.

- Scegli uno di questi animali personificati o un altro personaggio-animale dei fumetti che ti piace; dopo averne studiato le caratteristiche essenziali, prova a rielaborarlo in modo spiritoso seguendo la tua fantasia, come vedi in questo esempio realizzato da un ragazzo della tua età.

Sezione 3 • Temi per creare

Animali in movimento

Prerogativa degli animali, a differenza delle piante, è il movimento: per questo non è facile ritrarre un animale dal vero!
Studiare l'infinita varietà di movimenti degli animali è affascinante: puoi scoprirlo osservando a lungo un animale che ti è vicino o guardando filmati scientifici.

I **felini** sono campioni di agilità e flessibilità: sono capaci di grandi balzi

Alcuni **uccelli** sembrano immobili nel cielo: stanno planando ad ali aperte, sostenuti dal vento.

Con la spinta delle lunghe zampe posteriori il **canguro** si muove a grandi balzi.

Un **cavallo** al galoppo è uno spettacolo di potenza e di eleganza.

L'illusione del movimento

NELLA BOTTEGA DELL'ARTISTA

Esempi d'autore

OSSERVA questi due esempi, che, in modi diversi, riescono ad esprimere la **sensazione del movimento** in una immagine fissa come quella dipinta.

Con un segno molto semplice l'artista è riuscito a rappresentare i **cavalli** nell'elegante movimento del **trotto**, cogliendoli con una zampa alzata nel bel mezzo di un passo, quasi come in una fotografia istantanea.

Erich Heckel, *Cavalieri*, 1911, puntasecca, Berlino, Brücke Museum.

Il pittore futurista Giacomo Balla ha rappresentato il movimento del **cane**, che zampetta e scodinzola, disegnando gli spostamenti successivi delle zampe e della coda. È un metodo simile a quello delle linee cinetiche nei fumetti.

Giacomo Balla, *Dinamismo di un cane al guinzaglio*, 1912, olio su tela, Buffalo, Albright Knox Art Gallery.

Sperimento io

DIVERTITI a rappresentare il movimento di un animale, creando un disco... girante!

- Ritaglia un disco di cartone e pratica due piccoli buchi come vedi nella prima figura.
- Disegna su un lato un cavallo come quello di Heckel, con la zampa alzata; disegna sul retro lo stesso cavallo ma con la zampa un po' abbassata (deve essere posizionato «a testa in giù»)
- Infila due elastici nei buchi; avvolgi più volte il disco su se stesso facendo attorcigliare gli elastici; tendi i due capi degli elastici in modo che il disco giri velocemente: che cosa fa il cavallo?
- Puoi fare la stessa cosa disegnando altri soggetti, per esempio un cane come quello di Balla, un uccello che muove le ali, un gatto che alza la coda.

Unità 2
Paesaggi e ambienti

La contemplazione del paesaggio naturale è un'importante fonte di ispirazione per l'arte di tutti i tempi: dipingendo all'aperto, l'artista cerca di esprimere con colori e forme non solo le caratteristiche fisiche dell'ambiente, ma anche l'atmosfera in cui si sente avvolto.
Anche gli ambienti dell'uomo, le città, le strade, le case, gli interni domestici con i loro oggetti quotidiani, stimolano l'artista a rappresentarne spazi, geometrie, atmosfere. Più che le atmosfere quasi immutabili dei paesaggi naturali, gli ambienti umani sono segnati dall'evoluzione storica: da essi gli artisti traggono ispirazione per creare immagini che parlano del proprio tempo.

Linee e piani

Ogni paesaggio è caratterizzato da linee e forme tipiche che ne definiscono la struttura. In quest'opera sono evidenti le linee ondulate che disegnano i profili delle montagne: sovrapponendosi dal basso verso l'alto esse rendono bene i piani di profondità, grazie anche ai colori che diventano via via più tenui verso la linea dell'orizzonte.

Caspar David Friedrich, *Mattina sulle montagne*, 1821-23, olio su tela, San Pietroburgo, Hermitage Museum.

Luce, atmosfere, emozioni

L'artista può interpretare il paesaggio per comunicare una certa atmosfera e le emozioni che essa suscita. È il caso di quest'opera di Turner: le forme sono appena accennate, la forza espressiva dell'immagine è affidata al colore con cui l'autore esprime la particolare atmosfera creata dalla luce.

J.M. William Turner, *Tramonto sul lago di Petworth – Semplice studio*, 1827-28 circa, olio su tela, Londra, Tate Gallery.

Paesaggi e ambienti

I paesaggi che parlano dell'uomo

In questo affresco, di epoca rinascimentale, l'artista illustra un episodio della Bibbia collocandolo in un ambiente del suo tempo per sottolineare l'attualità del messaggio biblico. Possiamo riconoscere lo sfondo di una città e gli abiti dei personaggi tipici della civiltà fiorentina dell'epoca.

Masolino da Panicale, La guarigione dello zoppo e la resurrezione di Tabita (part.), 1424-28, affresco, Firenze, Cappella Brancacci.

L'artista americano Hopper dipinge scene di vita quotidiana collocate nell'ambiente americano degli anni Trenta. L'immagine sembra la scena di un film: una coppia si trova in un interno, gli arredi e gli oggetti ci suggeriscono una storia, l'atteggiamento dei personaggi esprime la solitudine vissuta spesso dalle persone nella vita moderna.

Edward Hopper, Room in New York, 1932, olio su tela, Lincoln, University of Nebraska Sheldon Memorial A.

Paesaggi immaginari

Un paesaggio può essere anche completamente di fantasia, come in quest'opera di Magritte, dove, accostando elementi impossibili come accade nei sogni, l'artista crea un'atmosfera poetica che esprime le proprie emozioni profonde.

René Magritte, La battaglia di Argonne, 1959, olio su tela, New York, Collezione privata.

183

Sezione 3 • Temi per creare

Il paesaggio

Il paesaggio è un tema molto presente nelle opere degli artisti e offre numerose possibilità di interpretazione. Esistono infatti tipi diversi di paesaggio, caratterizzati dalla presenza di **elementi naturali**, come il mare, i fiumi, i monti, le pianure, la vegetazione, il cielo, a cui si aggiungono le **opere dell'uomo**: strade, abitazioni, campi coltivati; un paesaggio inoltre cambia nel **tempo**, nel corso delle stagioni e nei vari momenti della giornata; può infine costituire lo **sfondo** di una scena o l'unico **soggetto** di un'opera d'arte.

Come osservare il paesaggio

Quando osserviamo un paesaggio naturale, notiamo innanzitutto quegli elementi caratteristici che ci permettono di riconoscere il **tipo di ambiente**: di montagna, di pianura, di collina, di mare.

Qualunque sia il paesaggio, è importante capire come è strutturato lo spazio e riconoscere i **piani di profondità**, ossia le linee dei profili che si susseguono dal basso verso l'alto: insieme con gli altri indici di profondità, come il rimpicciolirsi degli elementi e lo schiarirsi del colore nelle zone più lontane dall'osservatore, essi rendono appunto l'idea della profondità, ossia della diversa distanza dei vari elementi.

Un altro aspetto importante da considerare è l'**inquadratura**. Come il fotografo punta l'obiettivo della macchina fotografica sulla parte di paesaggio che gli sembra più interessante, stabilisce cioè l'inquadratura, includendo alcuni elementi ed escludendone altri, così anche l'artista che osserva un paesaggio per ritrarlo sceglie un punto di vista e una inquadratura, rivolgendo l'attenzione sugli elementi che gli paiono più significativi. Analizziamo insieme questo paesaggio collinare.

La **linea dell'orizzonte** è il punto più lontano verso cui si può spingere lo sguardo dell'osservatore e segna la separazione tra la terra e il cielo. Essa si trova più o meno in alto secondo il punto di vista scelto dall'osservatore.

La vegetazione che è in **primo piano**, nella zona in basso, più vicina al punto di osservazione, è visibile in dettaglio e appare di grandi dimensioni rispetto a ciò che si vede sullo sfondo.

184

Paesaggi e ambienti

Ogni paesaggio ha propri **colori** caratteristici: in questo caso prevalgono i verdi della vegetazione e il marrone della terra e dei campi.

Man mano che si procede dal primo piano verso lo **sfondo**, gli elementi appaiono più piccoli, i dettagli sono meno visibili e i colori diventano più tenui.

I **colori** di uno stesso paesaggio cambiano in relazione alle stagioni, al tempo meteorologico, alle condizioni di luce in un momento della giornata, creando atmosfere sempre diverse.

Le linee dei profili che si susseguono dal basso verso l'alto costituiscono i **piani di profondità**.

OSSERVA gli elementi che caratterizzano un paesaggio e impara a disegnarne lo **schema strutturale**, ossia le linee del profilo.
Sovrapponendo della carta da lucido alla fotografia, individua le **linee del paesaggio**, poi riporta la stessa struttura con uno schizzo su un foglio. Guarda attentamente gli esempi che trovi in queste pagine.

Completa infine con particolari a tuo gusto e con la tecnica che preferisci.

Un paesaggio di pianura

La **linea dell'orizzonte** appare come una linea quasi piatta dall'**andamento orizzontale**, spezzata dalle linee verticali degli alberi. Le dimensioni degli alberi, che ci appaiono più piccoli via via che si allontanano dal punto di osservazione, ci fanno percepire la profondità.

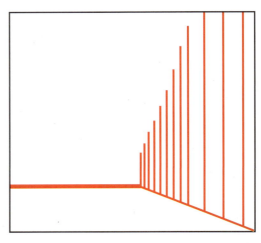

Un paesaggio di collina

Il paesaggio è caratterizzato da **morbide linee curve** che disegnano i diversi piani di profondità.

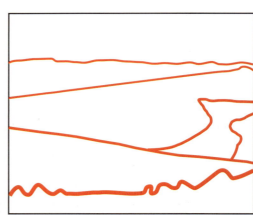

DISEGNO DAL VERO

Un paesaggio di montagna

Qui prevalgono le **linee spezzate** dei profili delle montagne che, sovrapponendosi e intersecandosi, danno movimento, varietà e profondità all'immagine. Anche la linea dell'orizzonte ci appare come una linea spezzata.

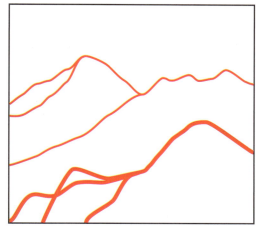

Un paesaggio di mare

Il paesaggio marino è un **paesaggio aperto** in cui lo sguardo spazia fino alla linea dell'orizzonte.
Le linee mosse degli elementi in primo piano creano un contrasto con la **linea piatta** dell'orizzonte che segna il confine tra mare e cielo.

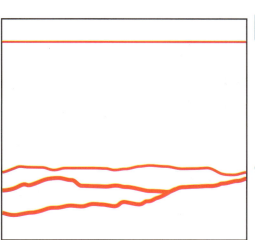

Fare per creare

• Disegna le linee del paesaggio, p. 92

187

Le linee del paesaggio

Esempi d'autore

OSSERVA in queste opere l'**organizzazione dello spazio** e l'**andamento delle linee** che «disegnano» il paesaggio.

Il pittore giapponese Hokusai ha ritratto questo paesaggio di montagna con poche **linee essenziali** e **armoniose**: la linea curva dell'altura in **primo piano a destra** fa quasi da cornice alla montagna che si eleva appuntita sullo **sfondo**, leggermente spostata a sinistra. I piccoli personaggi sul profilo della montagna mettono in risalto la maestosità dell'ambiente.

Il disegnatore Tullio Pericoli ha ritratto un paesaggio di collina rappresentandolo con due **linee curve sovrapposte** che occupano quasi tutto lo spazio. La sovrapposizione delle linee dà l'impressione della **profondità** e porta l'osservatore a percepire un profilo di colline in primo piano e un altro più lontano. La superfice è dipinta a zone con differenti colori e texture che rappresentano i campi coltivati.

Katsushika Hokusai, *Il passo Inume nella provincia di Kai*, da *Trentasei vedute del monte Fuji*, 1830-32, xilografia policroma.

Tullio Pericoli, *Paesaggio*, 2009.

Vincent van Gogh, *Giardino con salice piangente*, 1888, matita e inchiostro su carta, Houston, The Menil Collection.

Sperimento io

CREA anche tu dei paesaggi naturali, dal vero o immaginati, con vari **piani di profondità**: utilizza vari segni per caratterizzare le parti del territorio con differenti **texture**. Ecco qualche idea.

Un paesaggio di campagna a piacere

- Disponi nello spazio, partendo dal primo piano in basso, delle linee leggermente ondulate ad andamento orizzontale, addensandole verso lo sfondo; se vuoi, puoi aggiungere una strada o l'ansa di un fiume.
- Prendendo spunto dagli Esempi d'autore, puoi arricchire il tuo paesaggio con alberi o cespugli, disponendoli sui diversi piani.
- Colora a tempera scegliendo una stesura uniforme o a macchie, con pennellate visibili o con lievi sfumature.
  Puoi stendere la pittura anche molto diluita con effetti di trasparenza e morbidezza: ricorda che il colore nei primi piani è più intenso, mentre sbiadisce verso lo sfondo.

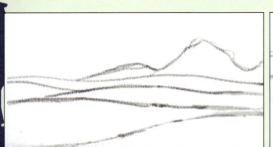

NELLA BOTTEGA DELL'ARTISTA

In questo paesaggio domina la **linea orizzontale** e leggermente ondulata che separa la terra e il cielo: le fasce di colori orizzontali delineano chiaramente differenti piani di profondità: dal basso verso l'alto, il campo arato e il prato verde retrostante appaiono in primo piano, mentre sullo sfondo è collocata la fascia grigio-azzurra delle colline, dai colori via via più tenui man mano che si allontanano. Gli alberi, che si stagliano contro il cielo, separano il primo piano dal piano dello sfondo.

Caspar David Friedrich, *Campo arato*, 1830-40 circa, olio su tela, Amburgo, Hamburger Kunsthalle.

Un paesaggio può essere raffigurato anche solo con dei segni a penna o a matita. Osserva i veloci **tratti a schizzo** del paesaggio di Klee e i segni minuti di Van Gogh che descrivono in modo più realistico le **texture** dei vari elementi.

Paul Klee, *Strada di campagna a Schwabing*, 1910, penna su carta, Collezione privata.

Linee in risalto

Utilizzando la tecnica della stampa con l'adigraf o il linoleum puoi creare un'immagine in cui risaltino le linee strutturali e le texture delle superfici.

- Ispirati all'opera di Hokusai e disegna sulla matrice un paesaggio di montagna, di pianura o di collina dalle linee semplici.
- Incidi il disegno caratterizzando le superfici con segni diversi per rappresentare le coltivazioni, la vegetazione, le texture del terreno.

Paesaggi al tratto

- Scegli una fotografia o a un paesaggio che puoi osservare dal vero e rappresentalo con i segni che preferisci e che ritieni più adatti a riprodurlo secondo la tua percezione, ispirandoti alle opere di Van Gogh e di Klee di questa pagina. Puoi usare la matita, la penna, il pennarello nero o l'inchiostro.

Fare per creare

- Completa il paesaggio a penna alla maniera di Van Gogh, p. 94
- Completa il paesaggio a colori alla maniera di Van Gogh, p. 95

Colori, atmosfere, impressioni

Esempi d'autore

OSSERVA come molti artisti sono riusciti a riprodurre, attraverso una efficace scelta di colori, l'**atmosfera speciale** di un momento particolare della giornata o di una stagione oppure hanno usato liberamente il colore per esprimere le proprie **emozioni**.

In questo dipinto Van Gogh ha rappresentato i colori del paesaggio nella **luce dorata del mattino**: i toni gialli del cielo, che si riflettono in parte nei campi, creano un contrasto con le tonalità brune e violacee delle colline e del terreno.

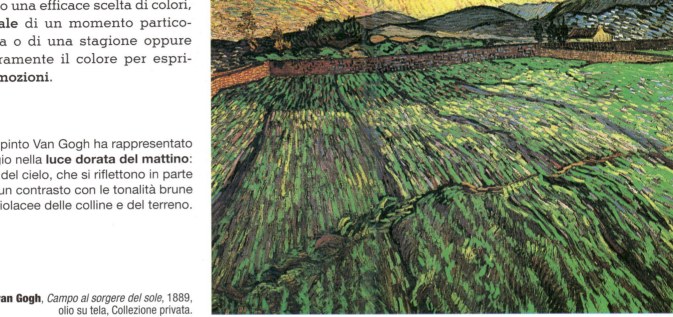

Vincent van Gogh, *Campo al sorgere del sole*, 1889, olio su tela, Collezione privata.

L'acquerello, una tecnica di pittura veloce che non permette ripensamenti, è spesso scelto dagli artisti di paesaggio che vogliono esprimere con immediatezza l'atmosfera del momento. Emil Nolde, per esempio, ha usato questa tecnica per ritrarre un paesaggio con poche case all'**ora del tramonto**: l'atmosfera un po' magica del dipinto è resa attraverso semplici fasce di colore.

Emil Nolde (1867-1956), *Case coloniche con cielo rosso*, acquerello, Lugano, Collezione Thyssen.

In questo dipinto l'artista si allontana dalla realtà: con i colori egli non vuole descrivere il paesaggio così com'è, ma comunicare un proprio **stato d'animo**.

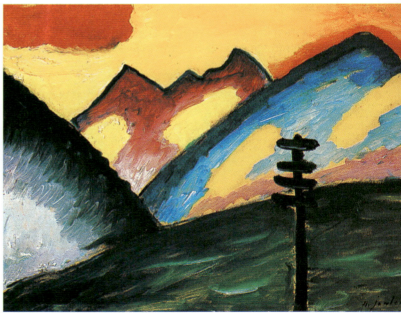

Alexej von Jawlensky, *Solitudine*, 1912, olio su cartone, Dortmund, Museum am Ostwall.

NELLA BOTTEGA DELL'ARTISTA

Un paesaggio naturale può essere anche completamente inventato, senza alcun rapporto con una realtà particolare; linee, forme e colori possono creare un **luogo immaginario**, astratto, che potremmo definire un «paesaggio interiore» dell'artista in quel momento. Ne è un esempio questo giardino dipinto da Paul Klee.

Paul Klee, *Wohin? Junger Garten*, 1920, olio su carta, Locarno, Collezione Città di Locarno.

Sperimento io

INTERPRETA liberamente, in modo creativo e personale, un paesaggio.

L'interpretazione con il colore

Come hai visto dagli Esempi d'autore, interpretare un paesaggio non significa cercare una somiglianza fotografica, ma trasferire nell'immagine i sentimenti e le emozioni che il paesaggio suscita in noi.

- Interpreta con il colore il paesaggio della fotografia: riproducilo liberamente, in modo realistico o semplificato. Puoi anche disegnarlo a memoria, esprimendo di getto l'immagine che ti è rimasta in mente.

- Coloralo con la tecnica che preferisci: puoi cercare di riprodurre la luce e i colori di un certo momento della giornata, come Van Gogh; oppure, come Nolde, puntare sull'atmosfera del colore con la tecnica dell'acquerello; o ancora, puoi usare colori irreali che esprimono un tuo stato d'animo, come Von Jawlensky.

Confronta il tuo lavoro con quello dei compagni e scopri quante diverse interpretazioni possono nascere dallo stesso paesaggio.

Un paesaggio irreale

Crea anche tu un «luogo immaginario»: un giardino, un bosco, un paesaggio di montagna, come ha fatto Paul Klee.

- Pensa a cosa rappresenta per te il tuo paesaggio immaginario e quale atmosfera vuoi creare. Scegli i colori e le forme più adatte a esprimere lo spirito del luogo. Colora con la tecnica che ritieni più adatta.

Fare per creare

- Inventa un paesaggio fantastico, p. 96
- Crea atmosfere diverse, p. 97

Sezione 3 • Temi per creare

Il cielo

Il cielo è un elemento molto importante per caratterizzare l'atmosfera di un paesaggio. Nei disegni dei bambini esso viene rappresentato in modo stereotipato con un azzurro uniforme, ma il colore del cielo può assumere **tonalità diverse** secondo il **clima**, il **tempo atmosferico**, l'**ora del giorno**: dagli azzurri più o meno intensi delle giornate serene ai grigi della brutta stagione e dei climi del nord; dalle tonalità rosate dell'alba a quelle rosse e arancio del tramonto al nero della notte. Impara ad alzare gli occhi al cielo e ad ammirare lo spettacolo sempre diverso che esso ci offre.

In una giornata serena il cielo può apparire **azzurro chiaro**, con una sfumatura più tenue verso la linea dell'orizzonte che conferisce il senso della lontananza.

Nell'ora del tramonto il cielo si accende di **tonalità calde** che creano suggestive sfumature di colore.

Nel cielo ci sono il **sole**, la **luna** e le **stelle**, che assumono aspetti e colori molto vari secondo il clima e le stagioni: a volte spiccano nitidamente, a volte appaiono velati o nascosti dalle nuvole.

DISEGNO DAL VERO

ESERCITATI a osservare e riprodurre i «disegni» delle nuvole nel cielo.

Quali, forme osservi? quali linee? quali volumi? A volte le nuvole disegnano forme ben definite e compatte, a volte linee curve sovrapposte, a volte sembrano lasciare delle scie in movimento; possono apparire molto dense e «gonfie», oppure leggere e senza volume…

SCEGLI tra le foto di questa pagina le immagini che ti ispirano di più e prova a riprodurle.

- Su una carta un po' ruvida, traccia con la matita in modo molto leggero le linee che definiscono la **struttura** del tuo cielo.

- Se vuoi lavorare **in bianco e nero** continua con una matita morbida o un carboncino, cercando di rendere i volumi, le zone di maggiore o minore densità e luminosità con i tratteggi che ritieni più adatti.

- Se vuoi lavorare **con il colore** scegli le matite colorate o i pastelli; cerca di riprodurre le diverse gradazioni di colore con tratteggi leggeri, partendo dai colori più chiari e sovrapponendo via via le tonalità più scure.

Fare per creare

- Studia e riproduci la forma e il colore delle nuvole, p. 98

Colore e movimento

Esempi d'autore

CONFRONTA questi cieli creati da Van Gogh, un artista che ha studiato a lungo il paesaggio e lo ha interpretato in modo molto personale, cercando di esprimere le sue **emozioni** di fronte ai colori della natura.

Vincent van Gogh, *Campo di grano con cipressi* (part.), 1889, olio su tela, Londra, National Gallery.

Vincent van Gogh, *Notte stellata sul Rodano* (part.), 1888, olio su tela, Parigi, Musée d'Orsay.

Cieli con nuvole di **forme diverse**: ogni immagine corrisponde a una stagione e a un momento del giorno precisi che Van Gogh ha attentamente osservato; il colore è steso con pennellate dense, accostando diverse tonalità e creando **effetti di movimento** che fanno apparire il cielo come qualcosa di vivo.

Vincent van Gogh, *Campo sotto il cielo nuvoloso* (part.), 1890, olio su tela, Amsterdam, Van Gogh Museum.

Sperimento io

DIPINGI anche tu un cielo «in movimento» alla maniera di Van Gogh.

- Su un foglio di carta robusta o cartoncino lavora con **pittura a tempera** piuttosto densa: stendi il colore con il pennello a strati successivi partendo sempre dalle tonalità più chiare.
- Cerca di esprimere con il tuo gesto e la direzione delle pennellate la speciale «texture» del tuo cielo e un senso di dinamicità e vita, proprio come Van Gogh.

Non solo azzurro

NELLA BOTTEGA DELL'ARTISTA

Esempi d'autore

OSSERVA i **colori** scelti dal pittore inglese William Turner per esprimere le atmosfere incantate di un cielo all'alba e al tramonto. Il cielo può assumere colori davvero sorprendenti!

J.M. William Turner, *Tramonto*, 1833.

J.M. William Turner, *Il canale di Chichester*, 1828 circa, olio su tela, Londra, Tate Gallery.

Sperimento io

PRENDI spunto da queste opere e crea anche tu un cielo con una atmosfera speciale.

- Disegna una semplicissima linea dell'orizzonte e poi colora scegliendo le tonalità dominanti che vuoi utilizzare.
- Per ottenere delle sfumature morbide ti consigliamo di lavorare con i pastelli o con l'acquerello su carta precedentemente inumidita.

195

Sezione 3 • **Temi per creare**

L'acqua

Mari, laghi, fiumi, che occupano gran parte della superficie terrestre, hanno un fascino particolare.
L'acqua è trasparente ma riflette i colori dell'ambiente, creando riflessi e giochi di luce mutevoli; è fluida e sempre in movimento nei fiumi e nei mari.
Per tutte queste caratteristiche l'acqua ha una grande **forza espressiva**, ed è spesso stata rappresentata dagli artisti.
Il **colore** e il **movimento** sono gli aspetti che colpiscono la nostra attenzione quando osserviamo un paesaggio d'acqua.

In assenza di vento, l'acqua di un **lago** appare come una superficie ferma in cui il paesaggio si rispecchia.

Un **fiume** scorre placido e maestoso in pianura, mentre ha movimenti più o meno vorticosi in montagna, con gorghi e cascate.

Quando il dislivello del letto di un fiume è improvviso e precipitoso, si forma una **cascata**: uno spettacolo grandioso di potenza dell'acqua che con il suo moto inarrestabile compie un salto vorticoso, producendo una spuma bianchissima e una pioggia di vapori.

DISEGNO DAL VERO

Il **mare** può offrirci un paesaggio dal colore quasi uniforme, delimitato dalla linea piatta che lo separa dal cielo; la sua superficie è mossa dalle leggere increspature delle onde.

Ma quando il **mare** è **agitato**, possiamo osservare onde imponenti orlate di schiuma e anche la linea dell'orizzonte appare increspata.

Una tecnica che si presta particolarmente a raffigurare la trasparenza e le caratteristiche dell'acqua è quella dei **pastelli a cera** o **a olio su carta ruvida**. Puoi ottenere effetti diversi variando la pressione della mano, ondulando il segno, lasciando trasparire il bianco della carta, sovrapponendo due o più colori.

ESERCITATI a rappresentare l'acqua osservando gli esempi; poi prova a interpretare le fotografie del mare di questa pagina.

Riflessi, colori e trasparenze

Esempi d'autore

OSSERVA come in queste opere Monet è riuscito a rappresentare i colori e le trasparenze dell'acqua. L'artista era molto attratto dai paesaggi d'acqua, tanto che trascorse lunghi periodi su una barca sulla Senna, dove installò il suo atelier, per meglio **studiare e ritrarre dal vero** le atmosfere del paesaggio fluviale.

Con larghe pennellate dai **colori luminosi**, l'artista ha raffigurato i riflessi delle vele e delle case sull'acqua, dando al tempo stesso l'impressione del lento scorrere del fiume.

Claude Monet, *Regate ad Argenteuil*, 1872, olio su tela, Parigi, Musée d'Orsay.

Quest'opera di Monet che rappresenta il porto di Le Havre al sorgere del sole è molto importante nella storia dell'arte, perché proprio dal suo titolo prenderà il nome il movimento degli Impressionisti.
In essa le **forme** sono appena **accennate**; l'effetto espressivo è tutto affidato al **colore**, che l'artista stende a larghe pennellate per raffigurare le luci e le trasparenze di questo avvolgente paesaggio acquatico.

Le prime luci del giorno si riflettono nell'acqua illuminando il blu dominante con toni di giallo, arancio, verde.

Claude Monet, *Impressione. Levar del sole*, 1872, olio su tela, Parigi, Musée Marmottan Monet.

Sperimento io

ISPIRATI liberamente a una delle fotografie delle pagine precedenti per rappresentare una «atmosfera» d'acqua alla maniera di Monet.

- Scegli una delle fotografie delle pagine precedenti o un'altra immagine d'acqua e osserva in particolare i **colori** e gli **effetti di trasparenza**.
- Puoi usare la tecnica dei pastelli a olio oppure i colori a tempera.
- Con l'andamento e la direzione dei tratti (se usi i pastelli) o con le pennellate (se usi i colori a tempera) cerca anche di rendere lo **scorrere** più meno veloce dell'acqua e le **increspature** e **ondulazioni** della superficie.

Fare per creare
- Crea i riflessi nell'acqua, p. 100

Acqua in movimento

NELLA BOTTEGA DELL'ARTISTA

Esempi d'autore

OSSERVA come in queste opere gli artisti hanno scelto un preciso **segno grafico** per creare una impressione di movimento che descriva il fluire dell'acqua, tranquillo o impetuoso.

L'artista giapponese Hokusai ha reso con un **disegno preciso e armonioso** il movimento della **grande onda**, «fissata» nel momento esatto in cui si innalza e sta per infrangersi in un'esplosione di schiuma.

Katsushika Hokusai, *La grande onda di Kanagawa*, 1830-32 circa, xilografia policroma, New York, Metropolitan Museum of Art.

In quest'opera Paul Klee non vuole rappresentare un paesaggio reale, ma esprimere l'idea del **fluire vorticoso** di un corso d'acqua disegnando **fasci di linee sinuose** che a volte si incrociano, a volte sembrano creare piccoli gorghi.

Paul Klee, *Acque selvagge*, 1934, acquerello e inchiostro su carta, Berna, Collezione privata.

Sperimento io

CREA una **composizione di sole linee** per raffigurare il fluire dell'acqua.

- Scegli di rappresentare onde impetuose e «acque selvagge», come Hokusai e Klee, oppure la leggera ondulazione di un mare o di un fiume tranquilli.
- Completa colorando a pennarello o a tempera.

Fare per creare

- Riproduci il fluire dell'acqua, p. 101

Sezione 3 • Temi per creare

Il paesaggio urbano
ARTE più

Il paesaggio urbano è caratterizzato da un insieme di abitazioni, edifici e spazi adatti alle diverse esigenze pratiche e sociali: strade, piazze, negozi, luoghi pubblici, luoghi di lavoro.
Esistono piccoli **paesi**, **città**, **metropoli**: ogni ambiente urbano ha caratteristiche specifiche legate all'area in cui sorge e alla sua storia. Rappresentare un ambiente urbano è un modo per conoscerlo, per capirne la struttura, per imparare a «leggere» i segni della sua storia e le abitudini dei suoi abitanti.

Come osservare una città

Allenati a cogliere le linee e gli spazi di un paesaggio urbano, iniziando dall'osservazione dei luoghi che frequenti: forse non ti sei mai soffermato a osservare gli spazi del tuo quartiere o della tua città, il «quadro» offerto da una via, da una piazza. Noterai che nell'ambiente urbano l'occhio incontra prevalentemente **linee spezzate verticali e orizzontali** che si sovrappongono e si intersecano; la vista è chiusa da numerosi elementi vicini gli uni agli altri, ma può aprirsi sullo spazio di una piazza o sullo scorcio in prospettiva di una via.

Praga, la città delle cento torri, patrimonio dell'UNESCO, è la **capitale** della Repubblica Ceca. Estesa per circa 500 km² sviluppati su nove colli, conta circa un milione di abitanti ed è una delle città architettonicamente più variegate del mondo; dall'art nouveau, al barocco, al gotico... fino alle più recenti costruzioni moderne.

Paesaggi e ambienti

Testimonianza dell'**urbanistica medievale** della Toscana, il paese di **San Gimignano** (in provincia di Siena) con le sue rinomate torri, chiese e palazzi del centro storico conserva ancora intatto il fascino della sua storia passata.

Con i suoi 13 milioni di abitanti, **Shanghai** è la città più popolosa del mondo, una **megalopoli** in continua crescita. Ha ricoperto da sempre un ruolo ponte tra Occidente e Oriente ed è oggi il centro economico, finanziario e commerciale più importante della Repubblica Cinese, dotato fin dagli anni Novanta di infrastrutture, ponti e metropolitana all'avanguardia.

IMPARA ad osservare un paesaggio urbano, a riconoscerne e rappresentarne le **linee strutturali** che lo caratterizzano. Prima di passare al disegno dal vero ti consigliamo di esercitarti con cartoline e fotografie che magari tu stesso hai scattato, ripassando le **linee principali** del paesaggio su **carta da lucido**.

Lo skyline

Osservando un paesaggio urbano da lontano possiamo cogliere il profilo degli edifici che lo compongono: è lo **skyline**.

Osserva il profilo di Pitigliano, una cittadina collinare toscana: la successione delle case forma una linea spezzata dagli andamenti prevalentemente orizzontali, su cui spiccano, per dimensione e forma, i profili del campanile e della chiesa. È lo skyline di un tipico **borgo italiano**, caratterizzato da grande armonia e uniformità anche cromatica.

Osserva lo skyline di una **metropoli statunitense**, Chicago, dove gli imponenti grattacieli dal profilo geometrico, alti fino a 400 metri, si stagliano in verticale.

DISEGNO DAL VERO

Lo scorcio

Impara ad osservare un paesaggio urbano da una **posizione ravvicinata**, che permetta di coglierne solo alcuni particolari aspetti: cioè, osservalo «di scorcio», e poi cerca di rappresentarlo.

- Per raffigurare uno scorcio occorre osservare la forma, il colore, i materiali degli edifici, la collocazione nello spazio degli elementi e gli aspetti che danno all'ambiente il suo carattere particolare.

Osserva questo **scorcio della piazza** del Broletto a Mantova. Gli edifici risalgono a varie epoche e sono dotati di portici. In **primo piano** c'è una fontana, un tipico elemento di arredo urbano; in **alto**, il profilo delle case è sovrastato dalla sfericità di una cupola. Linee verticali, curve, oblique, spezzate compongono la sua struttura e ne definiscono l'aspetto e il «carattere».

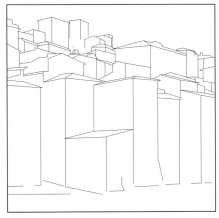

Ecco un altro ambiente urbano tipico del paesaggio italiano: il vecchio borgo marinaro di Camogli, sulla riviera ligure. Le case coloratissime, accostate e sovrapposte le une alle altre in uno spazio ristretto, danno all'ambiente un aspetto vivace.
Confronta questo scorcio con quello sopra: qui percepiamo linee verticali e orizzontali che danno origine a una **struttura** piuttosto **regolare e ordinata**.

Fare per creare

- Traccia lo skyline, p. 102
- Realizza uno scorcio di città, p. 103

Vedute di città

Esempi d'autore

OSSERVA questa veduta di città: è un particolare di un affresco molto più grande di Piero della Francesca, un pittore umbro di epoca rinascimentale.

L'artista ha voluto rappresentare la città di **Gerusalemme**, ispirandosi però alla **struttura urbana di città italiane** come Firenze e Arezzo, con i loro caratteri tipici: lo skyline con le torri e le mura merlate, le case addossate e sovrapposte dalle pietre grigie o in mattoni rossi. Questi elementi si sono in parte conservati in alcuni antichi borghi o centri storici italiani.

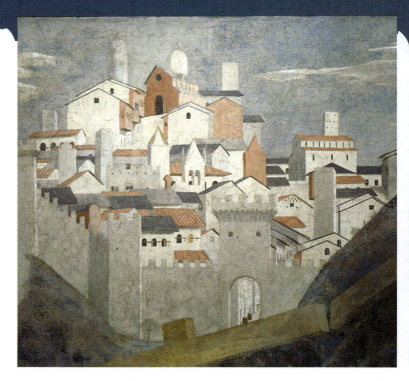

Piero della Francesca, *Ritrovamento e riconoscimento della Vera Croce* (part.), 1460 circa, affresco, Arezzo, Chiesa di San Francesco.

Sperimento io

CREA anche tu una **immaginaria cittadina antica** italiana ispirandoti ai profili delle case e delle torri dell'affresco di Piero della Francesca. Interpreta il tuo «profilo italiano» con la tecnica e i colori che preferisci. Ecco due spunti di lavoro.

Un profilo urbano «italiano»

- Colora in nero la **silhouette** della città (1) e scegli un colore contrastante per la parte superiore; puoi realizzare il lavoro anche a collage.

- Realizza una veduta con **profili sovrapposti** (2), cioè su diversi piani di profondità, che colorerai con tonalità digradanti dal più scuro (in basso/vicino) al più chiaro (in alto/lontano). Anche in questo caso puoi creare un collage sovrapponendo i profili ritagliati da carte di diverso colore.

1

2

Il panorama della tua città

- Procurati una fotografia panoramica del luogo in cui abiti o fai tu stesso una fotografia.

- Sovrapponi un foglio di carta da lucido e ripassa le **linee strutturali** per capire quali forme caratterizzano l'ambiente e quali emergono.

- Interpreta poi liberamente su un foglio il panorama della tua città con la tecnica che preferisci: tempera, pastelli, pennarelli. Inizia dal cielo che, con i suoi colori, influenza quelli dell'intero ambiente, poi scendi verso il basso, come vedi nell'esempio.

Un'idea di città

NELLA BOTTEGA DELL'ARTISTA

Esempi d'autore

OSSERVA queste due opere che non rappresentano una città reale, ma un'idea di città, ovvero la **sensazione** che nell'artista suscita quella città, o l'**elemento** o l'**aspetto particolare** che ai suoi occhi la caratterizza.

Per dare l'idea di una moderna metropoli l'autore ha creato un collage in cui si affollano e sovrappongono in **modo caotico** gli elementi che caratterizzano un paesaggio urbano: case, palazzi, grattacieli, strade, ponti.

In quest'opera di Klee gli edifici e gli spazi di una città sono raffigurati con **forme geometriche** diverse su cui spicca il cerchio del sole.

Paul Klee, *Castello e sole*, 1928, olio su tela, Collezione privata.

Paul Citroen, *Metropolis*, 1923, collage.

Sperimento io

REALIZZA un manifesto turistico per comunicare l'idea che hai della **tua città**, mettendone in luce gli aspetti caratteristici (monumenti, edifici storici, un particolare stile architettonico) e quelli che ami di più.
Ecco due proposte di lavoro ispirate alle opere di questa pagina.

Un manifesto per la mia città

- Procurati cartoline e fotografie della tua città, ritaglia gli edifici, gli scorci, i monumenti più caratteristici e componili in un **fotomontaggio**. Puoi completare con una scritta o uno slogan, come vedi nell'esempio.

Una città geometrica

- Partendo sempre dall'osservazione di cartoline e fotografie, crea un'immagine della tua città come **composizione geometrica**, rappresentando edifici e monumenti caratteristici nelle loro forme essenziali.
- Colora liberamente senza preoccuparti della somiglianza, ma cercando di creare un'**atmosfera** adatta a ciò che vuoi comunicare.

Fare per creare
- Completa la città, p. 104
- Crea una città immaginaria alla maniera di Klee, p. 105

Sezione 3 • Temi per creare

Gli ambienti interni

Gli ambienti interni, in cui si svolge la vita quotidiana degli uomini, sono stati spesso raffigurati nei dipinti come sfondo alle figure umane e, talvolta, anche come assoluti protagonisti.
Osservare un ambiente interno è molto interessante: esso infatti ci rivela molte cose sulla personalità e sullo stile di vita dei suoi **abitanti**, sulle abitudini del **tempo**, sulle **azioni** che in quell'ambiente vengono svolte.

Questo è un ambiente di Villa Necchi Campigli a Milano, una ricca abitazione borghese dei primi decenni del Novecento, attualmente proprietà FAI.

Qui in basso puoi vedere un soggiorno tipico della nostra epoca e del gusto occidentale: osserva i colori, gli arredi, gli oggetti e fai delle ipotesi sulle **funzioni** di questo ambiente, sui suoi **abitanti**, sulle loro **abitudini**.

DISEGNO DAL VERO

RIPRODUCI un ambiente interno applicando le **regole prospettiche** e seguendo i nostri consigli.
La raffigurazione di un ambiente interno, infatti, non è facile, perché per disegnarlo bene è indispensabile conoscere le regole della prospettiva e gli indici di profondità, in particolare quelli riguardanti la dimensione degli oggetti e le loro eventuali sovrapposizioni.

- Come prima tappa, occorre stabilire il **tipo di ambiente** che si vuole rappresentare, relativo ad epoche passate oppure al presente. Facciamo l'esempio con una moderna stanza da letto, come quella rappresentata nella foto qui a fianco.

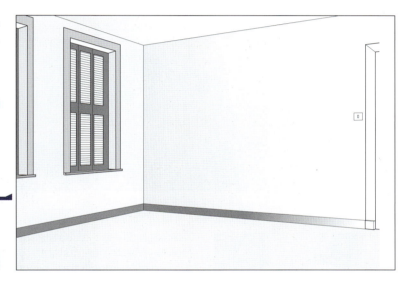

- Le caratteristiche della stanza da letto vanno definite riproponendo il suo **schema prospettico**.

- Quindi si aggiungono gli elementi del **mobilio**: un letto, una panca, un comodino, una cassettiera, una scaletta. Per arricchire l'ambiente, si possono infine inserire oggetti di vario genere, soprammobili, dipinti.

ESERCITATI anche con altri ambienti di una casa: ad esempio, una cucina e un salotto.

L'atmosfera di una stanza

Esempi d'autore

Rappresentare una stanza non è come scattare una fotografia: scegliendo il **punto di vista**, la **disposizione degli oggetti** nello spazio, i **colori**, la **luce**, l'artista crea una certa atmosfera.

OSSERVA questi ambienti e confronta le scelte degli artisti.

In un ambiente spartano e dimesso, illuminato dalla tenue luce proveniente da una finestra, una domestica è intenta a versare il latte da una brocca a una ciotola. Un gesto semplice, quotidiano, che l'opera di Vermeer è riuscito a rendere quasi sacro: l'atmosfera della stanza è infatti **silenziosa**; la donna è concentrata nel suo lavoro, seppure la sua espressione sia dolcissima; gli oggetti, infine, il pane, il cesto e la brocca sul tavolo, hanno una luce così luminosa da sembrare **senza tempo**.

Jan Vermeer, *La lattaia*, 1659 circa, olio su tela, Amsterdam, Rijksmuseum.

Van Gogh dipinge la sua stanza: i colori vivaci e contrastanti, la prospettiva imperfetta, il segno irregolare delle pennellate conferiscono all'ambiente un'atmosfera di **vivacità** e **disordine** che riflette lo stato d'animo inquieto dell'autore.

Vincent van Gogh, *La camera di Vincent ad Arles*, 1888, olio su tela, Amsterdam, Van Gogh Museum.

NELLA BOTTEGA DELL'ARTISTA

In questo dipinto compaiono pochi elementi, disegnati con linee nitide; i colori prevalenti sono il bianco, il marrone spento, il grigio. Creando un'**atmosfera malinconica** e un po' sospesa, l'autore ha voluto esprimere lo stato d'animo della figura in primo piano, una donna che aspetta in **solitudine** l'arrivo dei familiari per il pasto.

Felice Casorati, *L'attesa*, 1918-19, tempera su tela, Torino, Collezione privata.

Sperimento io

DISEGNA una stanza in cui ti sentiresti a tuo agio, con i colori e gli oggetti che ti piacciono, cercando di ricreare un'**atmosfera** che corrisponda alla tua **personalità**.

- Per prima cosa disegna l'ambiente secondo le regole della **prospettiva centrale**.
- Inserisci gli elementi che costituiscono l'**arredo**, facendo attenzione agli indici di profondità (dimensioni e sovrapposizioni).
- Poi completa con gli oggetti e colora come preferisci.

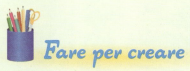

Fare per creare
- Arreda la tua stanza, p. 106
- Progetta la tua stanza, p. 107

Sezione 3 • Temi per creare

Gli oggetti

Nella vita di tutti i giorni ci serviamo di una grande quantità di oggetti diversi per forma, materiali, colori e dimensioni. La forma e il materiale degli oggetti sono legati alla loro **funzione**: un vaso, ad esempio, ha una foggia adatta a contenere, una tazza ha un manico adatto a essere impugnato.
Gli oggetti di cui ci circondiamo rivelano anche i nostri **gusti** e i nostri **interessi**.
Rappresentare gli oggetti in un'opera d'arte è uno stimolo per osservare forme e dimensioni, ma anche per riflettere sul significato che diamo agli oggetti nella nostra vita.

Di un oggetto cogliamo innanzitutto la **forma**, le **proporzioni**, le **dimensioni**, il **colore**.

Le **luci** e le **ombre** ci rivelano il **volume** degli oggetti. Dalla parte opposta alla fonte di luce, un oggetto proietta nell'ambiente l'**ombra portata**, che ci aiuta a valutare la sua forma e la sua collocazione nello spazio.

In un oggetto visto di scorcio appaiono alcune **deformazioni prospettiche**: per esempio, il bordo superiore di una tazzina, che è rotondo, ci appare ovale.

La superficie degli oggetti è caratterizzata da una particolare **texture**. La texture dipende dai materiali di cui è fatto l'oggetto e dal tipo di lavorazione.

Composizione di oggetti

NELLA BOTTEGA DELL'ARTISTA

Esempi d'autore

OSSERVA questi esempi diversi di **natura morta**, il genere di pittura che ritrae dal vero una composizione di oggetti. Gli oggetti sono scelti e interpretati dall'artista secondo la sua sensibilità.

In molte sue opere Giorgio Morandi ritrae brocche, bottiglie, oggetti d'uso comune collocate su un tavolo disadorno, senza cura per i particolari e con pochi toni di colore, ma capaci di creare composizioni dall'**atmosfera poetica**: in tal modo l'artista mette in luce la poesia nascosta anche negli oggetti apparentemente più banali.

 Giorgio Morandi, *Natura morta*, 1932, olio su tela, Roma, Galleria d'Arte Moderna.

Pablo Picasso e i pittori cubisti hanno dipinto molte nature morte: essi non rappresentano le cose così come appaiono allo sguardo, ma analizzano e scompongono le **forme degli oggetti** per metterne in luce la loro vera **essenza** e mostrarne anche gli aspetti nascosti.

Pablo Picasso, *Natura morta con caffettiera e candeliere*, 1944, olio su tela, Parigi, Centre Georges Pompidou, Musée National d'Art Moderne.

Sperimento io

CREA anche tu una natura morta dal vero, dopo esserti allenato a studiare gli oggetti dalle fotografie.
Insieme ai tuoi compagni scegli alcuni oggetti portati da casa: una teiera, un vaso, una brocca, una palla... Componeteli a vostro gusto sulla cattedra e poi copiateli con la tecnica preferita.

- Traccia prima uno **schizzo** studiando le proporzioni dell'insieme.

- Definisci poi ogni forma studiandola nel **dettaglio**.

- Ripassa i **contorni** definendo le parti in vista e quelle nascoste. Colora osservando le **ombre** e la provenienza della **luce**.

Fare per creare
- Studia e riproduci la forma di un oggetto, p. 108

Oggetti Pop

Esempi d'autore

OSSERVA alcune opere di artisti della Pop Art. I rappresentanti di questo movimento artistico, sorto negli Stati Uniti negli anni Sessanta del secolo scorso, hanno ritratto molti oggetti quotidiani di produzione industriale: l'intento era creare opere legate alla **vita quotidiana** nella società di massa in cui viviamo.

Un procedimento tipico di Andy Warhol era quello di riprodurre tante volte la stessa immagine: voleva in tal modo evidenziare il moltiplicarsi delle immagini e delle merci tutte uguali nell'attuale **società di massa**. In questa opera, protagonista è una lattina di zuppa pronta, simbolo della moderna industria alimentare.

Andy Warhol, *Four Campbell's Soup Cans*, 1965, olio e serigrafia su tela, New York, Museum of Modern Art.

L'artista di quest'opera ha raffigurato molti oggetti quotidiani in opere tridimensionali dalle **dimensioni gigantesche**.

Claes Oldenburg, *Paint Torch*, 2010, Philadelphia, Pennsylvania Academy of the Fine Arts.

Sperimento io

CREA un'opera alla maniera di Andy Warhol, moltiplicando l'immagine di un oggetto, come nell'esempio a fianco.

- Ritaglia un oggetto comune da un'immagine pubblicitaria e riproducilo in diverse copie con la fotocopiatrice.
- Incolla le immagini una vicina all'altra su un foglio e colorale con i pennarelli creando tante varianti dello stesso oggetto.

Fare per creare

Gioca con le dimensioni alla maniera di Oldenburg, p. 110
Colora oggetti multipli alla maniera di Andy Warhol, p. 111

Oggetti impossibili

NELLA BOTTEGA DELL'ARTISTA

Esempi d'autore

OSSERVA questi esempi: alcuni artisti si sono divertiti a creare oggetti impossibili e paradossali.

Man Ray, del movimento **Dada**, utilizza gli oggetti in modo **provocatorio** con la tecnica del ready made: ne è un esempio questo «impossibile» ferro da stiro.

Man Ray, *Regalo*, 1958 (replica dell'originale del 1921), New York, Museum of Modern Art.

L'artista Jacques Carelman ha progettato una serie di strani oggetti che ha chiamato **«oggetti introvabili»**: qui puoi vedere una sedia per sdraiarsi a terra, una caraffa poco pratica, detta «la caraffa masochista», una bicicletta a due piani e un martello introverso!

Jacques Carelman, *Oggetti introvabili*.

Anche il designer e artista Bruno Munari ha «giocato» a trasformare gli oggetti: ecco delle forchette davvero speciali che imitano i **gesti di una mano**.

Bruno Munari, *Fork*, 1958, New York, Museum of Modern Art.

Sperimento io

INVENTA anche tu oggetti impossibili o bizzarri. Puoi prendere ispirazione dagli oggetti delle pubblicità.

- Ritaglia l'immagine che hai scelto, incollala su un foglio e aggiungi le tue modifiche creative. Insieme ai tuoi compagni puoi allestire a scuola una curiosa mostra di «oggetti introvabili».

Unità 3
La figura umana

ARTE più

La figura umana è uno dei soggetti più frequenti nelle opere d'arte, sia come personaggio di una scena sia come protagonista assoluto in un ritratto.
È affascinante per un artista studiare le proporzioni del corpo, i movimenti, gli atteggiamenti, i lineamenti e le espressioni del volto, ma soprattutto cercare di esprimere il carattere e lo stato d'animo di una persona.

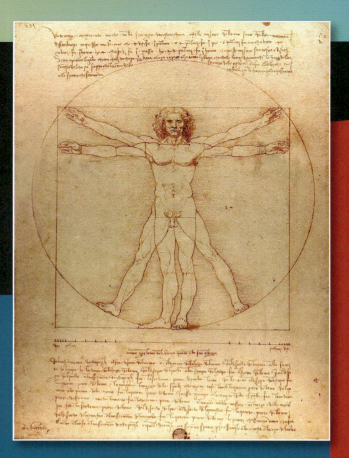

Lo studio delle proporzioni

Già gli antichi Egizi raffiguravano il corpo umano rispettando alcune proporzioni prestabilite.
I Greci fissarono un preciso rapporto tra le parti al fine di rappresentare la figura umana nella sua perfezione ideale.
Tale idea di armonia viene ripresa nel Rinascimento, come si vede da questo famoso studio di Leonardo che inserisce la figura umana dentro due forme geometriche ritenute perfette, il cerchio e il quadrato.

Leonardo da Vinci, *L'uomo vitruviano*, 1485-90, Venezia, Galleria dell'Accademia.

Michelangelo Buonarroti, *Storie della Genesi: creazione degli astri e delle piante* (part.), 1511-12 circa, affresco, Città del Vaticano, Musei Vaticani, Cappella Sistina.

Movimento e atteggiamenti

Nel rappresentare una figura in movimento, nel cogliere un particolare atteggiamento del corpo, l'artista riesce a comunicare l'intenzione del personaggio, a farci intuire la sua personalità o lo stato d'animo del momento.
Michelangelo rappresenta Dio in un momento della creazione: il movimento di tutta la figura, rappresentata con realismo in ogni dettaglio, crea un effetto di grande dinamismo che esprime tutta la potenza della volontà creatrice di Dio.

In quest'opera Matisse non si preoccupa di descrivere il suo soggetto rispettandone le proporzioni e i dettagli in modo realistico; con la tecnica del collage ha creato un'immagine dalle forme essenziali che risulta molto espressiva in quanto comunica con immediatezza l'atteggiamento del personaggio.

Henri Matisse, *Nudo blu III*, 1953, tempere ritagliate, Parigi, Centre Georges Pompidou, Musée National d'Art Moderne.

La figura umana

Pierre-Auguste Renoir, *La liseuse*, 1876, olio su tela, Parigi, Museo d'Orsay.

Le espressioni del viso

Il viso esprime al massimo grado la personalità e le emozioni: studiando il movimento degli occhi e della bocca e la mimica facciale, l'artista cerca di rendere non solo l'aspetto esteriore del personaggio, ma anche le espressioni che ne rivelano l'interiorità.

Il volto della modella Margherite Legrande, colta da Renoir nell'atto di leggere, esprime serenità e grazia, sottolineate anche dalla luminosità dei colori.

Il volto del ragazzo ritratto da Caravaggio esprime sorpresa e dolore; l'atteggiamento corrucciato del viso è messo in risalto dalla luce laterale che aggiunge drammaticità alla scena.

Caravaggio, *Ragazzo morso da un ramarro*, 1595-96, olio su tela, Firenze, Fondazione di studi dell'Arte Roberto Longhi.

La caricatura

Nella caricatura vengono esagerati gli elementi che caratterizzano la fisionomia del personaggio e le sue espressioni tipiche, allo scopo di una presa in giro che può essere bonaria o pungente (come nelle vignette di **satira politica**). La caricatura prende solitamente di mira i personaggi famosi e i potenti del momento: nell'esempio, una caricatura del presidente americano Barack Obama e del personaggio comico Mr. Bean.

215

Sezione 3 • Temi per creare

Il corpo

Uno dei temi più diffusi nella produzione artistica è senza dubbio quello della figura umana: dai personaggi famosi agli anonimi protagonisti di scene di vita quotidiana; dalle raffigurazioni che imitano la realtà a quelle stilizzate e simboliche, fino alle interpretazioni finalizzate a mettere in luce il carattere del personaggio o l'essenza di un movimento.

Rappresentare la figura umana non è facile e richiede uno studio approfondito delle **proporzioni** e del **movimento**: gli artisti compiono questo studio dal vero con la collaborazione di modelli e modelle che stanno in posa per lungo tempo in una posizione stabilita.

La struttura e le proporzioni

Il corpo umano è **simmetrico** rispetto alla linea centrale costituita dalla colonna vertebrale e, anche se siamo tutti diversi, si sviluppa secondo certe **proporzioni**.
Per rispettare le proporzioni, suddividi l'altezza totale in otto parti uguali per gli adulti e in sei parti uguali per i bambini.

Nei **bambini** la testa è più grossa in proporzione che nell'adulto e misura circa un sesto dell'altezza totale.

La vita si trova più in alto rispetto alla persona adulta.

Nell'**adulto** la testa è circa un ottavo dell'altezza totale.

Le braccia sono circa tre volte la testa e arrivano più o meno a metà coscia.

Le gambe sono lunghe quanto la metà dell'altezza della figura.

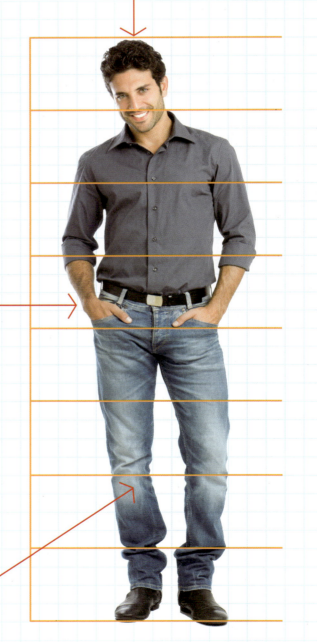

Fare per creare

- Studia le proporzioni del corpo, p. 112

216

DISEGNO DAL VERO

DISEGNA una figura umana prendendo in considerazione, oltre alle proporzioni, il **movimento** e gli **atteggiamenti**, cioè quell'insieme di posizioni e gesti che manifestano un comportamento, un'azione e anche il carattere.

- Per studiare i movimenti costruisci dei **manichini** in cartone, uno di fronte e uno di profilo, usando le sagome che trovi in *Fare per creare*.
- Disponi le sagome nella posizione che vuoi, poi copia le figure o ripassale appoggiandole sul foglio.
- Colora e completa come preferisci.

- Usando i manichini, puoi anche comporre una **scena** con figure poste in determinati atteggiamenti in modo da creare una particolare situazione.

- Un modo facile e divertente per studiare la figura umana nei suoi atteggiamenti è realizzare delle **silhouette**.
- Ritaglia da riviste alcune fotografie di persone in diversi atteggiamenti.
- Ripassa il contorno e poi riempilo in modo uniforme con il colore nero.
- Infine incolla le figure su un foglio.
- Confronta il tuo lavoro con quello dei compagni: provate a riconoscere nelle silhouette gli atteggiamenti delle persone.

- Dopo esserti esercitato a studiare proporzioni e movimenti, puoi cimentarti con uno **studio dal vero**.
- Uno di voi, a turno, farà da modello assumendo un atteggiamento che gli altri cercheranno di rendere con veloci schizzi.
- È un esercizio utile per osservare quanti atteggiamenti assumiamo nel corso della giornata in relazione alle azioni che stiamo compiendo e allo stato d'animo del momento.

Fare per creare

- Costruisci un manichino in posizione frontale, p. 113
- Costruisci un manichino di profilo, p. 115

217

Figure essenziali in movimento

Esempi d'autore

OSSERVA come artisti provenienti da mondi diversi hanno rappresentato la figura umana in maniera essenziale: le figure non ritraggono specifici personaggi con le loro caratteristiche individuali, ma rappresentano movimenti e atteggiamenti in **modo espressivo**.

Con la tecnica della carta colorata e ritagliata Matisse ha rappresentato Icaro che, secondo un antico mito greco, tentò di volare come gli uccelli. La figura non rispetta le proporzioni e le forme di un corpo reale, ma rappresenta in modo espressivo l'atteggiamento del personaggio che sembra **danzare nel cielo**.

Henri Matisse, *Icarus*, 1947, carta colorata e incollata, New York, Metropolitan Museum of Art.

Ispirandosi forse alle figure ritagliate di Matisse, Picasso realizza questa figura di calciatore tagliando e piegando un foglio di lamiera: osserva come le curve degli arti e l'inclinazione del corpo riescano a dare l'idea del **movimento** e dell'**equilibrio**.

Pablo Picasso, *Calciatore*, 1961, lamiera, Parigi, Musée National Picasso.

NELLA BOTTEGA DELL'ARTISTA

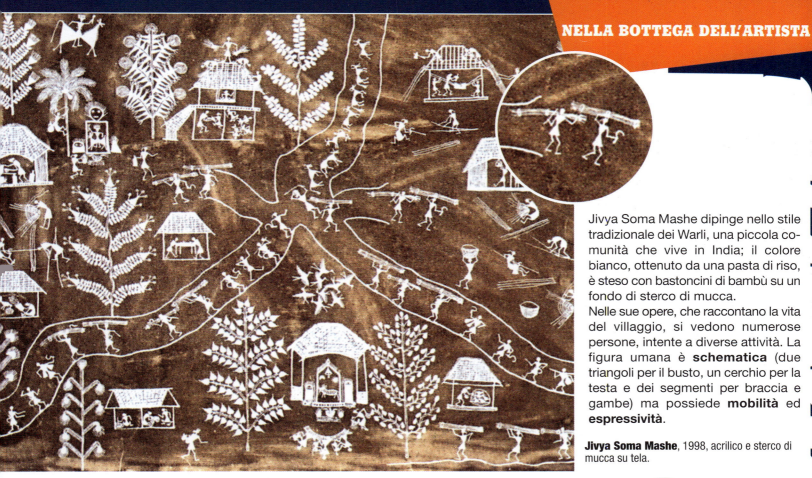

Jivya Soma Mashe dipinge nello stile tradizionale dei Warli, una piccola comunità che vive in India; il colore bianco, ottenuto da una pasta di riso, è steso con bastoncini di bambù su un fondo di sterco di mucca.
Nelle sue opere, che raccontano la vita del villaggio, si vedono numerose persone, intente a diverse attività. La figura umana è **schematica** (due triangoli per il busto, un cerchio per la testa e dei segmenti per braccia e gambe) ma possiede **mobilità** ed **espressività**.

Jivya Soma Mashe, 1998, acrilico e sterco di mucca su tela.

Sperimento io

PROVA anche tu a rappresentare figure umane in movimento o in atteggiamenti particolari alla maniera di Matisse, Picasso e Mashe.

Una silhouette espressiva

- Prendendo spunto dall'opera di Matisse, disegna la **sagoma** di una figura in un atteggiamento particolare: mentre danza, corre, cammina. Non preoccuparti delle proporzioni, ma dell'espressività nella resa dell'**atteggiamento**.
- Colora a tinte piatte la figura e lo sfondo, scegliendo colori adatti all'emozione che vuoi comunicare.

Una figura in cartone

- Pensa a una persona impegnata nel tuo sport preferito e cerca di rappresentarla **in movimento**.
- Disegna la sagoma su un cartone ondulato e ritagliala; caratterizza il tuo personaggio aggiungendo particolari o colorandone alcune parti.
- Fissa la figura a una base di polistirolo (che avrai colorato a tempera) infilzando un bastoncino nel cartone e nella base stessa.

Tante persone in movimento

- Immagina una situazione in cui ci siano tante persone impegnate in attività diverse: una partita di calcio, una gara di corsa, gente per strada, tu e i tuoi compagni in palestra o durante l'intervallo.
- Rappresenta la scena con **figurine stilizzate** come quelle di Mashe.

Fare per creare

- Schematizza le posizioni del corpo, p. 117
- Rappresenta figure in movimento alla maniera di Keith Haring, p. 118

Sezione 3 • Temi per creare

Il volto e il ritratto

Il volto è la parte più espressiva del corpo: attraverso lo sguardo e la mimica facciale possiamo esprimere emozioni e sentimenti anche senza parlare. Ognuno di noi ha una **fisionomia unica**; nonostante ciò, ci sono nel viso alcune **caratteristiche universali**, al di là dei differenti tratti somatici delle molteplici etnie esistenti nel mondo.

Osserva le **espressioni** di questi volti di bambini: quali stati d'animo esprimono? In queste fotografie puoi vedere alcuni **caratteri somatici** propri delle diverse etnie, come la forma degli occhi, del naso e della bocca, e i colori: ma le espressioni del volto sono un linguaggio universale!

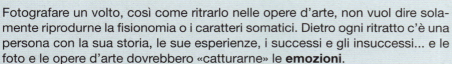

Fotografare un volto, così come ritrarlo nelle opere d'arte, non vuol dire solamente riprodurne la fisionomia o i caratteri somatici. Dietro ogni ritratto c'è una persona con la sua storia, le sue esperienze, i successi e gli insuccessi... e le foto e le opere d'arte dovrebbero «catturarne» le **emozioni**.

220

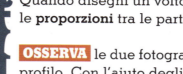

DISEGNO DAL VERO

Quando disegni un volto, la prima difficoltà è cogliere e rispettare le **proporzioni** tra le parti.

OSSERVA le due fotografie con un volto visto frontalmente e poi di profilo. Con l'aiuto degli schemi puoi analizzare fotografie simili e provare a riprodurle con il disegno.

Il **viso** è simmetrico rispetto alla linea verticale che attraversa il naso. Possiamo poi suddividerlo in tre **fasce orizzontali** più o meno uguali: la prima comprende la fronte; la seconda le orecchie, gli occhi e il naso; la terza la bocca. Naturalmente le proporzioni cambiano leggermente da individuo a individuo.

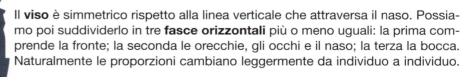

221

Espressioni ed emozioni

Esempi d'autore

OSSERVA questi volti tratti da opere d'arte di diverse epoche: le loro espressioni comunicano stati d'animo e personalità diverse. Puoi leggere nel dettaglio le espressioni, analizzando la forma della **bocca**, la contrazione o dilatazione degli **occhi**, la posizione delle **sopracciglia**.
Insieme ai tuoi compagni prova ad attribuire a ogni volto un particolare stato d'animo: meraviglia, angoscia, serenità, gioia, tristezza, ira.

Leonardo da Vinci, *La Gioconda*, 1503-14 circa, olio su tavola, Parigi, Musée du Louvre.

Gustav Klimt, *Giuditta I*, 1901, olio su tela, Vienna, Österreichische Galerie Belvedere.

Édouard Manet, *Il bar delle Folies-Bergère*, 1881-82, olio su tela, Londra, Courtauld Gallery.

Caravaggio, *Medusa*, 1597 circa, olio su tela, Firenze, Galleria degli Uffizi.

Michelangelo Buonarroti, *Il Giudizio Universale* (part.), 1536-41, affresco, Città del Vaticano, Musei Vaticani, Cappella Sistina.

Amedeo Modigliani, *Ritratto di Dédie*, 1918, olio su tela, Parigi, Centre Georges Pompidou.

Andy Warhol, *Marilyn Monroe*, 1967, New York, The Museum of Modern Art.

Edvard Munch, *L'urlo*, 1893, olio, tempera e pastello su cartone, Oslo, Museo Munch.

Sperimento io

DIVERTITI a cambiare le espressioni del volto modificando alcuni elementi: con la tecnica del collage, inserisci gli occhi e la bocca tratti da una fotografia su quelli di un'altra figura.

- Ritaglia dalle riviste immagini di volti piuttosto grandi: ne troverai molti nelle pubblicità di moda e cosmetici, dove le figure compaiono spesso in atteggiamenti simili e standardizzati.
- Scegli un volto da usare come base; immagina quale altra espressione potrebbe assumere e sostituisci alcune delle sue parti.
- Puoi caratterizzare la nuova personalità del tuo soggetto aggiungendo particolari a collage o a pennarello.

Fare per creare

- Studia e disegna le proporzioni del volto, p. 120
- Disegna un volto di profilo, p. 121
- Sperimenta fisionomie ed espressioni, p. 122

Ritratti con ironia

NELLA BOTTEGA DELL'ARTISTA

Esempi d'autore

OSSERVA questi ritratti realizzati da Saul Steinberg, un famoso illustratore americano. Il suo intento non è riprodurre in modo verosimile l'aspetto esteriore dei personaggi, ma interpretarne la **personalità**, mettendo in risalto con **ironia** caratteristiche e difetti.

Questo disegno rappresenta un gruppo di persone riunite a una festa. L'autore ha usato segni e stili diversi per caratterizzare i «tipi» umani presenti; in tal modo egli prende bonariamente in giro la società del suo tempo, rappresentando le persone come **personaggi stereotipati**.

Saul Steinberg-Inge Morath, *Masquerade*, 1961, New York, The Saul Steinberg Foundation.

Saul Steinberg, *Techniques at a Party*, 1953, inchiostro, matite colorate e acquerello su carta, New York, The Saul Steinberg Foundation.

Saul Steinberg ha sovrapposto alla fotografia di una donna il disegno semplificato del suo volto. Questo ritratto, tracciato con pochi segni, è all'apparenza molto facile; in realtà richiede una grande capacità di osservazione per cogliere e mettere in risalto con il disegno le **caratteristiche specifiche** del personaggio.

Sperimento io

SEGUI questi divertenti suggerimenti per rappresentare il volto umano in modo ironico e creativo.

Con il collage

- Ritaglia da una rivista la fotografia di un personaggio famoso, oppure usa una fotografia tua o di una persona che conosci. L'immagine deve essere piuttosto grande: puoi eventualmente ingrandirla con una fotocopia.
- Sostituisci il volto con un disegno semplificato che metta in risalto le caratteristiche più appariscenti del personaggio, come vedi nell'opera in alto di questa pagina.

La caricatura

- La caricatura è un ritratto che mette in evidenza, esagerandole, le caratteristiche di una persona, e in particolare i difetti: puoi trovarne degli esempi nelle vignette satiriche dei giornali, che prendono in giro i potenti del momento.
- Scegli la fotografia di un personaggio famoso oppure osserva una persona che conosci bene. Individua i suoi tratti fisici più evidenti e quelli che, secondo te, rivelano il suo carattere.
- Fai un ritratto caricaturale esagerando quegli aspetti e scegliendo un tipo di segno adatto a esprimere la personalità della tua «vittima», come ha fatto Steinberg.

Fare per creare
Crea un ritratto caricaturale, p. 125

Sezione 4
Mezzi e linguaggi della comunicazione multimediale

Unità della Sezione

1. **Fumetto**
2. **Grafica, pubblicità, design**
3. **Fotografia e cinema**
4. **Televisione e web**

ARTE più+

Nella nostra società i mezzi per comunicare raggiungono un gran numero di persone, per questo si chiamano **mass-media** o **mezzi di comunicazione di massa**; inoltre creano i loro messaggi utilizzando e combinando linguaggi diversi (immagini, parole, musica, movimento...), per questo si chiamano **mezzi multimediali**.
Ne fanno parte i mezzi di antica tradizione come il teatro, e quelli che caratterizzano la nostra vita moderna, come la fotografia, la televisione, il cinema, la pubblicità, fino ai recentissimi mezzi basati sulla tecnologia digitale e sulla connessione in rete.
Tali mezzi di comunicazione pervadono ogni momento della nostra vita per informarci, intrattenerci, istruirci, metterci in contatto con i nostri simili...
Nelle prossime pagine imparerai a conoscerne il linguaggio e a decodificarne i messaggi per diventare un fruitore consapevole; scoprirai come funzionano e come puoi utilizzarli per esprimerti e comunicare.

Nel digitale...

ARTE più+
Teatro

 FOTOGALLERY
Eroi di carta • Manifesti • Pubblicità d'autore • Oggetti nella storia del design • I ritratti • Still life

 Mi esercito
Creo un diario a fumetti • Creo la copertina di un cd • Analizzo un messaggio pubblicitario

 VERIFICHE INTERATTIVE

 IN RETE
Corto Maltese • LRNZ, l'arte del fumetto • Il fumettista Jacovitti • Bruno Munari: la forma logica degli oggetti • Eco-design: come trasformare la spazzatura in design • Breve storia della fotografia in 20 clamorose foto • *Il monello* • *Allegri vagabondi* • *La vita di P* • *Avatar*: dietro le quinte • *Biancaneve e i sette nani* • Ricordando Walt Disney • TV buona maestra • *Lascia o raddoppia?* • Apollo 11: Neil Armstrong, il primo uomo sulla luna • *Tiggì Gulp* • In giro per musei con il web

Unità 1

Fumetto

Il fumetto, chiamato anche con il termine inglese *comic*, è un linguaggio misto che utilizza immagini e parole per raccontare una storia o per illustrare un breve episodio. Il nome deriva dalla forma delle nuvolette, simili a uno sbuffo di fumo, che racchiudono i dialoghi dei personaggi.
Nato poco più di un secolo fa, il fumetto è diventato ben presto popolare tra i bambini e i ragazzi grazie all'immediatezza del suo linguaggio, ma ha conquistato anche il pubblico adulto sia con le serie degli albi illustrati in vendita in edicola, sia con veri e propri libri di valore artistico.

I primi fumetti

Il fumetto moderno nasce a New York nel 1895, quando il quotidiano «New York World» pubblica sul supplemento domenicale le prime vignette con le avventure di un bambino, Yellow Kid. Le parole pronunciate da Yellow Kid non erano però ancora racchiuse nelle nuvolette, ma erano scritte sul suo camicione giallo.

In Italia le prime storie a fumetti compaiono agli inizi del Novecento sul «Corriere dei Piccoli», nato come supplemento settimanale al «Corriere della Sera» e divenuto in seguito una rivista autonoma per bambini. Un esempio è la serie del Signor Bonaventura: anche qui non c'erano le nuvolette, ma le vignette erano commentate da filastrocche in rima, considerate all'epoca più adatte e istruttive per i bambini.

Dai fumetti ai prodotti commerciali

Alcuni personaggi dei fumetti hanno riscosso un successo enorme in tutto il mondo, grazie anche ai film di animazione di cui sono protagonisti. È il caso per esempio di *Topolino*, nato nel 1928 dalla fantasia di Walt Disney.
Molti personaggi di successo dei fumetti non solo compaiono in altri mezzi di comunicazione (serie televisive, cinema), ma vengono anche utilizzati per caratterizzare oggetti e accessori come quaderni, zainetti, capi di abbigliamento, giocattoli ecc.

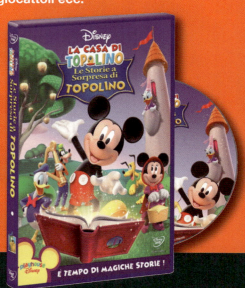

Coppia di autori

Quasi tutti i fumetti sono il frutto della collaborazione di due autori: lo sceneggiatore scrive la storia e i testi, il disegnatore crea le illustrazioni. È il caso di *Asterix*, un fumetto nato dalla coppia di autori francesi Goscinny (testi) e Uderzo (disegni).
Asterix e il suo amico Obelix vivono in un villaggio dell'antica Gallia (l'attuale Francia) deciso a mantenere la propria indipendenza dai Romani che lo volevano conquistare; i nostri eroi, nel corso di innumerevoli avventure, riescono sempre ad avere la meglio sui soldati romani grazie a una pozione magica che conferisce loro una forza invincibile.

Fumetti d'autore

Molti artisti e illustratori hanno realizzato fumetti di grande valore visivo e narrativo, in collaborazione con autori scrittori o creando le proprie storie. In questi fumetti d'autore si rivela la ricchezza espressiva del linguaggio del fumetto: dalla ricerca sul segno all'uso del colore o del bianco e nero, dalle inquadrature «cinematografiche» alla costruzione di emozionanti sequenze visive.

Osserva in questa tavola dell'illustratore Sergio Toppi l'uso preciso e meticoloso del segno e la scelta di inquadrature e sequenze di grande forza espressiva.

In questa tavola di Lorenzo Mattotti puoi notare la particolare espressività del colore. Inoltre, osserva le inquadrature: c'è un continuo cambiamento del punto di vista che crea una sequenza di grande efficacia narrativa.

Tanti generi per tutti i gusti

Gli appassionati di fumetto trovano periodicamente in edicola le avventure dei personaggi più amati: l'eroe buono, il nemico malvagio, l'astuto investigatore, il tenero cucciolo, protagonisti di interminabili **serie a episodi** pubblicate sugli albi illustrati. Ma il fumetto è entrato anche in libreria con le **raccolte** delle storie di maggior successo e con narrazioni più lunghe e complesse, quasi dei romanzi a vignette.
Come in letteratura, anche nel fumetto esistono diversi **generi**: fantastico, comico, di avventura, giallo, horror, fantasy, storico… e, più recentemente, anche realistico, ovvero un fumetto che narra fatti realmente accaduti e parla di problemi attuali.

Storie per i più piccoli
Sono dedicate al pubblico dei più piccoli le **poetiche storie** della Pimpa, create dal vignettista italiano Tullio Altan.

Tra fantasia e fantasy

Creato nel 1938, Superman è un alieno dotato di **superpoteri**; perennemente in lotta contro nemici malvagi per il bene dell'umanità, è il capostipite di un genere di storie a fumetti in cui personaggi dalle capacità straordinarie, come Batman e l'Uomo Ragno, combattono le **forze del male**.

Storie con... brivido

Crimini, furti, abili e coraggiosi detective sulle tracce di malviventi: sono gli ingredienti del **genere poliziesco**, a cui sono dedicate molte serie di storie a fumetti, per ragazzi e per adulti.
Lo spietato ladro Diabolik e l'ispettore Ginko sono i protagonisti del più famoso fumetto giallo italiano.

Il fascino dell'avventura

Nei fumetti di avventura largo spazio è dato a esplorazioni in **luoghi lontani**, **imprese pericolose**, **azioni eccezionali**.
Tex Willer, cowboy amico degli indiani, è il protagonista di una delle prime serie di avventure a fumetti, creata nel 1948.

Storie per ridere e sorridere

Nei fumetti appartenenti al genere comico spesso le storie, anche se fantastiche, riflettono situazioni della **vita di tutti i giorni**. E così, mettendo in risalto, con ironia, problemi e comportamenti di personaggi in cui possiamo riconoscerci, ci invitano a osservarli con il sorriso sulle labbra.
Un esempio è la celebre serie americana dei *Peanuts*, che vede tra i personaggi il goffo Charlie Brown, il tenero e geniale Linus, la prepotente Lucy e Snoopy, un cane sognatore.

Vignette satiriche

Spesso il fumetto viene utilizzato per fare satira politica e sociale. Su tutti i giornali compaiono quotidianamente vignette che commentano con ironia i **fatti del giorno**, prendendo in giro i **personaggi famosi** e soprattutto coloro che detengono il potere.
A volte qualcuno si offende... ma, sostengono i vignettisti, la satira fa parte della democrazia!

Sezione 4 • Mezzi e linguaggi della comunicazione multimediale

Romanzi a fumetti o *graphic novel*

Graphic novel è un termine inglese che significa «romanzo a fumetti»: è un genere che si sta sempre più affermando, con **storie lunghe** destinate soprattutto al **pubblico adulto**. Gli autori dei romanzi a fumetti usano solitamente un linguaggio artistico molto curato e personale.

In Italia un esempio di *graphic novel* è *Una ballata del mare salato*, del celebre disegnatore Hugo Pratt, romanzo del 1976 in cui esordisce il personaggio Corto Maltese.

Persepolis è una famosa *graphic novel* autobiografica creata dalla disegnatrice Marianne Satrapi, da cui è stato tratto un film d'animazione nel 2007. Nata e cresciuta in Iran, l'autrice racconta come l'instaurarsi di un regime totalitario che opprimeva le donne ha cambiato la sua vita e quella della sua famiglia, tanto da portarla a emigrare in Francia all'età di 22 anni.

Graphic journalism, il giornalismo a fumetti

Esiste perfino un giornalismo a fumetti, conosciuto con il termine inglese *graphic journalism*. Gli autori sono illustratori-reporter che utilizzano il linguaggio del fumetto per parlare di **temi attuali**. Un'opera di *graphic journalism* può avere lunghezza di un libro oppure quella di un articolo di rivista di poche tavole.

Il fotografo racconta il viaggio di un gruppo di «Medici senza frontiere» che nel 1986, nell'Afghanistan dilaniato dalla guerra, sta cercando un luogo adatto a costruire un ospedale; la narrazione è svolta dal punto di vista del fotografo che ha accompagnato la missione ed è realizzata con un montaggio di **disegni** e **fotografie**.

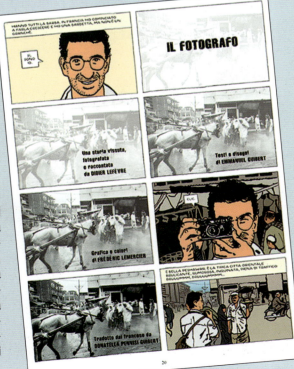
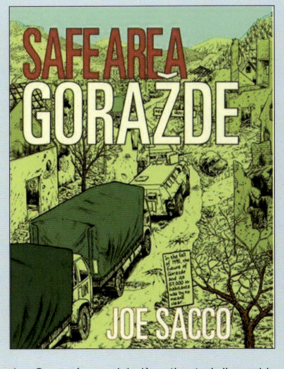

Joe Sacco è uno dei più noti autori di *graphic journalism*. La sua opera *Safe Area Goražde* documenta le conseguenze della guerra nella cittadina bosniaca di Goražde, dove l'autore si è recato più volte di persona come un vero reporter.

Il linguaggio del fumetto

Il fumetto è una forma d'espressione basata sull'**unione di parole e immagini**; il suo linguaggio è quindi piuttosto complesso e caratterizzato da molti elementi: la costruzione della sequenza narrativa attraverso il susseguirsi delle vignette, il disegno delle singole vignette e la scelta dell'inquadratura, la caratterizzazione dei personaggi, i testi, gli effetti visivi e sonori.

Un lavoro di squadra

La creazione di un fumetto richiede la collaborazione di professionisti diversi. Per prima cosa occorre scegliere o creare un **soggetto**, cioè la storia o l'episodio che si vuole raccontare. A volte è il disegnatore stesso che crea la storia, altre volte invece l'illustratore è chiamato a realizzare l'idea di un'altra persona.
Definito il soggetto, viene elaborata la **sceneggiatura**, ovvero il susseguirsi delle scene, proprio come in un film, e vengono scritti i testi, i dialoghi, le didascalie.
Tocca ora al disegnatore grafico trarre dalla sceneggiatura lo **storyboard**, cioè uno schizzo della sequenza delle vignette sulle tavole.
Le fasi della sceneggiatura e dello storyboard sono molto importanti perché costruiscono la scansione e il ritmo della narrazione: lo **sceneggiatore** e il **disegnatore grafico** devono lavorare in stretta collaborazione.
Approvato lo storyboard, il disegnatore realizza le **vignette**. Spesso intervengono ancora altre persone che collaborano per arrivare al risultato finale: il **colorista**, che colora le tavole create dal disegnatore, e il **letterista** che inserisce tutti i testi negli spazi predisposti.
Un tempo i fumetti venivano realizzati esclusivamente a mano: ora a disposizione di sceneggiatori, disegnatori e coloristi ci sono molti programmi e app che permettono di realizzarli con le tecnologie digitali.

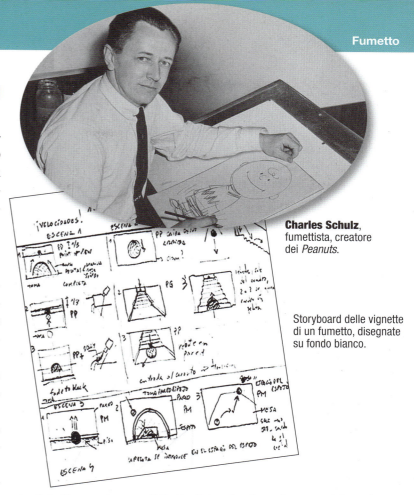

Charles Schulz, fumettista, creatore dei *Peanuts*.

Storyboard delle vignette di un fumetto, disegnate su fondo bianco.

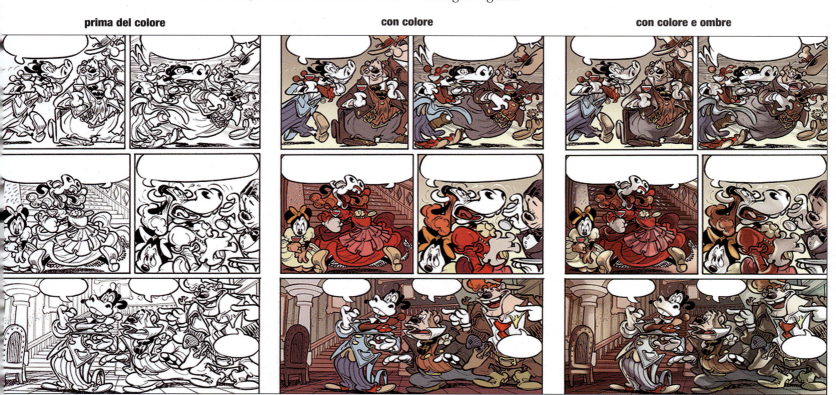

prima del colore — con colore — con colore e ombre

Fasi di colorazione di *Dracula*, inserita in *Topolino*, di Mirka Andolfo, colorista italiana per la Walt Disney.

Sezione 4 • Mezzi e linguaggi della comunicazione multimediale

La caratterizzazione dei personaggi

I personaggi dei fumetti possono essere persone, animali, creature fantastiche o addirittura oggetti, tutti umanizzati, cioè che pensano e si comportano come gli esseri umani. Essi hanno caratteristiche ben definite e rappresentano ciascuno una **qualità umana**: ci sono l'avaro, lo sfortunato, il genio, il supereroe, il malvagio... Il disegno deve far risaltare queste qualità, permettendo al lettore di riconoscerle immediatamente e di identificarsi con i suoi personaggi preferiti. Per questo lo **studio del personaggio** è un aspetto fondamentale della creazione di un fumetto. Il disegnatore, inoltre, mette in evidenza lo **stato d'animo** dei personaggi esagerando le espressioni tipiche con cui noi manifestiamo le nostre emozioni.

arrabbiato — disperata — dubbioso — soddisfatto — spaventato

Vignette in sequenza

Le vignette sono organizzate in sequenza per raccontare una storia. La vicenda narrata può essere molto breve ed esaurirsi in una **striscia** di tre, quattro vignette, oppure può articolarsi in una o più pagine, o **tavole**, se si tratta di una storia lunga.

striscia

tavola

Osserva questa tavola con le avventure di Pippo. Le vignette non hanno tutte la stessa dimensione: infatti nel creare lo storyboard il disegnatore immagina le proporzioni delle vignette pensando a ciò che deve rappresentare e al risalto che vuole dare ad alcuni momenti della storia.

A volte ci sono delle **didascalie** che collegano i vari momenti rappresentati. In questo caso le didascalie riportano le parole del racconto di Pippo e si trovano nelle vignette con il **bordo ondulato**: questo tipo di vignette, infatti, illustra qualcosa che è successo tempo prima, o che viene raccontato da un personaggio.

232

La vignetta e l'inquadratura

La **vignetta** è l'**unità di base** del racconto a fumetti: è uno spazio per lo più rettangolare, racchiuso da una linea. All'interno ci sono immagini e testi riferiti a un singolo momento della vicenda narrata: personaggi in azione o in dialogo, ambienti, dettagli.
Lo sceneggiatore e il disegnatore scelgono il tipo di **inquadratura** adatta a portare l'attenzione del lettore sugli aspetti più importanti della scena.

Osserva queste inquadrature tratte da *Una ballata del mare salato*, del grande disegnatore Hugo Pratt.

Campo lungo: permette una visione d'insieme dell'ambiente.

Figura intera: i personaggi sono disegnati interamente e occupano tutta l'altezza della vignetta.

Primo piano: valorizza il volto del personaggio.

Dettaglio: mette a fuoco un particolare significativo della scena.

I balloon

I balloon, o **nuvolette**, racchiudono i **dialoghi** o i **pensieri** dei personaggi.
La **forma della nuvoletta** ci fa capire se i testi sono pensati o pronunciati e con quale tono di voce, mentre la direzione della **coda** della nuvoletta ci indica chi parla. L'utilizzo di **particolari caratteri** arricchisce i dialoghi di effetti espressivi che suggeriscono l'intensità e l'intenzione con cui vengono pronunciate alcune parole.

Discorso pensato

Discorso parlato

Voce fuori campo

Voce sussurrata

Espressione urlata

Sezione 4 • Mezzi e linguaggi della comunicazione multimediale

Gli effetti sonori e le onomatopee

Gli effetti sonori di alcune azioni sono evidenziati da **parole**, quasi sempre tratte dall'inglese, che **evocano suoni e rumori**: sono le onomatopee, rappresentate con caratteri particolari. Nell'illustrazione qui a lato, ad esempio, BAM indica il rumore di una porta sbattuta, SMACK un bacio, CRASH un incidente o la rottura di un vetro, KABOOM una forte esplosione, ZINNG lo sfrecciare di un proiettile, VROOM un veicolo a motore.

I grafemi di espressione

Per mettere in evidenza alcuni stati d'animo si utilizzano i grafemi di espressione, cioè piccole **immagini simboliche** che hanno la funzione di metafore visive.

Cuoricini: amore.   **Stelle:** dolore.   **Lampadina accesa:** idea improvvisa.   **Cuore spezzato:** delusione.

Il movimento e le linee cinetiche

Per rappresentare il movimento di persone e oggetti si utilizzano le cosiddette linee cinetiche, che indicano la **direzione** del corpo in movimento o gli **spostamenti successivi** di un elemento nello spazio.

Osserva come le ha utilizzate il fumettista Benito Jacovitti in questa vignetta che ritrae Cocco Bill, il suo personaggio più famoso; un cowboy pistolero formidabile, qui ritratto a cavallo del suo Trottalemme mentre affronta gli indiani Ciriuàcchi.

234

La caratterizzazione dei personaggi

LABORATORIO

LEGGI un fumetto, facendo attenzione al personaggio e cercando di riconoscere quale **tipo umano** rappresenta. Poi crea anche tu un fumetto in cui sarai protagonista.

Una galleria di personaggi

- Raccogli immagini di personaggi di fumetti (ritagliandoli da vecchi giornalini o copiandoli) e catalogali secondo il tipo umano che rappresentano, come vedi negli esempi di questa pagina.

Lo sfortunato
Paperino

Il sempliciotto
Pippo

L'astuto
Lupin

L'eroe buono
Braccio di Ferro

Il malvagio
Joker

Il prepotente
Lucy

Il supereroe
Capitan America

Personaggio anche tu

- Pensa a te stesso come personaggio di un fumetto: scegli che «tipo» sei e disegnati esagerando le tue caratteristiche.
- Racconta poi in una striscia di tre o quattro vignette un breve episodio che ti riguarda. Ecco qualche spunto: un dialogo con un amico, un malinteso, una buona idea improvvisa, un piccolo colpo di fortuna o di sfortuna, una difficoltà risolta.

Fare per creare

- Completa i balloon, p. 126
- Scrivi i dialoghi, p. 127
- Utilizza le onomatopee, p. 128
- Diventa il protagonista di una striscia, p. 129

235

Unità 2
Grafica, pubblicità, design ✓

Grafica, pubblicità, design: sono tre campi di applicazione delle arti visive strettamente connessi con l'evoluzione della società nell'ultimo secolo. Tra la fine dell'Ottocento e l'inizio del Novecento, infatti, le società occidentali sono state profondamente trasformate da un veloce sviluppo industriale e dall'emergere delle «masse» come nuovi protagonisti sociali.

La pubblicità nasce dall'esigenza di far conoscere e vendere la grande quantità di merci prodotte; la grafica (o *graphic design*, cioè progettazione grafica) deriva dal bisogno di comunicare con il vasto pubblico attraverso messaggi chiari, efficaci, belli da vedere; il design (o *industrial design*, cioè disegno industriale) si sviluppa dalla necessità di dare originalità, bellezza e funzionalità agli oggetti prodotti dall'industria.

Rielaborare immagini e parole

Il grafico, a differenza dell'illustratore, solitamente crea le immagini rielaborando foto o disegni già esistenti, componendo immagini e parole in un insieme che diventa un nuovo messaggio visivo.

Milton Glaser, graphic designer americano, ha rielaborato una fotografia del cantante Bob Dylan per la copertina di un disco.

Ancora Milton Glaser ha creato per la città di New York questo famosissimo logo (un'immagine fatta di parole o lettere), che è stato riprodotto su magliette, cartoline, poster, oggetti. È un esempio di come anche le parole possano essere rielaborate creativamente e diventare esse stesse immagini.

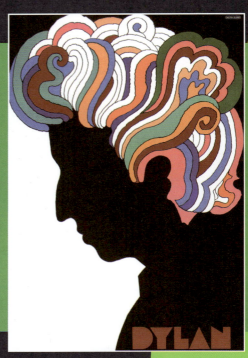

Messaggi per colpire

La pubblicità cerca di «catturare» l'attenzione del pubblico con un linguaggio ricco di trovate creative: un'immagine insolita e di impatto, una frase spiritosa o un gioco di parole, la presenza di testimonial famosi...

Questo annuncio fa parte di una campagna pubblicitaria della Benetton basata su immagini fotografiche di grande effetto: legandosi al concetto espresso dallo slogan, le foto mostrano persone di «colore» diverso in pose divertenti o provocatorie, come in questa foto in cui i due bambini ricordano un angelo e un diavoletto. Questa campagna vuole creare un'associazione tra il marchio pubblicizzato e un valore positivo come l'antirazzismo.

La fama del design italiano

Il design italiano, sviluppatosi a partire dalla seconda metà del Novecento, è apprezzato in tutto il mondo. Famosi progettisti, coniugando idee innovative, senso del bello e conoscenza dei materiali, hanno creato oggetti che sono entrati nella storia del design. Oggi ci sono scuole rinomate che formano giovani designer sulle orme dei maestri del passato.

Questa poltrona colorata e leggera ha un aspetto spiritoso e scanzonato, del tutto nuovo per una poltrona; nello stesso tempo la sua forma è molto ergonomica: completamente priva di struttura, si adatta a qualsiasi posizione assuma la persona che ci si siede.

Questa sveglia dalle linee essenziali e dinamiche è esposta al museo MoMA di New York. La rotazione dei due pezzi di cui è composta consente di orientare il quadrante nella direzione desiderata.

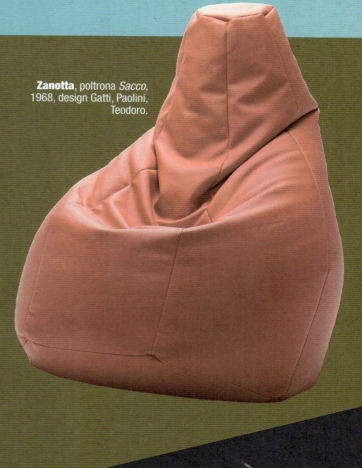
Zanotta, poltrona *Sacco*, 1968, design Gatti, Paolini, Teodoro.

Alessi, *Cronotime*, 1966, design Pio Manzù.

La progettazione globale

Grafica, design e pubblicità collaborano per creare l'immagine globale di un prodotto o di un'azienda: ogni aspetto che entra in contatto con il pubblico, dal marchio, alla forma e confezione dei prodotti, agli arredi dei negozi, tutto deve essere coerente con il messaggio che si vuole trasmettere ai clienti.

Un esempio di immagine globale è offerto dalla Apple, società produttrice di apparecchi digitali innovativi. L'aspetto colorato ed elegante dei prodotti, lo slogan di una famosa campagna pubblicitaria che chiama il pubblico a «differenziarsi» dalla massa, il marchio semplice e divertente che traduce l'invito a «dare un morso alla mela», ovvero a provare i prodotti Apple: tutto è coerente con l'immagine che l'azienda vuole dare di sé stessa e dei suoi prodotti, nati da spirito di innovazione, meticolosa cura dei dettagli e ricerca di un utilizzo intuitivo delle più sofisticate tecnologie.

Sezione 4 • Mezzi e linguaggi della comunicazione multimediale

La grafica

Dietro tutti i messaggi stampati (giornali, riviste, manifesti, confezioni dei prodotti industriali, cartelli segnaletici, marchi di aziende…) c'è il lavoro di un **grafico** (in inglese *graphic designer*), che studia attentamente l'**effetto visivo di testi e immagini** perché la comunicazione risulti chiara, efficace, attraente e soprattutto adatta allo scopo che si prefigge il committente.

Il grafico si occupa di selezionare ed elaborare le immagini, scegliere i caratteri più efficaci per le scritte, distribuire testi e immagini nello spazio a disposizione. Tutte queste operazioni vengono svolte oggi con tecnologie digitali, grazie ad appositi programmi grafici e di trattamento dei testi.

Inoltre il grafico deve anche conoscere le regole della **comunicazione visiva**, affinché i messaggi che è chiamato a visualizzare possano raggiungere il pubblico a cui sono destinati ed essere interpretati in modo corretto.

In questa locandina del film americano *Django* puoi analizzare tutti gli elementi che compongono il linguaggio della grafica: trattamento dei **testi**, elaborazione dell'**immagine**, disposizione nello **spazio**.

Il **titolo**, *Django unchained*, attira l'attenzione per la posizione, le dimensioni, il carattere (o *lettering*) utilizzato.

L'**immagine** è una foto scontornata, cioè senza sfondo, che occupa quasi tutto lo spazio e pone in posizione centrale la figura del protagonista. Lo «spruzzo» di rosso inserito dietro la figura principale contribuisce a darle risalto e nello stesso tempo ricrea la drammaticità della scena.

Il grafico ha utilizzato pochi elementi e li ha «impaginati», cioè li ha disposti nella pagina, in modo molto semplice e simmetrico, creando una **composizione** di grande forza che insieme ai colori scelti, bianco e nero con del rosso in contrasto, crea un'atmosfera drammatica adatta al contenuto del film.

Dalla cartellonistica alla grafica moderna

La **progettazione grafica** è nata con lo sviluppo della **comunicazione di massa**, quando alcuni artisti hanno sentito la necessità di migliorare la qualità estetica ed espressiva dei messaggi che ogni giorno ci raggiungono nella vita quotidiana.
All'inizio del Novecento non esisteva ancora la figura professionale del grafico: le pubblicità venivano affidate al gusto e alla creatività dei **cartellonisti**, artisti chiamati a progettare e realizzare i manifesti.
Furono gli artisti della scuola Bauhaus, in Germania, ad applicare nei primi decenni del Novecento gli studi sul linguaggio visivo anche ai messaggi stampati, gettando così le basi della grafica moderna.

L'artista futurista Fortunato Depero ha creato quest'immagine in stile futurista per la pubblicità di un'industria dolciaria.

Fortunato Depero, pubblicità per l'uovo a sorpresa *Unica*, 1927.

In questa pubblicità per una mostra della scuola Bauhaus forme e testi creano un'immagine astratta.

Manifesto per una mostra della scuola Bauhaus, 1923.

La grafica per l'immagine di un evento mondiale

I grandi eventi necessitano di molta comunicazione e quindi di un grande impegno nella progettazione grafica. Osserva qui sotto due elementi fondamentali della comunicazione per **Expo 2015** a Milano: il marchio e la mascotte.
L'**Expo** è un evento mondiale e quindi la comunicazione è studiata per poter essere diffusa e compresa in tutto il mondo e adattata a tutte le lingue. Inoltre deve essere coerente con il carattere della manifestazione e con i contenuti che intende diffondere, in questo caso l'alimentazione e l'ambiente, riassunti dallo **slogan** «Nutrire il pianeta, energia per la vita».

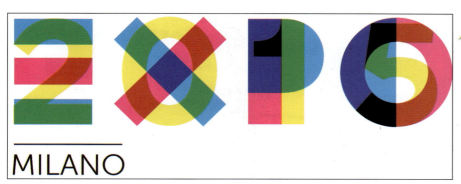

Per scegliere il **marchio** che rappresenterà Expo 2015 è stato indetto un concorso, ed è stato il pubblico a decidere il vincitore tra i due finalisti selezionati da una giuria di esperti. Questo marchio è composto semplicemente dalla scritta stilizzata sovrapposta alla data; appare molto colorato, quasi a voler simboleggiare tutti i colori del mondo, ma se guardi bene sono stati usati solo **i tre colori primari**: le lettere sono in azzurro e rosso magenta e si sovrappongono in trasparenza al giallo dei numeri.

La **mascotte** è un personaggio umanizzato che ha il compito di comunicare il messaggio dell'evento. In coerenza con il tema della manifestazione, la mascotte è formata da frutti e verdure provenienti da diversi luoghi della terra: ogni vegetale ha vita propria come singolo personaggio, ma tutti insieme compongono il viso della mascotte, imitando i famosi dipinti del pittore Arcimboldi.

I campi di applicazione della grafica

I campi di applicazione della grafica sono numerosissimi: progettazione e impaginazione di libri e riviste, creazione di manifesti, locandine, pieghevoli per la comunicazione culturale, progettazione dell'immagine per aziende, associazioni, eventi, realizzazione di messaggi pubblicitari, ideazione di testi e immagini sulle confezioni dei prodotti, studio della segnaletica per gli spazi pubblici…

Nata in relazione ai **messaggi stampati**, oggi la grafica trova nuovi campi di applicazione nella **comunicazione digitale e via web**.

La grafica editoriale

In libri, giornali e riviste la grafica ha una funzione molto importante.

Il grafico organizza visivamente i contenuti di un **libro** scegliendo il **carattere** per i vari tipi di testo, decidendo dove collocare le **immagini** e come mettere in relazione testi e immagini in modo che la lettura sia funzionale e piacevole.

Anche i **giornali** e le **riviste** sono progettati e impaginati dai grafici. Se confronti due quotidiani o due riviste dello stesso genere, vedrai che i contenuti sono simili, ma l'aspetto è diverso: questo dipende dal progetto grafico che permette di riconoscere lo «stile» di una pubblicazione.

Nella progettazione di un **quotidiano** il grafico si preoccupa soprattutto della chiarezza delle pagine.

In una **rivista** il grafico cerca di rendere attraenti gli articoli con una impaginazione vivace e immagini trattate in modo creativo.

Nella **copertina** dei libri, il grafico deve attrarre il lettore e permettergli di capire subito di che tipo di libro si tratta (romanzo, giallo, testo scolastico…) e quale sarà il suo contenuto.

La grafica pubblicitaria e la comunicazione

Uno dei principali campi di applicazione della grafica è quello degli **annunci pubblicitari** (manifesti, locandine, pagine pubblicitarie) e in generale di tutti quegli **stampati informativi** (cataloghi, pieghevoli, inviti, opuscoli) diffusi da aziende, associazioni o anche enti pubblici per comunicare al pubblico prodotti, iniziative e servizi.

Il Comune di Rimini ha affidato al designer Milton Glaser il compito di trasmettere al grande pubblico un'immagine rinnovata della città. Qui vedi il **manifesto** creato nel 1994. Osserva come vari elementi richiamano in modo semplice e originale la **vocazione balneare della città:** la «M» della parola Rimini è come un bagnante che si immerge nel mar Adriatico, la palla colorata ricorda i giochi da spiaggia, i colori azzurro e giallo, infine, sono simbolo del mare e del sole.

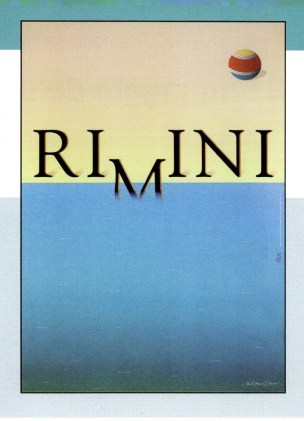

La segnaletica e il **simbolo** della metropolitana di Milano furono studiati agli inizi degli anni Sessanta del secolo scorso da Bob Noorda, architetto e *graphic designer*.

La grafica nell'ambiente

La segnaletica nei grandi spazi pubblici è un particolare campo di applicazione della grafica nato dalle esigenze della moderna vita sociale: pensa agli aeroporti, alle stazioni, alle fiere, ad eventi internazionali come le Olimpiadi e anche agli edifici pubblici che offrono servizi ai cittadini.

Il grafico progetta la segnaletica in modo che sia **visibile, efficace** e **comprensibile** per tutti, ma si preoccupa anche del suo **valore estetico** in rapporto all'ambiente.

Le informazioni segnaletiche possono essere **scritte**, oppure rappresentate da **icone**, cioè immagini simbolo che tutti possono facilmente decodificare, anche gli stranieri.

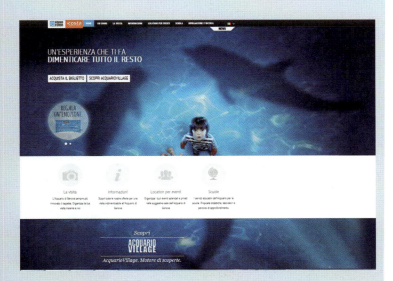

Il sito ufficiale dell'Acquario di Genova offre una **visita virtuale** al più grande acquario italiano, oltre ad altre informazioni e alla possibilità di prenotare visite ed eventi.

La grafica multimediale dei siti web

Molta comunicazione avviene oggi attraverso i media digitali e la rete web: aziende, enti, associazioni e anche singole persone hanno un **sito** per informare il pubblico sulle loro attività, con il vantaggio di poter instaurare anche un dialogo diretto con gli utenti grazie all'interattività della rete.

L'aspetto visivo dei siti web è uno dei campi più nuovi della grafica: i professionisti che se ne occupano, chiamati **web designer**, lavorano in collaborazione con i tecnici informatici per progettare pagine web che siano non solo chiare, ma anche accattivanti ed espressive in relazione ai contenuti che intendono comunicare.

241

Il linguaggio della grafica

Compito del grafico è veicolare al pubblico un messaggio in modo efficace: per questo egli deve conoscere i principi della percezione e della comunicazione visiva e applicarli nella scelta dei caratteri, delle immagini, dei colori, nella disposizione dei vari elementi nel campo visivo; inoltre, egli deve saper analizzare il messaggio e il pubblico a cui è destinato per poter creare un prodotto visivo che sia coerente con il contenuto e con gli scopi del messaggio.
Gli elementi del linguaggio grafico sono il **lettering**, il **trattamento delle immagini** e l'**impaginazione**.

Il lettering

Il lettering è lo studio dell'**aspetto visivo** dei **caratteri tipografici**, che si differenziano per la forma (o disegno), la grandezza e lo spessore del tratto.

Il **carattere tipografico**, o **font**, è il disegno delle lettere dell'alfabeto: ne esistono tantissimi, ciascuno identificato da un nome.

La grandezza del carattere si chiama **corpo**. Osserva le differenze tra due corpi di uno stesso carattere.

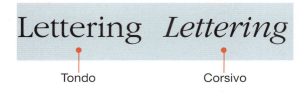

Un carattere può essere **tondo** o **corsivo**.

Può essere inoltre più o meno spesso, con variazioni che vanno dal **chiaro** (*light*) al **nero** (*bold*).

Il grafico sceglie il carattere più adatto allo scopo e alla natura del messaggio: per testi lunghi, per esempio un libro scolastico, sceglierà un carattere chiaro, facilmente leggibile; per il titolo della copertina di un disco potrà scegliere un carattere fantasioso e a colori vivaci, creando anche effetti particolari come ombre, sfumature, deformazioni.

Nei libri per bambini di *Geronimo Stilton*, alcune parole e frasi sono scritte con un lettering particolare e colorato per vivacizzare la pagina ed esprimere sensazioni e idee.

Ecco un lettering molto creativo per il titolo di una rivista di arredamento: riesci a leggerlo?

Grafica, pubblicità, design

Il trattamento delle immagini

I moderni programmi grafici consentono di trattare le immagini con **effetti diversi** e offrono al grafico molte possibilità di esprimere la propria creatività: un'immagine può essere ingrandita o ridotta, può essere tagliata per prenderne un dettaglio, scontornata con l'eliminazione dello sfondo; può essere utilizzata come sfondo per una scritta oppure può essere «bucata» con una scritta in negativo; i colori possono essere modificati o resi più tenui o intensi.

In questo esempio la foto della terra è stata deformata fino a ottenere la forma di un cuore per un messaggio che invita ad amare l'ambiente.

L'impaginazione

Un aspetto caratteristico del linguaggio della grafica è l'impaginazione, cioè la **collocazione di testi e immagini nel campo visivo**, come per esempio la pagina di un libro, la superficie di un manifesto, la facciata di un pieghevole.
Secondo lo scopo del messaggio, il grafico posizionerà i diversi elementi in modo da attirare l'attenzione dell'osservatore su quelli che ritiene più importanti, favorendo un certo **ordine di lettura**.
La **composizione** di una pagina può essere **statica** o **dinamica**: sarà più statica quando si vuole favorire una lettura concentrata senza disturbare la percezione con eccessive stimolazioni visive; sarà più dinamica quando si vuole catturare l'attenzione, soprattutto nel caso di messaggi che non richiedono una lettura prolungata.

Il testo di un'enciclopedia è un esempio di **composizione statica**.

La pagina di una rivista è un esempio di **composizione dinamica**.

243

Sezione 4 • Mezzi e linguaggi della comunicazione multimediale

Il logo e il marchio

Un tipico lavoro del grafico è la progettazione del logo o del marchio che identifica un'azienda, un ente o anche un semplice prodotto.
Il **logo** (per esteso «logotipo») è il **nome** scritto con caratteri e colori scelti accuratamente in modo da rispecchiare la «personalità» dell'azienda, dell'ente o del prodotto che porta quel nome. Il nome verrà sempre scritto utilizzando il logotipo, che diventa subito riconoscibile e **percepito quasi come un'immagine**.

Ecco un logotipo che sicuramente riconosci: è quello della **Walt Disney**, ricavato dalla firma del suo fondatore, e compare su tutti i prodotti Disney, dai giornalini ai film.

Nel logo della compagnia aerea **Alitalia** creato dal graphic designer Walter Landor nel 1967, la lettera iniziale ricorda la forma dell'ala di un aereo e utilizza i colori della bandiera italiana.

Insieme al logo si usa spesso anche il **marchio**, cioè un **simbolo** che visualizza le caratteristiche particolari di un prodotto, di un'azienda o di un'associazione.

Avrai visto spesso questo marchio sulle etichette dei maglioni di lana: è il simbolo che identifica i prodotti in **pura lana vergine** e richiama l'immagine stilizzata di un gomitolo.

Questo marchio è stato progettato da Walter Landor nel 1986 per l'associazione ambientalista **WWF**: la figura del panda, noto al grande pubblico come animale in pericolo di estinzione, si associa immediatamente alle finalità dell'associazione.

Il marchio della **Regione Lombardia** è stato creato da Bruno Munari, artista, designer e grafico, prendendo ispirazione dalla *rosa camuna*, un antico simbolo presente nelle incisioni rupestri della Valcamonica.

Ecco come il logo di un negozio, progettato dal giapponese Tanaka Ikko, compare non solo sull'insegna ma anche sulle confezioni e le borse utilizzate dal negozio stesso, caratterizzate tutte dal colore giallo: è un esempio di **immagine coordinata**, che ha lo scopo di rafforzare la percezione di un certo marchio e renderlo maggiormente riconoscibile.

LABORATORIO

Il grafico sei tu

CREA un **logo**, un **marchio** o una semplice **icona** usando la tua creatività e tenendo ben presente il contenuto del messaggio che vuoi comunicare.

Componi con un lettering creativo

Osserva qui a lato il programma di un concerto progettato dal grafico Tanaka Ikko: i nomi dei musicisti sono scritti combinando caratteri diversi. Prendi spunto per comporre il tuo nome con un lettering creativo.

- Ritaglia da giornali e riviste lettere di caratteri diversi.
- Usale per comporre il tuo nome provando diversi accostamenti di colore, forma, grandezza, finché trovi la disposizione che ti sembra esprimere meglio la tua personalità. Non è detto che le lettere debbano essere accostate in modo lineare: possono seguire un andamento mosso, creare linee oblique o verticali. L'importante è che il nome sia chiaramente leggibile!

Progetta un marchio per la tua città

Osserva questi marchi: i primi tre rappresentano in modo simbolico l'attività a cui si riferiscono; nel caso di Emergency il marchio nasce dall'elaborazione grafica della lettera iniziale del nome.

- Prendi spunto da questi esempi e da quelli della pagina a fianco per progettare un marchio per la tua città: puoi farti ispirare dal suo nome, da una caratteristica del territorio, da un monumento rappresentativo, da una tradizione, dalla sua storia.

Crea una icona

Questa icona si trova sul sito **www.gentletude.com**, creato dall'associazione Gentletude, che ha lo scopo di diffondere la «gentilezza» nei confronti dell'ambiente e del prossimo. Come vedi, si coglie immediatamente il messaggio della gentilezza nelle due figure stilizzate legate da un abbraccio, accompagnate dalla parola GOOD che si forma includendo le teste delle persone.

- Seguendo questo esempio, crea anche tu una icona per comunicare un messaggio legato a un'idea o a un sentimento, per esempio amore, amicizia, rabbia, paura, coraggio, violenza, uguaglianza ecc.

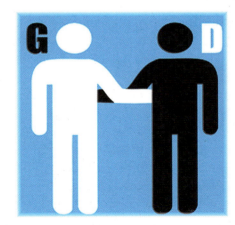

- Crea un lettering di fantasia, p. 130
- Progetta la copertina di un libro, p. 131

Sezione 4 • Mezzi e linguaggi della comunicazione multimediale

La pubblicità

La troviamo dappertutto. Ci parla dai muri, dai giornali, dagli schermi della televisione e dei cinema, dai video dei computer, dagli opuscoli che riempiono le cassette della posta... Ovunque la pubblicità cerca di imprimere nella nostra mente un marchio, un prodotto, un'idea; soprattutto, cerca di convincerci a fare qualcosa, nella maggior parte dei casi a **consumare** e comperare.

Nella nostra civiltà della comunicazione globale, **ottenere visibilità**, farsi notare è un'esigenza vitale per aziende, professionisti, associazioni, istituzioni e anche privati: nella gara per catturare l'attenzione del pubblico, la pubblicità ha sviluppato un linguaggio efficace e originale, ricco di **effetti speciali**. Creativi ed esperti della comunicazione lavorano nelle agenzie di pubblicità per mettere a punto messaggi studiati in ogni dettaglio.

Una forma di comunicazione recente

La pubblicità nasce con lo **sviluppo dell'industria**: da quando le aziende hanno iniziato a produrre quantità sempre maggiori di merci, hanno bisogno di un numero sempre crescente di consumatori che acquistino i loro prodotti preferendoli a quelli della concorrenza; pertanto la pubblicità diventa uno strumento di comunicazione imprescindibile per le attività produttive.

Nei primi decenni del Novecento, la pubblicità inizia a diffondersi con manifesti e cartelloni pubblicitari creati a mano da artisti chiamati per questo «cartellonisti». A partire dagli anni Cinquanta e Sessanta, mentre aumentano e si diffondono i beni di consumo di massa, la pubblicità invade progressivamente tutti i mezzi di comunicazione con campagne sempre più complesse, progettate dalle **agenzie di pubblicità**.

Manifesto realizzato nel 1926 da Marcello Dudovich, famoso cartellonista italiano dell'epoca, per un nuovo modello di macchina da scrivere Olivetti.

Questo manifesto pubblicitario Fiat del 1955 è senza testo, ma il messaggio trasmesso dall'immagine è molto chiaro: la 600, nuovo modello di utilitaria, è presentata come bene di consumo alla portata di tutti. Effettivamente la 600 si diffonderà al punto da diventare uno dei simboli del nuovo consumismo di massa.

In Italia la pubblicità arriva in televisione nel 1957 con *Carosello*, un programma serale dedicato esclusivamente a brevi video pubblicitari. Questi sono i pupazzi Carmencita e Caballero, protagonisti di una celebre serie creata negli anni Sessanta dall'agenzia pubblicitaria Armando Testa per una marca di caffè.

246

Come nasce una campagna pubblicitaria

La creazione di un **insieme di messaggi pubblicitari** tesi a far conoscere un prodotto si chiama «campagna pubblicitaria». Tutti i diversi messaggi (video, pubblicità sulle riviste, annunci radiofonici ecc.) devono essere **coerenti** tra loro e trasmettere lo stesso significato, pertanto la creazione di una campagna pubblicitaria è qualcosa di molto complesso, gestito da **agenzie di pubblicità** dove lavorano diverse figure professionali. Vediamo come nasce una campagna pubblicitaria.

Il **committente**, che può essere un'azienda, un teatro, un'associazione ecc., si rivolge all'agenzia e per prima cosa viene stabilito il target del messaggio pubblicitario, ovvero il **destinatario**: a chi vuole vendere o far conoscere il suo prodotto?
Per definire il **target**, si prendono in considerazione le caratteristiche specifiche del gruppo di persone a cui ci si rivolge: fascia d'età, sesso, livello di istruzione, classe sociale, stili di vita e di consumo. Sulla base di tali caratteristiche, gli esperti di comunicazione stabiliscono quale **tipo di messaggio** può essere più efficace: su quali argomenti puntare, quale linguaggio utilizzare ecc. Scelgono inoltre i **mezzi di comunicazione** per diffonderlo (stampa, radio, televisione, siti web ecc.) e il **periodo dell'anno** in cui avviare la campagna.

Chi crea una campagna pubblicitaria?

Fatta l'analisi preliminare degli obiettivi della campagna pubblicitaria, si mettono al lavoro i cosiddetti «creativi», cioè coloro che hanno il compito di ideare il messaggio: l'**art director** progetta le immagini e tutta la parte visuale, mentre il **copywriter** crea i testi; grafici, illustratori, fotografi collaborano alla messa a punto del messaggio.
Tocca poi al reparto **produzione** il compito di realizzare materialmente gli annunci in collaborazione con tanti professionisti diversi: per esempio stampatori per gli annunci su carta, registi, attori, musicisti per gli annunci audio e video.
Infine, l'agenzia si occupa di contattare i mezzi di comunicazione prescelti affinché gli annunci appaiano in pubblico nei luoghi e nei tempi stabiliti.

Per questa pubblicità dello scooter Vespa il copywriter ha creato uno slogan a effetto che, riprendendo e modificando una frase dell'inno nazionale («L'Italia s'è desta»), dà al messaggio il tono solenne di chi annuncia una grande novità, ma anche un tono spiritoso per il gioco di parole e l'immagine che completa la frase. La parte visuale, essenziale e incisiva, contribuisce a rendere efficace l'annuncio.

Gli scopi e gli ambiti della pubblicità

La pubblicità ha lo scopo di comunicare per influenzare il comportamento delle persone, deve quindi **informare**, **persuadere** e **farsi ricordare**.

Nella maggior parte dei casi la pubblicità è **commerciale**, cioè vuole convincere il pubblico della bontà di un certo prodotto e indurlo ad acquistarlo. Ma c'è anche una pubblicità, detta **sociale**, finalizzata a convincere di una certa idea o ad adottare comportamenti corretti verso sé stessi, gli altri o l'ambiente. Infine c'è un settore della pubblicità, detta **istituzionale**, il cui scopo è rendere visibile e riconoscibile agli occhi del pubblico una certa istituzione, un'azienda o anche un evento, come hai visto a proposito di Expo 2015.

L'importanza del marchio o brand

Sempre più si parla in pubblicità dell'importanza del brand, una parola inglese che significa «**marca**». Perché è importante il concetto di brand? Perché tutti noi tendiamo a dare la nostra fiducia a qualcosa che conosciamo già.

Nella società preindustriale le persone sceglievano di acquistare un certo **prodotto** perché conoscevano l'artigiano che l'aveva realizzato o il negoziante che lo vendeva e se ne fidavano. Nella società industriale le merci diventano di serie, anonime e i luoghi di acquisto spersonalizzati (pensa ai grandi centri commerciali). Ecco perché le aziende devono «**personalizzare**» i loro prodotti **attraverso il brand**, che deve tradurre quella «promessa» di qualità che il cliente si aspetta dal prodotto.

Affinché un brand si imprima nella mente del pubblico, la sua immagine dovrà attirare l'attenzione, dovrà essere facile da ricordare e facile da riconoscere rispetto alla concorrenza, dovrà suggerire le caratteristiche e la qualità del prodotto, e soprattutto dovrà essere diffusa il più possibile.

Ogni azienda, inoltre, cercherà di associare al proprio brand delle idee positive, per **attirare la fiducia del pubblico**.

Alcune aziende fanno conoscere il loro marchio diventando **sponsor** di personaggi o eventi del mondo dello sport o della cultura. Nell'esempio mostrato dall'immagine, l'azienda di abbigliamento sportivo PUMA ha sponsorizzato un noto atleta, Usain Bolt: il messaggio implicito è che i suoi prodotti sono degni di un campione.

Il Mulino Bianco è il noto brand di una linea di prodotti da forno. Il nome, il marchio, le immagini che li accompagnano si richiamano a uno **stile di vita** «come una volta», semplice e naturale; in tal modo i consumatori saranno portati ad associare a quel marchio i valori della genuinità e della tradizione, e quindi a sceglierlo con fiducia.

Tra gli innumerevoli prodotti esposti sugli scaffali di un supermercato, tendiamo a scegliere quelli di cui conosciamo la **marca**, magari perché ne abbiamo visto la **pubblicità** alla televisione e la ricordiamo.

Grafica, pubblicità, design

La pubblicità di utilità sociale

Nella società contemporanea anche le **idee**, oltre ai prodotti, possono essere pubblicizzate attraverso i canali di comunicazione di massa. Esistono quindi campagne pubblicitarie promosse da associazioni e da enti pubblici per far conoscere le loro iniziative e invitare il pubblico a sostenerle o ad adottare determinati comportamenti che riguardano il bene di tutti.

Questo annuncio fa parte della campagna adesioni con cui il FAI invita il pubblico ad associarsi e a partecipare così all'impresa comune di **salvaguardia del patrimonio ambientale e artistico italiano**. L'immagine, che sovrappone la tessera dei soci FAI alla foto di un paesaggio, e lo slogan sottolineano il **grande valore del piccolo gesto**. Questo messaggio è stato diffuso con vari mezzi: qui lo vediamo come compare sul **sito**, dove cliccando sulla apposita zona il pubblico può immediatamente aderire all'invito.

Un'associazione che si occupa di aiutare persone con problemi di **bulimia** e **anoressia** ha creato questa campagna utilizzando come testimonial alcune ragazze che sono riuscite a superare il loro problema. Anziché mostrare le conseguenze dell'anoressia, questa comunicazione punta su un **messaggio positivo** rafforzato da storie vere: **guarire si può**!

Questo annuncio fa parte di una campagna del Ministero delle Infrastrutture e dei Trasporti sulla sicurezza stradale. In tutta la campagna il messaggio è affidato a dei **testimonial**, cioè personaggi noti che dovrebbero dare più **autorevolezza** al messaggio stesso. Qui la testimonial è una campionessa mondiale di tuffi, Tania Cagnotto, come è ricordato anche dallo slogan, spiritoso ed efficace.

Sezione 4 • Mezzi e linguaggi della comunicazione multimediale

Il linguaggio della pubblicità

La pubblicità si avvale di molteplici mezzi di comunicazione: affissioni pubbliche (manifesti e locandine), segnaletica (insegne, cartelloni stradali), volantini, cataloghi, annunci su giornali e riviste, spot televisivi e radiofonici, sms, siti internet ecc.
È una **comunicazione multimediale** e utilizza diversi linguaggi: le **immagini**, le **parole**, la **musica** per gli annunci radiofonici e video, e altri ancora. I messaggi pubblicitari cercano di catturare l'attenzione del pubblico con un **uso creativo del linguaggio**, che sappia incuriosire e colpire in modo immediato.

Gli «ingredienti» di un annuncio pubblicitario

Con questa pubblicità una catena di supermercati annunciava ciò che all'epoca era una novità: avrebbe messo in vendita solo lampadine a basso consumo energetico (che nell'arco di due anni avrebbero dovuto sostituire per legge quelle tradizionali allora in uso); in questo modo voleva dimostrare al pubblico di essere all'avanguardia nel sostenere l'impegno ecologico per il **risparmio energetico**.

L'**immagine** è la parte più importante di un messaggio pubblicitario. In questo caso è molto semplice, ma con un particolare strano: grazie a un fotomontaggio, la lampada sembra appesa al picciolo di una pianta, perché l'intento è suggerire al pubblico che si tratta di una lampadina «verde», amica della natura.

Il **titolo**, o **headline** (comunemente chiamato **slogan**), esprime in breve il contenuto del messaggio, in genere ricorrendo a un gioco di parole: qui le parole «si accende» alludono alle lampadine, ma vengono riferite a «una nuova era», facendo capire che si tratta di una novità importante.

Il **sottotitolo**, o **payoff**, chiarisce di che cosa si tratta.

Un testo scritto in piccolo, chiamato **bodycopy**, fornisce un approfondimento spiegando le motivazioni e i vantaggi della scelta intrapresa: chi è stato colpito dall'annuncio potrà leggere questo testo e trovare delle ragioni in più per convincersi.

Il **marchio** si riferisce al committente del messaggio.

250

Gli «effetti speciali» della pubblicità

Giochi di parole, immagini sorprendenti, ironia sono alcuni degli «effetti speciali» del linguaggio pubblicitario. Ecco qualche esempio.

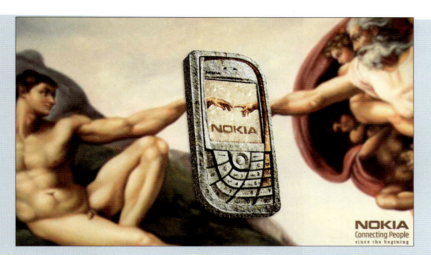

L'azienda Nokia pubblicizzava i suoi cellulari rielaborando un dettaglio del **celebre affresco** di Michelangelo che rappresenta la creazione dell'uomo. Sfruttando l'espressività che Michelangelo ha saputo dare al gesto di contatto tra le mani di Dio e di Adamo, i pubblicitari hanno utilizzato la **potenza di quest'immagine** per illustrare il concetto di «connessione» espresso dall'headline: «connettere» le persone è possibile solo grazie al telefonino, inserito nell'immagine con un fotomontaggio.

Questa pubblicità di una catena di supermercati punta sull'**effetto sorpresa** e sull'**ambiguità** dell'immagine, sottolineata dal titolo: sono pinguini o melanzane? Si tratta a ben vedere di melanzane rappresentate in modo da suggerire il corpo di pinguini. Headline e immagine rappresentano in modo suggestivo l'idea di «qualcosa di speciale» espressa dal payoff.

In questo annuncio per una campagna del WWF, l'accostamento tra l'headline e l'immagine crea un **effetto comico** che rende efficace il messaggio.
L'headline fa un'affermazione molto semplice e diretta, dimostrata dall'effettiva assurdità dell'azione rappresentata nell'immagine. L'annuncio contiene un **messaggio implicito**: chi è intelligente non spreca energia!

Questo messaggio utilizza un **gioco di parole**: nel linguaggio comune «avere la propria buona stella» vuol dire «essere fortunati» e in questo contesto, grazie all'immagine della pianta che fa da sfondo, l'annuncio invita il pubblico ad acquistare una «stella di Natale» distribuita dall'associazione, per finanziare la ricerca contro la leucemia e dare così speranza ai malati.

251

Sezione 4 • Mezzi e linguaggi della comunicazione multimediale

L'importanza delle motivazioni

Una pubblicità, per essere efficace, deve **convincere** il pubblico che l'adesione all'idea proposta o l'acquisto di quel prodotto porterà dei **vantaggi**. Per questo, attraverso la suggestione delle immagini e delle parole, la pubblicità cerca di associare i prodotti, secondo il target del messaggio, a idee di bellezza, successo, salute, benessere, potenza, ricchezza, felicità, facendo leva sui desideri più o meno consapevoli del pubblico.

Questa pubblicità dei famosi braccialetti e accessori Cruciani è basata esclusivamente sulla fotografia di una **giovane donna**, con il marchio riportato in piccolo in basso. I braccialetti di pizzo e la borsa, tuttavia, sono sapientemente mixati in un gioco di **colori forti e audaci**: il vestito viola della ragazza, la cintura gialla, il copricapo formato da un intreccio coloratissimo di foulard e il rosso acceso del rossetto. Il risultato è un'immagine **elegante** e **glamour** che si sposa perfettamente con lo stile dell'azienda e dei suoi prodotti.

Confronta queste due pubblicità indirizzate al **pubblico femminile**. La prima pubblicizza un profumo: non descrive le qualità del prodotto, ma si limita ad associarlo a un'immagine di donna; la fotografia è ritoccata in modo da farle assumere tonalità dorate e luminose, suggerendo a chi guarda idee di bellezza, ricchezza, lusso. La seconda pubblicità, invece, presenta una crema per il viso associata a frutta e ad uno slogan d'effetto «Il buongiorno più sano per la pelle»: in questo caso il prodotto comunica un diverso modello di bellezza femminile, basato su un'idea di benessere naturale.

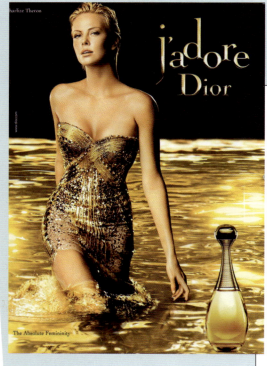

Questo annuncio mostra l'immagine di un attore famoso che consuma la bevanda pubblicizzata: il personaggio, che appare come **testimonial** del prodotto, fa parte del mondo dei vip, come lascia intendere la scritta «vip pass». Il messaggio, quindi, suggerisce l'idea implicita che quella bevanda è un prodotto di classe e che anche il consumatore potrà entrare nell'esclusiva cerchia dei vip a cui appartiene l'attore.

LABORATORIO

Il pubblicitario sei tu

RIELABORA in modo personale i principi della pubblicità fin qui esposti, creando due diverse pubblicità, una di tipo **commerciale** e una **sociale**.

Prodotti o personaggi?

Osserva questi annunci creati da una catena di supermercati. Le fotografie ritraggono prodotti trasformati in modo da ricordare personaggi famosi, il cui nome viene parafrasato attraverso giochi di parole: così, per esempio, Cappuccetto Rosso diventa... Cappelletto Rosso! La serie ha avuto molto successo, tanto che qualcuno si è divertito creando e diffondendo in internet nuove immagini.

- Prova anche tu a trasformare un prodotto in un personaggio e utilizzalo per creare un messaggio pubblicitario.

Una pubblicità di utilità sociale

- Lavorando a piccoli gruppi, progetta con i tuoi compagni un manifesto pubblicitario da attaccare a scuola per suggerire comportamenti corretti nella vita scolastica e nella società.

Ecco qualche idea su possibili scopi della vostra campagna:

- contrastare il bullismo;
- promuovere un atteggiamento responsabile e rispettoso verso gli arredi e gli strumenti scolastici;
- incoraggiare comportamenti di accoglienza verso tutte le diversità;
- convincere a spegnere il cellulare in classe.

- Ispiratevi agli esempi di queste pagine e ricordate che i testi e le immagini devono essere semplici e chiari per attirare immediatamente l'attenzione del pubblico.

Fare per creare

- Mettiti alla prova come art director, p. 132
- Mettiti alla prova come copywriter, p. 133
- Leggi il significato nascosto, p. 134

Sezione 4 • Mezzi e linguaggi della comunicazione multimediale

Il design

L'obiettivo del design è riuscire a portare la qualità estetica negli oggetti di tutti i giorni.

Oggi essi non escono più dalle mani di un artigiano, ma sono il risultato di una **produzione industriale in serie**: l'estro e l'abilità degli artigiani, che sapevano creare oggetti unici, originali e belli oltre che utili, sono sostituiti dalla creatività dei designer, chiamati a progettare gli oggetti che saranno poi prodotti dalle macchine in gran numero e tutti uguali.

La ricerca della bellezza va di pari passo con la ricerca della praticità e con la conoscenza dei materiali e dei processi produttivi. Il design si occupa di molti settori della produzione industriale, in particolare di quelli che realizzano oggetti per la casa e per le persone.

I designer non progettano solo beni di lusso destinati a pochi privilegiati. Grazie alla conoscenza dei materiali e dei processi di lavorazione, i designer sono in grado di progettare oggetti piacevoli e funzionali **alla portata di tutti**, come questi tavolinetti Ikea che diventano una bicicletta giocattolo.

Il famoso designer e artista Giò Ponti ha progettato per la casa produttrice Alessi queste posate dalla **linea moderna**, essenziale ed elegante.

Posate, di Giò Ponti

La caffettiera Bialetti, prodotta dal 1930 e presente in quasi tutte le case italiane, è esposta anche al MoMA, il Museo di Arte Moderna di New York: un esempio di **design semplice** di grande successo.

Alfonso Bialetti, *Caffettiera Moka Express*, 1933, Bialetti.

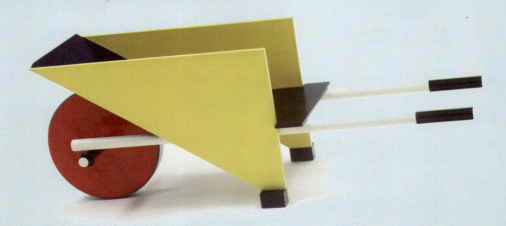

Il design si occupa anche di **giochi per bambini**, come questa carriola giocattolo in legno dalle semplici forme geometriche.

Gerrit Thomas Rietveld, *Carriola giocattolo*, 1923.

Grafica, pubblicità, design

Il design e la produzione industriale

La parola inglese *design* significa «progettazione». Con questa parola ci si riferisce, in forma abbreviata, alla «**progettazione dell'oggetto industriale**», in inglese *industrial design*. Il design è nato, infatti, nella seconda metà dell'Ottocento con il diffondersi della produzione industriale, quando alcuni artisti pensarono di applicare in questo campo la propria arte e di contribuire così alla diffusione del bello nella vita quotidiana.

Il precursore del design moderno fu l'inglese William Morris, che diede vita, alla fine dell'Ottocento, al movimento **Art and Craft** (arti e mestieri) con il proposito di avviare una collaborazione tra mondo artistico e industria.

Nel Novecento il design si è sviluppato, offrendo agli artisti-designer possibilità espressive del tutto nuove, grazie alle moderne tecnologie industriali; un ruolo importante nella ricerca di forme innovative fu ricoperto, nella prima metà del Novecento, dal movimento **Bauhaus** in Germania.

William Morris fu molto ricercato come progettista di motivi per **tessuti** e **carte da parati**, come quello che vedi qui.

William Morris, carta da parati, 1897.

Marcel Breuer insegnava alla scuola Bauhaus quando progettò questa **poltrona rivoluzionaria** in tubo d'acciaio e cuoio. Nessuno prima di allora aveva mai pensato di poter usare il tubo d'acciaio per una poltrona. Grazie al nuovo materiale, essa ha una forma leggera e moderna e nello stesso tempo è robusta ed elastica, in quanto la struttura è formata da un unico pezzo curvato.

Marcel Breuer, poltrona *Vassily*, 1925.

Questa macchina da scrivere portatile divenne celebre per il suo **design innovativo**: leggera, dal colore vivace, dotata di una maniglia e di una custodia per essere trasportata facilmente come una valigetta. Prima di questa, le macchine da scrivere erano pesanti, ingombranti e di colore grigio o nero.

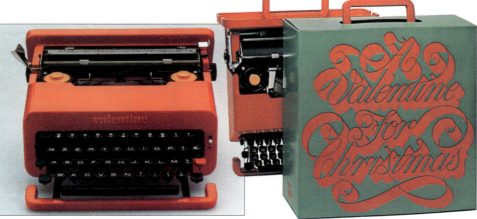

Ettore Sottsass e Perry King, macchina da scrivere portatile *Valentine*, 1969, Olivetti.

Sezione 4 • Mezzi e linguaggi della comunicazione multimediale

Il campi di applicazione del design

Quasi tutti gli oggetti che ci circondano sono di produzione industriale; il design ha quindi un campo di applicazione vastissimo: dai mezzi di trasporto (automobili, autobus, aerei, biciclette…), agli oggetti tecnologici come computer, telefoni e tablet, dagli utensili di lavoro agli oggetti per la cucina e la casa…

Solitamente i designer si specializzano in un certo ambito, soprattutto quando questo richiede delle conoscenze molto specifiche e approfondite delle tecniche di produzione.
Vediamo alcuni dei settori in cui il design è maggiormente presente.

Utensili e piccoli oggetti di ogni giorno

Dagli utensili di lavoro a quelli che usiamo ogni giorno in casa, sono innumerevoli gli oggetti che ci accompagnano nelle nostre azioni quotidiane. Un buon design può contribuire a rendere più facile e più sicuro il nostro gesto, oltre a darci il piacere di essere circondati da oggetti belli.

Questo set di mestoli presenta un design allegro e funzionale: la forma è studiata in modo da occupare poco spazio.

Set di mestoli *Joseph Joseph*.

Questo orologio giallo *Velvety* di Toywatch si caratterizza per la scelta di un unico colore e del materiale gommoso, morbido al tatto e piacevole da indossare.

Il design dei mezzi di trasporto

Progettare la forma di un mezzo di trasporto è molto complesso: il designer deve tener conto di fattori fondamentali come la sicurezza, il rapporto tra la forma e la velocità, le caratteristiche dei materiali, i processi di produzione ecc. Ma anche la linea e l'aspetto estetico sono molto importanti: il pubblico, infatti, sceglie un certo «stile» perché lo sente vicino ai propri desideri e all'immagine che vuole dare di sé stesso.

Progettata nel 1957 da Dante Giacosa, la FIAT 500 fu un grande successo: la sua linea semplice e compatta era adatta a trasmettere il concetto di una automobile per tutti.

256

Grafica, pubblicità, design

Arredi e complementi di arredo

Uno dei principali campi di applicazione del design è la progettazione di **mobili** e **oggetti per la casa**.
Prima dell'avvento del design, le case erano arredate con mobili in legno massiccio dalle forme tradizionali, che venivano conservati a lungo nel tempo. I moderni arredi di design sfruttano le possibilità di nuovi materiali e nuove tecnologie per creare oggetti dall'aspetto innovativo.

Textile e fashion design

Fin dalle sue origini il design si occupa di progettare i **motivi dei tessuti**. Questo campo di applicazione si chiama design tessile o *textile design*.
Recentemente, con l'affermarsi dell'industria dell'abbigliamento, ha avuto grande sviluppo il design di moda, o *fashion design*, che comprende anche la progettazione di **accessori** come borse e scarpe.

Pier Giacomo e Achille Castiglioni, lampada *Arco*, 1962, prodotta da Floss.

Le lampade sono un settore importante dei complementi d'arredo, in quanto l'illuminazione ha una grande influenza sull'atmosfera e la funzionalità di uno spazio. Per le lampade, quindi, il designer studia sia la forma esterna che il modo in cui si diffonde la luce.

Vibram, *Scarpa a cinque dita*.

Tessuto con fantasia stile tartan della casa di moda londinese Burberry, dal 1841.

Gli spazi pubblici e gli arredi urbani

I designer progettano anche gli **spazi con funzioni pubbliche** come negozi, uffici, interni di stazioni e aeroporti ecc. Qui è molto importante un'attenta valutazione della funzione di spazi e arredi, compresa la segnaletica, affinché il pubblico possa muoversi o sostare in modo pratico, sicuro e confortevole.

Un altro campo di applicazione affine è la progettazione di arredi urbani, cioè gli **oggetti** necessari alla vita sociale collocati **all'aperto**, come lampade per l'illuminazione stradale, pensiline per i mezzi pubblici, giochi per bambini, panchine per i marciapiedi, i parchi o le stazioni ferroviarie.

Le nuove sedute della stazione di Stoccolma, progettate e realizzate dagli architetti Johan Berhin e Fanny Stenberg, combinano modernismo ecocompatibile (sono in legno e acciaio) e design di *fin-de-siècle* dalle comode forme arrotondate ed estremamente curate.

Stazione Odenplan della metro di Stoccolma: le scale sono state trasformate nella tastiera di un pianoforte gigante.

Sezione 4 • Mezzi e linguaggi della comunicazione multimediale

Il linguaggio del design

A differenza dell'artigiano, il designer non produce direttamente gli oggetti che progetta; sulla base dei suoi disegni, i tecnici realizzano un **prototipo** che viene sottoposto a diversi **test**: prove tecniche per correggere eventuali difetti di progettazione e market test per prevedere l'accoglienza dei consumatori. Conclusa questa fase di studio, l'oggetto può essere messo in produzione.

Il linguaggio del design nasce dall'incontro tra la **creatività** del progettista e una profonda **conoscenza dei materiali e delle tecnologie** di lavorazione. Per questo il designer opera in collaborazione con i tecnici che dovranno realizzare l'oggetto progettato. Oggi la tecnologia informatica offre un grande supporto al lavoro del progettista: infatti, con appositi programmi è possibile visualizzare i progetti in **3D**, simulando quindi in modo molto realistico il risultato finale, e trasformare poi i progetti in modelli e disegni esecutivi molto precisi.

La forma e la funzione

Un oggetto deve innanzitutto avere una forma che lo renda adatto allo **scopo pratico** per cui è stato pensato. Il design tiene dunque conto anche dell'**ergonomia**, ovvero la scienza che studia le relazioni tra il corpo umano e gli oggetti, affinché possiamo trarre da essi il massimo vantaggio con il minimo sforzo.

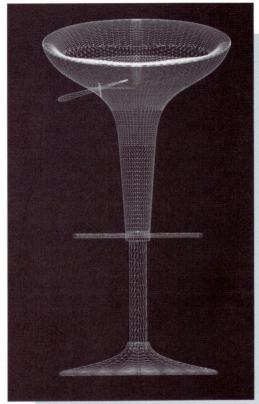

Posate morbide ed ergonomiche come queste sono pensate per aiutare il bambino, quando inizia a mangiare da solo.

Posate *Soft Sensibility*, di Jane.

Questa sedia ergonomica è stata studiata per permettere una posizione ottimale della schiena mentre si studia o si lavora.

Sedia *Variable Balans*, di Variér, 1975, progettata da Peter Opsvik.

Questa automobile, che ha ricevuto il premio di design «Il Compasso d'oro», ha una forma perfettamente adatta alla sua funzione: è piccola e compatta, ideale per spostarsi in città, ed è aerodinamica, cioè la sua forma tiene conto della resistenza dell'aria durante il movimento.

Sergio Pininfarina, *Nido*, 2008.

Grafica, pubblicità, design

La forma e i materiali

L'industria oggi mette a disposizione **materiali** e **tecnologie** che in passato non esistevano, grazie ai quali la fantasia dei designer può sbizzarrirsi e creare forme completamente nuove. Lo studio dei procedimenti di lavorazione e delle qualità dei diversi materiali (leggerezza, flessibilità, resistenza) stimola il designer a progettare oggetti che sfruttino e valorizzino al meglio le potenzialità della tecnologia.

Ron Arad, *Libreria Bookworm*, 1993, Kartell.

Grazie al materiale plastico di cui è fatta, questa libreria è **flessibile**, cioè può essere appesa dandole la forma che si preferisce.

Questa poltrona in legno dalle linee moderne è stata progettata più di ottant'anni fa da Alvar Aalto, uno dei grandi maestri del design: la sua forma nasce da uno studio sulla **flessibilità del legno** e sulla possibilità di curvarlo attraverso particolari procedimenti di lavorazione.

Alvar Aalto, *Poltrona per il sanatorio di Paimio*, 1931, Artek.

Funzionalità ma anche bellezza

Attraverso le loro creazioni i designer comunicano il proprio gusto, il proprio senso artistico, il significato che attribuiscono all'oggetto. Il designer quindi progetta tenendo conto non solo della **funzionalità** ma anche dell'**estetica**, cerca di creare oggetti che possano portare bellezza ed emozioni nella vita quotidiana.
Se ci pensi bene, anche tu sicuramente preferisci certi oggetti ad altri non solo perché sono più comodi e funzionali, ma anche perché li trovi belli, ti comunicano qualcosa.

Alvar Aalto, vaso *Savoy*, 1936, vetro soffiato.

Per questo piatto in legno il designer finlandese Tapio Wirkkala si è ispirato alla bellezza della natura e ha sfruttato sapientemente la **venatura del legno** per creare una forma simile a una foglia.

Tapio Wirkkala, *Vassoio foglia*, 1951, New York, Museum of Modern Art.

Il designer finlandese Alvar Aalto ha creato oggetti molto innovativi che coniugano forme ispirate alla bellezza della natura e **processi di lavorazione** altamente **specializzati**. Ne è un esempio questo vaso, del 1936, composto da tre strati di vetro soffiati a mano, le cui forme sinuose si ispirano al **paesaggio finlandese** con la sua miriade di laghi.

Il design migliora la qualità della vita

Molti designer cercano di migliorare la qualità della vita quotidiana creando oggetti che aumentino la sicurezza, che supportino le persone disabili, che possano essere usati in condizioni ambientali difficili o che, grazie a semplici idee, possano aiutarci a risolvere piccoli problemi pratici.

Negli ultimi anni si è sviluppato anche il **design ecologico**, che cerca di utilizzare materiali e lavorazioni che non siano dannosi per l'ambiente.

Questo letto per ragazzi progettato dal designer italiano Bruno Munari più di quarant'anni fa era veramente avveniristico per l'epoca! L'autore l'ha chiamato **«abitacolo»** perché grazie agli elementi mobili ognuno può **costruirsi un proprio spazio**, adatto non solo a dormire, ma anche a contenere gli oggetti preferiti e a svolgere diverse attività.

Bruno Munari, *Abitacolo*, per Robots, 1971.

Grazie alla forma delle grandi ruote e ai materiali di cui è fatta, questa **«carrozzella da spiaggia»** è una sedia a sdraio che consente alle persone che non possono camminare di essere accompagnate facilmente in spiaggia e perfino in acqua.

Nonostante l'apparenza, il **cartone ondulato** è un materiale robusto che viene utilizzato da alcuni giovani designer per realizzare anche dei mobili. Il risultato è veramente **ecologico**, in quanto il cartone è riciclato e riciclabile e facilmente lavorabile, con scarso dispendio di energia.

Poltrona *Polly*, cartone ondulato stratificato, creato da Kubedesign.

LABORATORIO

Il designer sei tu

INTERPRETA un oggetto di tutti i giorni, prendendo ispirazione da questi divertenti oggetti di design. Quello a destra è una versione originale di un armadietto per medicinali.
Gli altri sono tutti progetti di Alessandro Mendini, un designer milanese che si è divertito a reinterpretare oggetti comuni per renderli più «umani», spiritosi e comunicativi.

Alessandro Mendini, *Caffettiera*.

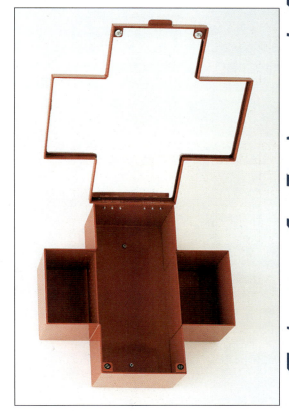

Alessandro Mendini, *Cavatappi Parrot*, per Alessi.

Alessandro Mendini, sveglia da cucina *Anna timer*.

Thomas Erikson, *Armadietto per i medicinali*, 1992.

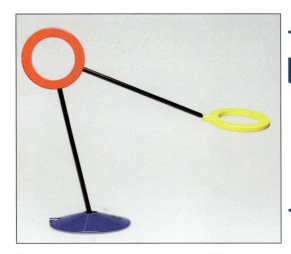

Alessandro Mendini, *Lampada Amuleto*, 2013.

- Pensa a un oggetto che usi tutti i giorni: il tuo zainetto, l'astuccio, un portamatite, una penna, una sedia, il banco di scuola. Come ti piacerebbe che fosse? Progettalo tu in modo che sia funzionale, ma anche divertente e piacevole da guardare.
- Prepara un bozzetto che illustri il tuo progetto: disegna l'oggetto, se necessario da diversi punti di vista per far capire bene com'è; indica i materiali con cui è fatto e il modo in cui va realizzato.

Fare per creare

- Progetta la fermata di un autobus, p. 135
- Trasforma un oggetto quotidiano, p. 136

261

Unità 3
Fotografia e cinema

Fotografia e cinema nascono a pochi decenni di distanza l'una dall'altro, tra l'Ottocento e l'inizio del Novecento.
Entrambi sono prodotti da macchine in grado di «catturare» la realtà così come i nostri occhi la vedono, e offrono pertanto immagini che ci danno l'illusione del vero. Il fotografo riesce a «cogliere» l'istante, «fermando» nei suoi scatti paesaggi, ritratti, oggetti. Il cinema crea immagini in movimento, accompagnate dal sonoro: gli eventi che mostra, le storie che racconta danno al pubblico la sensazione di essere presente. Grazie alla potenza espressiva e ai numerosi campi di applicazione, questi due linguaggi sono diventati protagonisti assoluti della comunicazione.

La forza di immagini simbolo

Alcune fotografie si imprimono nella memoria e riescono ad emozionare lo spettatore per la loro capacità di esprimere un sentimento condiviso o il significato di un evento storico o l'atmosfera di un luogo.
È il caso di questa immagine storica di Robert Capa: in un solo scatto, il fotografo ha saputo «catturare» il sentimento di accoglienza di un contadino siciliano nei confronti di un soldato americano, a cui indica la strada, alla fine della seconda guerra mondiale.
Robert Capa era un fotoreporter americano di origine ungherese che si è dedicato in particolare ai reportage dalle zone di guerra, lasciando foto indimenticabili e di un estremo realismo. È morto nel 1954 a causa dell'esplosione di una mina mentre stava realizzando un reportage in Indocina.

Robert Capa, *Troina*, agosto 1943.

Tra pubblicità e arte

Le immagini per la pubblicità possono raggiungere un elevato livello artistico quando sono create da grandi fotografi che usano il linguaggio fotografico in modo originale ed espressivo. Ne è un esempio questa immagine pubblicitaria del fotografo e regista francese Jean-Baptiste Mondino per una nota marca di caffè.

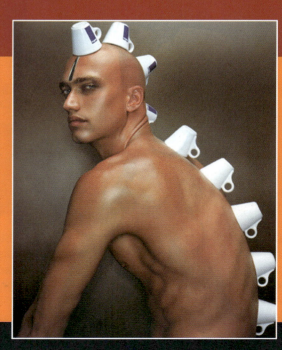

Jean-Baptiste Mondino, calendario Lavazza 2003 – *Espresso and Glamour*.

Punti di vista insoliti

Le moderne apparecchiature consentono di fare fotografie o riprese video in luoghi insoliti o da punti di vista particolari, mostrando così al pubblico cose che non potrebbe mai vedere dal vivo, superando in alcuni casi i limiti stessi dell'occhio umano. È il caso delle immagini aeree e satellitari, che riprendono la realtà dall'alto, di quelle subacquee o di quelle al microscopio.

Foto subacquea, Egitto, Mar Rosso.

Il cinema, un fenomeno sociale

Dalla seconda metà del Novecento il cinema è diventato un fenomeno di massa: fin dalle primissime proiezioni il pubblico accorreva nelle sale cinematografiche attratto dalla forza magica del nuovo linguaggio.

Divi e divine: lo star system

Con il grande successo del cinema è nato il «culto» dei divi e delle dive protagonisti dei film, figure mitizzate dal pubblico dei «fans» come simbolo di successo, bellezza, ricchezza. L'immagine di attori e attrici viene costruita e comunicata ad arte da pubblicitari e agenti in modo da non deludere mai le aspettative del pubblico e garantire così il successo dei film: è questo ciò che si intende con il termine «star system».

Merilyn Monroe fu una delle più celebrate dive dello star system di Hollywood. Morì giovane in circostanze misteriose, probabilmente a causa di un'overdose di barbiturici, a testimoniare di come lo star system potesse causare condizioni di disagio e stress insostenibili per le dive stesse.

Merilyn Monroe in una scena del film
A qualcuno piace caldo, 1959.

263

Sezione 4 • Mezzi e linguaggi della comunicazione multimediale

La fotografia

Nata verso la metà dell'Ottocento, in poco più di un secolo la fotografia è diventata il mezzo più diffuso per rappresentare la realtà.
Troviamo fotografie su giornali e riviste, sui libri di divulgazione, sui manuali, sulle guide turistiche, nella pubblicità, nella comunicazione digitale… La fotografia ci informa, ci mostra i personaggi famosi del momento, ci fa conoscere luoghi lontani, ci fa scoprire cose che non conosciamo mostrandocele «come dal vero». Ma attenzione: una fotografia non è la realtà!
Dietro ogni immagine fotografica c'è l'**intenzione comunicativa** del fotografo che **interpreta la realtà**: è quindi importante imparare a leggere il linguaggio della fotografia per cogliere il messaggio che l'autore vuole comunicare.

La camera oscura e l'invenzione della fotografia

Fin dai tempi di Leonardo da Vinci è noto un curioso fenomeno: per effetto della luce, un'immagine può «entrare» attraverso un minuscolo foro in una camera oscura e riflettersi rovesciata sulla parete di fronte. Solo nell'Ottocento si trova il modo di «fissare» quelle immagini proiettate, collocando sulla parete della camera oscura una **lastra** ricoperta da una sostanza che annerisce con la luce: era nata la prima forma di fotografia.
Dal nome dell'inventore di questo sistema, il francese Louis Daguerre, le prime fotografie vengono chiamate «**dagherrotipi**».

L'evoluzione della macchina fotografica

Le prime macchine fotografiche erano molto ingombranti. Con il tempo le lastre sono state sostituite dalla **pellicola** e le macchine fotografiche sono diventate sempre più piccole e maneggevoli. Dalla pellicola le immagini vengono stampate su apposite carte attraverso un procedimento chimico, chiamato «**sviluppo**».
Oggi sono molto diffuse le **fotocamere digitali** che al posto della pellicola hanno dei sensori che reagiscono alla luce e la trasformano in impulsi elettrici. Tali impulsi vengono tradotti in dati digitali che possono essere immagazzinati come file in una scheda di memoria.

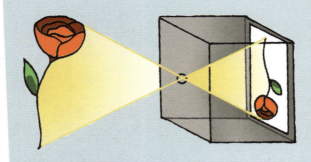

In passato alcuni artisti hanno usato la **camera oscura** per tracciare lo schizzo di un soggetto che volevano rappresentare nel modo più fedele possibile, dal momento che l'immagine veniva riflessa in modo nitido sulla parete di fondo.

Camera per dagherrotipi realizzata da Alphonse Giroux e autografata da Louis Daguerre, del 1839.

Dagherrotipo del 1837, intitolato *L'atelier dell'artista*, realizzato da Daguerre stesso.

In una fotocamera digitale è importante conoscere quanti **pixel**, cioè «sensori che reagiscono alla luce», sono presenti: le fotocamere migliori hanno un numero maggiore di pixel e permettono fotografie di qualità più elevata, con dettagli più nitidi.

Realtà e interpretazione

La caratteristica particolare dell'immagine fotografica è che essa sembra riprodurre le cose «così come sono», in modo oggettivo. In realtà, ogni fotografia ci mostra il **punto di vista soggettivo** di chi l'ha scattata. Questo è particolarmente evidente nei **ritratti**, un genere tra i più diffusi in fotografia.
Così come un tempo avveniva con i pittori, oggi i grandi fotografi sono chiamati spesso a ritrarre i personaggi famosi, che siano i divi del momento o i membri di una famiglia in vista o una famosa top model... Osserva le scelte di stile e l'intenzione comunicativa che traspare da questi esempi.

Lo studio fotografico

Molte fotografie, soprattutto quelle per la pubblicità e la moda, quelle di oggetti e spesso anche i ritratti, vengono realizzate in uno **studio** o **set fotografico**.
Lo spazio di uno studio deve essere sufficientemente ampio e attrezzato con luci differenti, fondali, specchi, cavalletti e tutto ciò che serve per creare le giuste condizioni di luce e permettere al fotografo di scegliere esattamente il punto di vista desiderato. Il fotografo realizza molti scatti, cioè produce molte foto del soggetto, tra le quali sceglierà poi quella più adatta allo scopo.

Richard Avedon, *Marella Agnelli*, 1953.

Il fotografo Richard Avedon ritrae Marella Agnelli, appartenente all'importante famiglia di imprenditori italiani.
La fotografia esprime l'**eleganza aristocratica** del personaggio; l'originalità e la forza espressiva dell'immagine derivano dallo studio attento della luce, dal contrasto tra luce e ombra che definisce in modo netto le forme, dalla scelta particolare dell'inquadratura che dà slancio verticale alla figura.

Albert Watson, *Steve Jobs*, 2006.

Steve Jobs è stato il fondatore dell'azienda informatica Apple e l'ha guidata al successo grazie all'ideazione di prodotti innovativi. Quando Albert Watson, autore di molti ritratti di personaggi famosi, è stato chiamato a fotografarlo, gli ha chiesto semplicemente di pensare al suo prossimo progetto e alle sfide che lo aspettavano.
Il risultato è questo ritratto intenso, che coglie un'**espressione pensosa**, **vivace** e **volitiva** del soggetto, e la mette in risalto grazie anche alla luce laterale.

Studio fotografico con attrezzatura professionale.

Gli scopi della fotografia

La fotografia è utilizzata in numerosissimi campi di applicazione per scopi comunicativi differenti: nel giornalismo per **informare**, nella divulgazione per **documentare**, nella pubblicità per **convincere**.
Al di fuori di questi scopi pratici, la fotografia può essere utilizzata anche come **linguaggio artistico** autonomo.
Inoltre, è ormai molto diffusa anche tra le persone comuni l'abitudine di scattare fotografie nella vita di tutti i giorni per **ricordare** e **condividere** le proprie esperienze.
Qualunque sia il campo di applicazione e il soggetto, le immagini create dai grandi fotografi si distinguono per la qualità artistica dell'immagine stessa.

Il reportage fotografico

Il reportage fotografico, o **fotogiornalismo**, si sviluppa a partire dai primi decenni del Novecento, quando cominciano a essere disponibili macchine fotografiche facilmente trasportabili.
Il **fotoreporter** lavora per giornali e riviste, e realizza immagini legate all'**attualità** per informare su fatti di cronaca, guerre, problemi sociali, eventi importanti. La sua abilità consiste nel riuscire a scattare foto significative e d'impatto, basandosi sulla testimonianza diretta, le foto di un reportage diventano un vero e proprio «documento storico».
La fotografia di attualità ha spesso lo scopo di **denuncia sociale**, mostrando all'opinione pubblica immagini shock relative a un problema sociale, come la fame, la povertà, l'inquinamento, allo scopo non solo di informare, ma anche di far riflettere.

Un fotografo sportivo sta documentando la partita Russia-Irlanda del nord (2012) nello stadio di Cherkizovo: il grande **teleobiettivo** gli permette di riprendere anche da lontano alcune parti della scena, per esempio un giocatore impegnato in un'azione.

Vincitore del premio Pulitzer per questo scatto, il fotografo afgano Massoud Hossaini stava assistendo a una processione religiosa a Kabul nel dicembre 2011, quando un kamikaze si è fatto esplodere in mezzo alla folla causando 54 morti e un centinaio di feriti. «Ho visto una bambina di dodici anni, Tarana, tutta insanguinata, che non sapeva che fare e singhiozzava…», racconta il fotografo.
Egli ha saputo **«vedere»** l'attimo e fissarlo in una immagine di grande forza, che esprime tutta la disperazione della bambina al centro in mezzo ai corpi insanguinati, assumendo un valore di **denuncia** contro la violenza del terrorismo.

Massoud Hossaini, *Attentato suicida*, 2011.

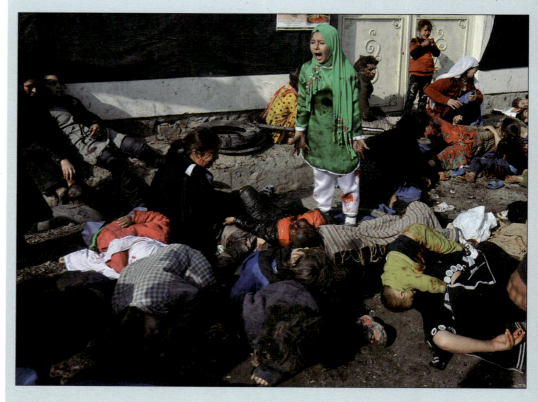

La fotografia naturalistica

Molti fotografi realizzano reportage di documentazione su temi non legati strettamente all'attualità, come nel caso della **fotografia di viaggio** e della **fotografia naturalistica**. I servizi fotografici di questo tipo sono in genere pubblicati su riviste specializzate a corredo di un articolo o costituiscono il contenuto di libri fotografici.

Il fotografo naturalista passa molto tempo nell'ambiente che vuole riprendere nei suoi scatti, cercando di non disturbare con la sua presenza; per fotografare un animale, deve aspettare con pazienza che il suo soggetto si presenti.

Grazie ai reportage di viaggio o geografici, possiamo conoscere luoghi lontani. Prima dell'invenzione della fotografia, i viaggiatori illustravano ciò che vedevano con veloci schizzi perlopiù ad acquerello.

Il fotografo Chris Packham nella riserva naturale di Norfolk (Virginia).

Fotografo Christian Patrick Ricci, 2012.

La fotografia nella pubblicità

Un importante campo di applicazione della fotografia è la **pubblicità**: i prodotti vengono fotografati per farli conoscere e **convincere** il pubblico ad acquistarli.

Le fotografie pubblicitarie vengono solitamente eseguite in appositi studi, con un'attenta disposizione delle luci, e vengono spesso ritoccate per rendere gli oggetti più attraenti.

Un settore particolare della fotografia pubblicitaria è la **fotografia di moda**: abiti e accessori vengono presentati in immagini suggestive per suscitare il desiderio del pubblico.

Sezione 4 • Mezzi e linguaggi della comunicazione multimediale

La fotografia artistica

La fotografia è utilizzata anche come linguaggio artistico, senza fini pratici; in questo caso l'autore usa la fotografia come una **forma d'arte** per esprimersi e comunicare.

Ma anche le fotografie finalizzate alla comunicazione possono raggiungere un'alta qualità artistica quando l'autore utilizza il linguaggio in modo personale ed espressivo. Molte immagini create da grandi fotografi – foto documentarie, ritratti, immagini pubblicitarie, paesaggi – ne sono un esempio: esse colpiscono l'osservatore non tanto per il soggetto, ma per le **emozioni** che il fotografo riesce a comunicare attraverso un uso sapiente del linguaggio.

In questa fotografia artistica in bianco e nero Tina Modotti, fotografa vissuta nella prima metà del Novecento, interpreta una rosa mettendo in evidenza in modo **poetico** la sua forma e il gioco di ombre creato dai petali.

Michael Yamashita è un fotografo statunitense di origine giapponese, collaboratore della rivista di viaggi e natura «National Geographic». Ha fatto lunghi viaggi, soprattutto in Asia, fotografando paesaggi e persone. Le sue immagini non hanno solo un **valore di documentazione**, ma grazie alle loro qualità artistiche, come la scelta dell'inquadratura, l'uso della luce e del colore, hanno anche una grande **forza poetica ed espressiva**.

La fotografia nella vita privata

Tutti noi ormai usiamo la fotografia nella vita quotidiana per documentare eventi importanti, ricordare le persone che ci sono care, condividere con gli amici i momenti piacevoli che abbiamo vissuto insieme.

La **fotografia digitale** ha reso ancora più facile e popolare questo tipo di espressione.

Una volta le foto private erano rare: per avere un ritratto o per documentare un evento familiare importante ci si rivolgeva al fotografo professionista. Oggi, con le fotocamere digitali, anche incorporate nello **smartphone** o nel **tablet**, tutti possono scattare facilmente fotografie e condividerle immediatamente attraverso la rete web.

Il linguaggio della fotografia

Con uno scatto il fotografo comunica la propria visione della realtà, ovvero la interpreta. Egli decide con l'inquadratura la porzione di realtà da riprendere; stabilisce da quale punto di vista presentarla; infine sceglie gli effetti di luce e di colore che intende utilizzare per la sua immagine.
Inquadratura, **messa a fuoco**, **punto di vista**, **luce** e **colore** sono elementi del linguaggio fotografico che occorre conoscere per comprendere appieno il significato di una fotografia.

L'inquadratura

L'inquadratura è la porzione di spazio ripresa dall'obiettivo. Guardando attraverso un mirino o nel piccolo schermo di una fotocamera digitale, il fotografo sceglie che cosa desidera riprendere e a quale distanza.
Per riprendere a varie distanze sono disponibili diversi tipi di lenti o **obiettivi**: il **teleobiettivo** permette di cogliere particolari anche a grande distanza; il **grandangolo** è adatto a riprendere una porzione di paesaggio molto ampia; con lo **zoom**, un obiettivo regolabile, è possibile «avvicinare» e riprendere dettagli molto piccoli.

Osserva: in base all'inquadratura scelta, da uno stesso ambiente è possibile ricavare immagini con un soggetto e un significato diversi.

Se si vuole fotografare un singolo soggetto, senza lasciar intravedere l'ambiente circostante, i tagli di inquadratura più utilizzati sono la **figura intera**, i **tre quarti**, che comprende anche i fianchi, e il **primo piano**, in cui il soggetto viene tagliato poco sotto le spalle.

Nella fotografia di ambienti la distanza prende il nome di campo, che può essere più o meno lungo. La fotografia di Jean-Marc Durou è un esempio di **campo lungo**: è esclusa la figura umana e assume rilievo l'ampiezza del paesaggio.

Sezione 4 • Mezzi e linguaggi della comunicazione multimediale

La messa a fuoco

In base alla distanza del soggetto inquadrato, le lenti dell'obiettivo sono spostabili in modo da garantire la messa fuoco, cioè la **riproduzione nitida** dell'immagine. In molte macchine fotografiche la messa a fuoco è **automatica**, cioè un sensore rileva la distanza del soggetto inquadrato e regola le lenti, un po' come avviene nel nostro occhio.

Nelle fotocamere professionali è possibile la regolazione **manuale** della messa fuoco, così che il fotografo può scegliere quali dettagli riprendere in modo nitido e quali lasciare più sfocati.

In questa immagine il fotografo ha messo a fuoco i pistilli e la parte centrale del fiore lasciando che il resto appaia più sfocato.

Il punto di vista

Importante è anche la posizione in cui si colloca il fotografo rispetto all'oggetto, cioè il punto di vista, che può essere **ad altezza d'uomo**, **dall'alto** e **dal basso**.

Il **punto di vista dall'alto** evidenzia aspetti che abitualmente non sono percepiti, creando immagini espressive e insolite. Qui, la ripresa dall'alto dà risalto alla distesa d'acqua, che sembra avvolgere le due figure e diventa protagonista dell'immagine.

Il **punto di vista ad altezza d'uomo** è quello che ritrae le cose come ci appaiono solitamente nell'esperienza quotidiana, con un effetto realistico. In questa foto, vincitrice del premio Pulitzer 1974, una famiglia americana corre incontro al padre tornato dalla guerra in Vietnam.

Slava Veder, *Esplosione di gioia*, 1973, base aerea di Trevis (California).

Il **punto di vista dal basso** dà ampio risalto al cielo, uno sfondo su cui spiccano persone e cose; gli elementi ritratti acquistano un particolare rilievo e sembrano incombenti sull'ambiente, con effetti espressivi un po' misteriosi e a volte drammatici.

Il colore e il bianco e nero

Una volta le fotografie potevano essere solo in bianco e nero, ma oggi per la maggior parte sono a colori.

Poiché il colore dipende dalla luce, il fotografo osserva attentamente la realtà e sceglie le condizioni di **luce** più favorevoli per certi effetti cromatici; ma può anche intervenire «creando» particolari tonalità di colore con appositi filtri o lampade.

Il colore a volte è l'aspetto dominante della fotografia, in quanto il fotografo può scegliere una certa inquadratura proprio per mettere in evidenza un particolare **effetto cromatico**.

In questa immagine di Franco Fontana, ad esempio, le superfici cromatiche del paesaggio diventano espressione della fantasia creativa dell'autore, che rielabora le foto digitali trasformando un paesaggio naturale in una visione immaginaria.

Franco Fontana, *Paesaggio immaginario*, Puglia.

Willy Rizzo, *Catherine Deneuve*, 1965, Parigi.

Dino Pedriali, *Natura morta*.

Alcuni fotografi preferiscono il **bianco e nero** per le sue possibilità espressive. Regolando l'esposizione, si stabilisce la quantità di luce che raggiungerà la pellicola o i sensori nell'apparecchio fotografico: in questo modo si possono ottenere foto più contrastate, cioè con **forti contrasti** tra il bianco e il nero, oppure più «morbide», ossia con molte **gradazioni** di grigio, come puoi vedere in questi due esempi.

Sezione 4 • Mezzi e linguaggi della comunicazione multimediale

La luce

La luce è un elemento fondamentale per determinare il risultato di una fotografia. Essa influisce sul colore, ma è importante anche per mettere in risalto un certo dettaglio del soggetto.

Il fotografo può lavorare con la **luce naturale** oppure illuminare il soggetto con **luci artificiali**, per esempio il flash della macchina fotografica o l'illuminazione usata per le riprese in studio.

Secondo l'**intensità** e la **provenienza** della luce, il fotografo può ottenere effetti espressivi diversi.

La **luce laterale** e **radente**, che genera ombre lunghe, mette in evidenza la texture del terreno e produce forti contrasti di chiaroscuro.

Il sole sta tramontando: i soggetti in primo piano, i fiori e i fili d'erba, risultano **in controluce** stagliandosi sullo sfondo come silhouette nere.

La **luce frontale**, chiara e intensa, permette di vedere nitidamente ogni aspetto del soggetto rappresentato.

L'editing e l'elaborazione delle immagini

Tutte le fotografie, prima di essere stampate o diffuse al pubblico, vengono trattate nella fase di **editing**, in cui si interviene per piccole **correzioni** ed eventuali **rielaborazioni**, in funzione degli scopi per cui verrà utilizzata la fotografia.

Un'immagine fotografica può essere rielaborata in molti modi: si può dare un diverso taglio eliminando alcune parti; si può scontornare un oggetto, cioè togliere lo sfondo; è possibile modificare colori e texture con il fotoritocco; si possono comporre immagini diverse con il fotomontaggio.

Le attuali tecnologie digitali consentono grandi possibilità di intervento creativo sulle immagini fotografiche che possono essere rielaborate al computer con appositi programmi o applicazioni.

Questa fotografia, creata per la copertina di un libro, è stata rielaborata con ritocchi al colore: sull'immagine quasi in bianco e nero spiccano il **rosso** acceso delle labbra e i tocchi di **blu** che illuminano gli occhi e un frammento appena intravisto dell'abito.

Albert Watson, foto per la copertina di *Memorie di una geisha*.

LABORATORIO

Il fotografo sei tu

DIVERTITI a falsare la realtà, oltre l'interpretazione, giocando con il **fotomontaggio** e il **fotoritocco**.

Crea immagini «virtuali» con il fotomontaggio

- Componi elementi tratti da varie fotografie (puoi utilizzare fotografie ritagliate dai giornali oppure immagini fatte da te) e crea una nuova immagine spiritosa, poetica o che faccia riflettere. Dai un titolo all'immagine che hai creato.

Rielabora con il colore

Una tecnica usata oggi da alcuni artisti è intervenire creativamente su immagini fotografiche, come vedi nell'opera qui sotto. Ecco come puoi procedere per sperimentare anche tu questa tecnica.

- Scegli una fotografia e fai una fotocopia in bianco e nero: puoi decidere se preferisci ottenere un'immagine molto contrastata o sbiadita (puoi provare entrambe le possibilità e confrontare i risultati).
- Intervieni sulla fotocopia con il colore a tempera o ad acquerello, eventualmente aggiungendo anche dei tratti a pennarello.

Nel laboratorio di informatica puoi anche sperimentare alcune semplici tecniche di elaborazione digitale.

Fare per creare
- Osserva e rispondi, p. 137
- Scopri il punto di vista, p. 138
- Rifletti sul tipo di luce, p. 139

273

Il cinema

Il cinema, la più giovane delle arti, è oggi la forma artistica più diffusa e seguita.

Il linguaggio cinematografico è **multimediale**, in quanto si avvale di una parte visiva, fatta di immagini in movimento, e di una parte sonora costituita da dialoghi, rumori e musica. Per queste sue caratteristiche, il cinema genera una **illusione di realtà** che è alla base del suo grande successo: le persone, i luoghi, le storie narrate, tutto sembra vero agli occhi dello spettatore; egli si identifica nei personaggi e partecipa emotivamente alle loro vicende, anche se sono ambientate in epoche passate o future o collocate in contesti fantastici.

Realizzare un film è un processo complesso e molto costoso: per questo si è sviluppato un intero settore economico specializzato, l'**industria cinematografica**, con aziende di produzione e di distribuzione che forniscono i capitali e le figure professionali necessarie.

Il successo travolgente di un nuovo linguaggio

L'antenato del cinema nacque a Parigi nel 1895 ad opera dei fratelli Lumière, gli inventori di una macchina, il *cinématographe*, in grado di proiettare immagini che davano l'illusione del movimento sfruttando un **principio ottico** noto: se facciamo scorrere velocemente una sequenza di immagini fisse che ritraggono i momenti successivi di un movimento, il nostro occhio non le percepisce come immagini separate, ma come un'unica immagine che si muove. Le prime proiezioni sollevarono grande impressione nel pubblico e il successo del nuovo linguaggio fu veloce e travolgente. I primi film erano **muti** (le proiezioni erano accompagnate da un pianista) e in **bianco e nero**, ma già nel 1927 fu realizzato il primo film **sonoro** e nel 1935 nacque il **cinema a colori**.

Oggi il cinema, grazie alle nuove **tecnologie digitali**, realizza film con effetti speciali e immagini virtuali molto realistiche.

Charlie Chaplin è stato un grandissimo attore e regista del cinema muto: il suo indimenticabile personaggio Charlot era un vagabondo povero e maldestro dal cuore generoso, sempre pronto a combattere per le buone cause.

Nei film muti gli attori esageravano la **mimica** per permettere al pubblico di comprendere gli eventi e i sentimenti dei personaggi.

Charlie Chaplin in *Il monello*, 1922.

Stanlio e Ollio in *Allegri vagabondi*, 1937.

I film del duo comico Stanlio e Ollio (Stan Laurel e Oliver Hardy) sono stati tra i primi ad avere il **sonoro**. Per il pubblico italiano essi furono doppiati, cioè le voci furono sostituite da quelle di attori italiani (celebre la coppia di doppiatori Mauro Zambuto e Alberto Sordi). La caratteristica pronuncia dei **doppiatori**, che esageravano l'accento inglese, contribuì alla comicità e al successo dei personaggi.

L'industria cinematografica è nata a **Hollywood**, negli Stati Uniti, tuttora considerata capitale mondiale del cinema. Lì si svolge ogni anno l'assegnazione degli Oscar, prestigiosi premi ai migliori film usciti nel corso dell'anno. Nella foto il regista italiano Paolo Sorrentino vince l'Oscar 2014 per il miglior film straniero con *La grande bellezza*.

Il film, un complesso lavoro di squadra

Un film nasce dal lavoro di moltissime persone: creativi, tecnici, imprenditori, organizzatori.

Il **produttore** fornisce i capitali necessari per la realizzazione del film e si occupa di distribuirlo nelle sale cinematografiche. La realizzazione vera e propria del film inizia con la scelta di un **soggetto**, cioè una storia. Spesso i soggetti sono tratti da libri di successo di cui il produttore acquista i diritti cinematografici, cioè il permesso di usare la storia per un film. Il soggetto viene quindi affidato a uno **sceneggiatore**, che lo trasforma in linguaggio cinematografico: egli suddivide la storia in **scene** e le scene in singole **inquadrature**, e per ognuna di esse scrive i **dialoghi** e prevede **musiche** e **rumori**.

Questa fotografia ritrae lo scrittore Arthur Miller mentre lavora alla sceneggiatura del film *Gli spostati* nel 1961.

Il **regista**, che è il responsabile artistico della produzione, sceglie con il produttore il **cast** degli attori che interpreteranno i diversi personaggi.

Quindi, con il supporto della **troupe**, cioè dei tecnici, inizia le riprese, che possono avvenire in esterno oppure in ambienti appositamente ricostruiti in studio; l'ambiente delle riprese si chiama **set**.

Con il «ciak» il regista dà inizio alla ripresa delle scene.

Le riprese avvengono scena per scena, in un ordine anche diverso da quello della narrazione; il regista riprende più volte la stessa scena, finché pensa di avere materiale a sufficienza per la successiva fase di **montaggio**, in cui sceglie le riprese migliori e le mette in ordine.

L'ultima fase è il **missaggio**, in cui le immagini vengono collegate al sonoro.

Il film è pronto per la **distribuzione**, che sarà sostenuta dalla pubblicità.

Durante la fase di **montaggio**, il materiale «grezzo» raccolto nelle riprese assume la struttura e il ritmo del film. In passato il montaggio avveniva tagliando e incollando materialmente i pezzi di pellicola; ora con la tecnologia digitale, che non fa più uso di pellicola, il montaggio avviene al computer con programmi che aiutano anche a risolvere il problema dei passaggi tra le varie scene e inquadrature.

I generi cinematografici

Il cinema può avere diverse funzioni: documentare, divertire, far riflettere. Esistono quindi differenti tipologie di film e diversi generi.

Dal punto di vista tecnico i film si suddividono in **lungometraggi**, che durano non meno di 90 minuti, e **cortometraggi**, che non superano la durata di 30 minuti. Questi due termini prima del cinema digitale indicavano proprio la quantità di pellicola (in inglese *film*) misurata in metri su cui venivano impresse le immagini.

Rispetto al contenuto, distinguiamo le due grandi categorie della **fiction**, cioè i film che raccontano una storia frutto dell'immaginazione degli autori, anche se può ispirarsi a fatti veri, e dei **documentari** e **docufilm**, in genere cortometraggi, che hanno lo scopo di informare su un fenomeno o un fatto reali.

Come in letteratura, anche nel cinema ogni genere è caratterizzato da uno specifico linguaggio e da situazioni tipiche. Ecco alcuni tra i principali generi.

Il trio comico Aldo, Giovanni e Giacomo nel film *Tre uomini e una gamba*, 1997.

I film **comici** hanno lo scopo di divertire. Spesso il protagonista è un attore (a volte più di uno) che interpreta sempre lo stesso personaggio comico in una serie di film. A volte attraverso la presa in giro i film comici esprimono anche una critica sociale.

Scena dal film *Un matrimonio* di Pupi Avati, 2013.

I film del genere **commedia** raccontano in modo leggero e divertente storie a lieto fine legate a situazioni quotidiane. Anche le commedie, dietro l'apparenza leggera, possono comunicare messaggi di critica sociale.

Scena del film *300*, 2007.

I film **storici** si ispirano a vicende realmente accadute in una certa epoca del passato, ricostruita in modo verosimile.

Scena del film di James Cameron *Titanic*, 1997.

Nel genere **drammatico** i personaggi, alle prese con situazioni difficili che solitamente non hanno un lieto fine, interagiscono evidenziando i loro caratteri psicologici e coinvolgendo lo spettatore in forti emozioni.

Fotografia e cinema

Scena finale del film *Assassinio sull'Orient Express*, 1974, tratto dall'omonimo racconto di Agatha Christie.

Thriller, **gialli**, **polizieschi** sono film dominati dall'azione e dalla suspense, incentrati in genere su un delitto e relativa indagine per scoprire e punire i colpevoli.

Scena del film *Lo Hobbit - Un viaggio inaspettato*, 2012, tratto dal romanzo fantasy *Il Signore degli Anelli*.

I generi **fantastico** e **fantasy** parlano di mondi immaginari, di eroi dai poteri sovrumani o magici, di vicende fiabesche o avventure ispirate alla mitologia, narrate con l'aiuto di spettacolari effetti speciali.

L'attore Kevin Costner in una scena del film *Balla coi lupi*, 1990.

I film **western** sono ambientati nell'Ovest degli Stati Uniti, ai tempi in cui i coloni americani si insediavano nelle terre degli indiani. Tipico personaggio western è il cowboy che sa farsi strada in un ambiente difficile grazie alla sua forza e al suo coraggio, nonché all'abilità nel maneggiare la pistola.

Scena del film *L'esorcista*, 1973.

Il genere **horror** presenta situazioni terrificanti, spesso brutali e violente, che catturano lo spettatore suscitando reazioni di paura, disgusto e orrore.

Scena del film *Mamma mia!*, 2008.

Il **musical** è un film in cui la vicenda è narrata non solo attraverso la recitazione, ma anche con il canto e la danza.

277

Il linguaggio del cinema

Gli spettatori di un film non considerano davvero reali le vicende che vedono proiettate sullo schermo, ciononostante provano emozioni forti: tristezza, commozione, gioia... traendo persino piacere da quegli stati d'animo che nella realtà si cerca di evitare, come la paura. Tutto questo accade perché la finzione cinematografica usa perlopiù persone, oggetti, luoghi reali, e il linguaggio audiovisivo è così potente da creare una «**illusione di realtà**» e far dimenticare che si tratta appunto di un **linguaggio**, cioè di uno strumento con cui il regista comunica qualcosa.

La videocamera

La videocamera, o **cinepresa**, è lo strumento che permette le riprese cinematografiche «catturando» le immagini in movimento come tante fotografie successive, chiamate **fotogrammi**: proiettati alla velocità di 24 fotogrammi al secondo, essi vengono percepiti dal nostro occhio come un'immagine continua e in movimento.
Le cineprese a pellicola sono state ultimamente soppiantate dalle **videocamere digitali**, dove, come nella fotografia digitale, le immagini vengono trasformate in dati immagazzinati in schede di memoria.
Poiché la videocamera realizza una serie di fotografie, valgono anche per il cinema alcuni aspetti del linguaggio fotografico, come l'uso del colore e della luce: per questo tra i collaboratori del regista c'è sempre un direttore della fotografia che si occupa di questi aspetti.

Le inquadrature: i campi e i piani

In un film ogni scena viene raccontata visivamente attraverso una serie di inquadrature. La scelta delle inquadrature è fondamentale ai **fini espressivi**, perché attraverso di essa il regista comunica il proprio punto di vista e guida l'occhio dello spettatore a guardare come lui.
Per **inquadratura** si intende la porzione di campo visivo colta dalla cinepresa: può essere ampia fino all'orizzonte o restringersi su un dettaglio su cui il regista vuole attirare l'attenzione.
Nella narrazione cinematografica le inquadrature si spostano da un soggetto all'altro, si allargano e si restringono creando un **ritmo** nella sequenza visiva, più o meno veloce o statico secondo le intenzioni espressive del regista.
Le inquadrature si chiamano **campi** quando riguardano un ambiente e **piani** quando si riferiscono a persone e oggetti.
Osserva di seguito le principali inquadrature tratte dal film *Lo Hobbit - Un viaggio inaspettato*, del 2012.

Il **campo lunghissimo** è un campo molto ampio; quando è riferito agli interni si chiama **campo totale**.

Il **campo lungo** comprende una porzione di spazio estesa e consente di vedere l'ambiente in cui si svolge la vicenda.

Nel **campo medio** i vari personaggi sono visti in relazione all'ambiente con cui stanno interagendo.

La **figura intera** porta l'attenzione sull'aspetto e il comportamento dei personaggi, ripresi interamente.

Il **piano americano**, dalla testa alle ginocchia, concentra l'attenzione sui personaggi mettendo in secondo piano l'ambiente.

Il **primo piano** inquadra il volto per metterne in evidenza le espressioni.

Il **dettaglio**, che può essere di una parte del corpo o di un oggetto, concentra l'attenzione dello spettatore su un particolare significativo.

I movimenti di macchina

La macchina da presa è montata su un carrello e si può spostare in varie direzioni, ampliando le possibilità espressive delle inquadrature.
I principali movimenti di macchina solo la **panoramica**, la **carrellata** e la **zoomata**.

Per la **panoramica** la macchina ruota lentamente su se stessa, come quando facciamo scorrere lo sguardo su un ambiente: lo spettatore ha la sensazione di scoprire le cose proprio come le sta vedendo il personaggio.

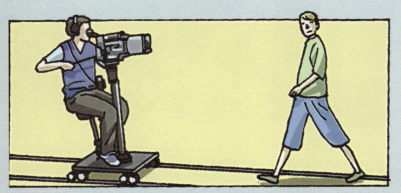

Nella **carrellata** la macchina si muove su un carrello seguendo gli spostamenti di un personaggio: lo spettatore ha l'impressione di osservare dall'esterno.

Nella **zoomata** l'inquadratura si restringe o si allarga progressivamente sullo stesso soggetto, dando l'impressione di avvicinarsi o allontanarsi.

Il cinema digitale e gli effetti speciali

Il cinema digitale consente immagini ad alta definizione, cioè molto nitide e brillanti, e rende possibili **effetti speciali** impensabili con le tecniche tradizionali. Gli effetti speciali sono tutte quelle «finzioni» che permettono di mostrare eventi come catastrofi, guerre, distruzioni, inondazioni, che sarebbe difficile o impossibile rappresentare in modo tradizionale perché troppo pericolose o costose. Queste situazioni vengono costruite artificialmente negli studi cinematografici con espedienti di vario tipo; oppure, con i più aggiornati programmi di computer grafica, si interviene direttamente sui fotogrammi modificando le immagini con effetti di realismo impressionanti.
Le tecniche digitali permettono anche di realizzare film in **3D**, cioè a tre dimensioni, che danno allo spettatore l'illusione di entrare nelle scene.

La **visione in 3D** richiede l'uso di speciali occhiali.

Nella *Vita di P* (2012) il ragazzo protagonista, unico sopravvissuto a un **naufragio**, vaga a lungo su una piccola barca di salvataggio. Le riprese sono avvenute in uno studio dotato di una piscina, come vedi nell'immagine in basso; qui a destra, ecco come appaiono le immagini allo spettatore.

Avatar è un film di **fantascienza** che ha vinto nel 2010 l'Oscar per gli effetti speciali. Il regista James Cameron ha dichiarato che da tempo aveva in mente questo progetto, ma ha aspettato i progressi della computer grafica per evitare che i costi lievitassero troppo a causa degli effetti speciali.

Per ottenere le sembianze dei personaggi di *Avatar*, gli attori recitavano indossando tute di lycra con dei sensori: questi trasmettevano al computer le movenze del corpo che il programma di grafica avrebbe poi rimodellato. Le espressioni facciali, invece, venivano catturate da speciali telecamere e poi applicate ai personaggi virtuali.

La diffusione dei video

Con lo sviluppo delle tecnologie digitali, realizzare un filmato e diffonderlo è diventato possibile anche con mezzi limitati. Negli ultimi anni è andata aumentando la produzione di **video**, brevi filmati che non sono destinati alla proiezione nelle sale cinematografiche, ma a una circolazione attraverso canali differenti. Numerosi sono i video a scopo commerciale, come gli **spot** televisivi e i **video promozionali** che accompagnano l'uscita di dischi e film o che presentano eventi culturali.

I video sono sempre più utilizzati anche dagli artisti, spesso insieme ad altri linguaggi per la realizzazione di **opere** e **performance multimediali**.

Un fenomeno recente è la produzione di video su temi di **attualità** da parte di operatori indipendenti, cioè non legati a una casa di produzione, che possono poi far circolare facilmente le loro opere attraverso la rete internet.

281

Il cinema di animazione

Il cinema di animazione, o **cartoni animati**, è un'evoluzione del fumetto. Esso si basa sulla realizzazione di disegni che, come i fotogrammi, fissano momento per momento tutte le fasi di un'azione.

Per realizzare un film di animazione occorrono circa 65000 immagini: ogni movimento dei personaggi va disegnato scomponendolo nelle sue fasi successive. I disegni dei personaggi vengono poi montati sugli sfondi, che restano perlopiù fissi, e ripresi alla velocità di 24 fotogrammi al secondo.

Oggi esistono molte tecniche di animazione basate su programmi di computer grafica che permettono di ottenere effetti sempre più sofisticati e anche immagini in 3D.

Il cinema di animazione si rivolge prevalentemente ai bambini e i protagonisti sono spesso gli eroi dei fumetti di maggior successo oppure personaggi delle fiabe o creature fantastiche.

Walt Disney è stato il pioniere del cinema di animazione; la società che porta il suo nome è ancora oggi uno dei maggiori produttori mondiali di film animati. *Biancaneve e i sette nani*, realizzato nel 1937, fu il **primo lungometraggio animato** completamente **a colori** ed ebbe un enorme successo di pubblico. Pur essendo così datato, è ancora considerato uno dei più bei film di animazione ed è tra i più amati dai bambini di tutto il mondo.

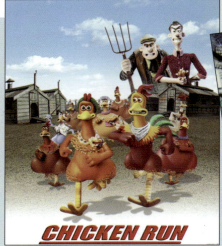

Galline in fuga (2000) è stato realizzato con la tecnica della **plastilina**, un materiale malleabile che si presta all'animazione dei personaggi. Questi sono dei veri e propri pupazzi in plastilina, che vengono spostati e mossi un po' alla volta scattando un fotogramma per ogni micromovimento. Oggi questa tecnica è poco utilizzata rispetto ai più pratici programmi di animazione digitali.

Toy Story (1995) vinse nel 1996 il premio Oscar come primo lungometraggio animato realizzato completamente con programmi di **grafica computerizzata**.

Nel 2013 è uscita la **versione in 3D** del film *Monster & Co.* (2001): è considerato tra i film di animazione più riusciti grazie alle tecniche avanzate che permettono di ottenere immagini ricche di dettagli e movimenti fluidi e naturali.

Tu e il cinema

VIVI un'esperienza cinematografica più da vicino, prima cimentandoti nel ruolo di «critico» poi cercando di dar vita a un piccolo «film di animazione».

Scheda per la lettura di un film

Ricorda un film che hai visto recentemente (o che avete visto insieme a scuola) e prepara una **scheda di analisi**.
Segui la scaletta proposta: la potrai utilizzare anche in futuro come guida per abituarti a una lettura critica dei film che vedi.

1. Titolo
2. Regista
3. Anno e luogo di produzione
4. Epoca in cui è ambientata la storia
5. Luoghi nei quali è ambientata la storia
6. Trama in breve
7. La narrazione è:
   a. realistica, perché…
   b. fantastica, perché…
8. Genere a cui appartiene il film
9. Personaggi principali: aspetto fisico e tratti psicologici
10. Personaggi secondari: aspetto fisico e tratti psicologici
11. Con quali personaggi ti sei maggiormente identificato? Perché?
12. Quali emozioni ha suscitato in te il film?
13. Quali riflessioni ti ha stimolato?
14. Secondo te, che cosa ha voluto comunicare il regista?

LABORATORIO

Un'animazione di carta

Puoi capire meglio come funziona il cinema di animazione creando una semplice e divertente animazione di carta.

- Su piccoli rettangoli di carta tutti uguali, disegna le fasi successive del semplice movimento di un personaggio (puoi copiare quelli degli esempi o prendere ispirazione). Fai molta attenzione a disegnare il personaggio sempre allo stesso posto: segna su ogni foglio nella stessa posizione la linea di base, che rimane fissa.
- Pinza insieme i foglietti ordinandoli nella giusta sequenza.
- Sfogliali velocemente con un dito e… il gioco è fatto!

Fare per creare

- Riconosci l'inquadratura, p. 140
- Individua gli effetti espressivi delle inquadrature, p. 141

Unità 4
Televisione e web ✓

Telecomunicazione significa «comunicazione a distanza»: grazie alle reti della telecomunicazione un certo messaggio può raggiungere nello stesso momento un grande numero di utenti posti in luoghi lontani.
La televisione, che permette di diffondere suoni e immagini, è il mezzo di comunicazione di massa che ha portato i maggiori cambiamenti nella vita delle persone. Presente in ogni casa, essa ci informa, ci intrattiene... e ci condiziona. La tivù fa bene o fa male? Il dibattito è aperto.
Ma intanto i progressi tecnologici hanno creato nuovi mezzi di telecomunicazione che permettono alle persone di scegliere ciò che vogliono vedere e addirittura di interagire, creando e scambiando messaggi con gli altri utenti: è il mondo recentissimo della rete internet, che sta portando di nuovo grandi cambiamenti nelle abitudini sociali.

La funzione culturale e sociale della televisione

La televisione, soprattutto nei suoi primi anni di vita, ha esercitato una funzione sociale importante, contribuendo alla circolazione delle idee e della cultura e offrendo nuove opportunità di conoscenza anche agli strati sociali più svantaggiati.

Dal 1960 al 1968, la Rai mandò in onda un programma giornaliero, chiamato *Non è mai troppo tardi*, in cui il maestro Alberto Manzi, autore anche di libri per ragazzi, insegnava a leggere e a scrivere agli adulti analfabeti, a quei tempi ancora numerosi.

Alberto Manzi nella trasmissione *Non è mai troppo tardi*, 1960-63.

Il villaggio globale

Si dice che grazie ai moderni mezzi di telecomunicazione il mondo è diventato un «villaggio globale» in cui tutti possiamo seguire nello stesso momento gli avvenimenti che accadono in qualunque punto del globo.

I grandi avvenimenti sportivi come le Olimpiadi tengono gli utenti di tutto il mondo incollati allo schermo tivù per seguire le trasmissioni in diretta mondiale.

Quando l'11 settembre 2001 un attentato terroristico ha causato il crollo di due grattacieli a New York, tutto il mondo ha potuto seguire in tempo reale i drammatici avvenimenti grazie alle dirette televisive e farsene un'idea precisa attraverso i numerosi dibattiti e programmi di approfondimento sul tema.

Comunicazione orizzontale nel web

Nella rete Internet gli utenti non sono solo «ricevitori passivi» ma possono interagire e comunicare a loro volta diffondendo propri messaggi: è la logica della comunicazione orizzontale.

Aziende, associazioni, scuole e anche singole persone possono creare messaggi e farli conoscere al pubblico attraverso il web. Ecco il sito web di una scuola secondaria di primo grado: anche la tua scuola ha un sito web?

Verso la comunicazione totale

Oggi, grazie alle tecnologie digitali, le reti di telecomunicazione sono sempre più interconnesse. Per esempio, le emittenti televisive hanno anche un sito web ed è possibile vedere trasmissioni televisive anche con il computer via internet o sullo schermo di un tablet o di uno smartphone.

La televisione

Televisione significa «**visione a distanza**»: la caratteristica specifica della televisione, infatti, è che un emittente può trasmettere lo stesso messaggio contemporaneamente in tantissimi luoghi diversi, anche molto lontani tra loro. Essa permette quindi al pubblico di conoscere in tempi brevissimi le notizie provenienti da ogni parte del mondo e, grazie alla sua presenza capillare in tutte le case ha il potere di diffondere idee e modelli di comportamento, tanto da condizionare il grande pubblico. Per queste caratteristiche il mezzo televisivo ha un ruolo fondamentale nella vita sociale moderna.

Una storia in continua evoluzione

La storia della televisione è molto recente. In Italia una programmazione televisiva regolare iniziò solo nel 1954 ad opera di un'unica emittente televisiva pubblica, la RAI. Le prime trasmissioni erano in **bianco e nero** e avvenivano solo in alcuni momenti della giornata; poche persone allora possedevano un televisore e spesso gli spettatori si riunivano in locali pubblici per seguire le trasmissioni di maggior successo.

La televisione **a colori**, comparsa negli Stati Uniti dal 1954, si diffuse in Italia negli anni Settanta. Nel frattempo si andava ampliando la quantità e varietà dei programmi televisivi. La RAI creò diversi canali e negli anni Settanta comparvero le prime emittenti private.

Negli ultimi anni l'evoluzione tecnologica ha introdotto nuove possibilità: la **televisione satellitare** permette di ricevere anche programmi di emittenti lontane, mentre con la **televisione digitale** aumenta la libertà di scelta del telespettatore.

Oggi esistono diversi sistemi per trasmettere i segnali televisivi all'utente: la **televisione terrestre** utilizza onde radio emesse da trasmettitori che si trovano sulla superficie terrestre, mentre nella **televisione satellitare** i trasmettitori sono collocati su satelliti per le comunicazioni; nella **televisione via cavo** la trasmissione avviene attraverso un cavo per telecomunicazioni: questo è possibile solo se il luogo in cui si trova l'utente è cablato, cioè raggiunto dai cavi.

Apparecchio tv montato in un **cinema**: negli anni Cinquanta gli spettatori assistevano così, o nei bar o in altri luoghi pubblici, alla popolare trasmissione *Lascia o raddoppia?* condotta da Mike Bongiorno.

Grazie al primo **collegamento satellitare** con l'America, nel 1969 tutto il mondo poté assistere allo sbarco dell'uomo sulla Luna: un emozionante evento seguito da 500 milioni di persone nel corso di una diretta televisiva in mondovisione di 28 ore consecutive.

Dall'emittente all'utente

I programmi televisivi provengono da un'**emittente**, cioè un'azienda che li produce e li manda in onda attraverso un proprio canale. In Italia c'è un'emittente pubblica, la RAI, e diverse emittenti private. L'**utente** è colui che riceve i programmi attraverso un apparecchio televisivo in grado di connettersi alla rete di telecomunicazione.
Le emittenti predispongono un programma giornaliero chiamato **palinsesto**. Il palinsesto tiene conto del tipo di pubblico che solitamente guarda la televisione in una certa fascia oraria: per esempio, i programmi per bambini sono concentrati soprattutto nelle ore pomeridiane, i notiziari negli orari dei pasti, e in «prima serata», cioè dopo cena, quando c'è la massima presenza di telespettatori, spettacoli adatti al grande pubblico.
Per poter seguire i programmi, l'utente paga un **canone** annuale alla RAI. Molte emittenti private sono gratuite e ricavano i propri guadagni dalla pubblicità: per questo sono chiamate **televisioni commerciali**. Attualmente alcune emittenti propongono canali e spettacoli senza pubblicità, che l'utente può fruire pagando un abbonamento o il costo delle singole trasmissioni: è la cosiddetta **pay tv**.

L'audience e la pubblicità

Attraverso apposite ricerche statistiche, le emittenti televisive rilevano continuamente l'**audience**, cioè il numero di telespettatori che si sono sintonizzati per vedere una certa trasmissione. Questo dato è molto importante, non solo perché rileva il gradimento di un programma, ma anche perché le aziende che vogliono trasmettere pubblicità attraverso la televisione sceglieranno le trasmissioni di maggior successo.
La **pubblicità** costituisce la più importante fonte economica per le emittenti, che vendono agli inserzionisti degli **spazi pubblicitari**, cioè un certo tempo in cui mandare in onda i loro **spot**. La pubblicità televisiva, tuttavia, è un fenomeno molto discusso, proprio perché ha una grande capacità di condizionamento, soprattutto sui bambini e sugli utenti meno scolarizzati e meno critici.

Verso una tv personalizzata

Abbiamo visto che nella storia della televisione l'offerta dei programmi si è sempre più ampliata, e di conseguenza si è allargata la possibilità di scelta dell'utente. Si è passati da un'unica emittente pubblica con un solo canale alla presenza di più canali e quindi di differenti palinsesti, alla nascita delle televisioni private, alcune presenti su scala nazionale e altre a livello locale, che hanno ulteriormente ampliato l'offerta. Ma si tratta sempre di un'offerta prefissata, cioè di un certo spettacolo disponibile per tutti a una data ora.
Con la **tv digitale** il panorama sta cambiando ed è in atto una vera rivoluzione. Alcune emittenti infatti, attraverso un sito web o apposite piattaforme, mettono a disposizione determinati programmi **in streaming**, che lo spettatore può guardare nel momento scelto da lui. È la cosiddetta **tv on demand** che sta cambiando il rapporto tra gli utenti e le emittenti televisive e va verso una televisione personalizzata. Questa tendenza è accentuata anche dalla possibilità di ricevere le trasmissioni televisive digitali non solo attraverso la televisione tradizionale, ma anche attraverso il computer, il tablet e il telefono cellulare.

Applicazione gratuita della RAI per vedere i tuoi programmi preferiti ogni volta che vuoi.

Sezione 4 • Mezzi e linguaggi della comunicazione multimediale

I programmi televisivi e i loro scopi

La televisione è un grande contenitore di programmi diversi che fanno capo a due principali funzioni: l'informazione e l'intrattenimento.
Sono programmi di **informazione** i telegiornali, i dibattiti, le inchieste, le interviste, i documentari. Sono programmi di **intrattenimento** film e telefilm, cartoni animati, reality show, giochi a quiz, eventi sportivi e spettacoli.
Ci sono poi spettacoli, chiamati di **infotainment**, che mescolano informazione e intrattenimento, cioè cercano di informare il pubblico e stimolare la riflessione su temi di attualità, alternando momenti seri ad altri più leggeri e divertenti, come avviene per esempio in alcuni talk-show.
Vediamo alcune tipologie di programmi televisivi.

L'informazione e il telegiornale

Tipico programma televisivo di informazione è il **telegiornale**, trasmesso più volte al giorno.
In caso di avvenimenti importanti, l'informazione avviene **in tempo reale**: grazie al collegamento con gli **inviati**, cioè con i giornalisti che si recano sul luogo della notizia filmando gli eventi e intervistando i protagonisti, lo spettatore ha l'impressione di essere presente.
Per alcuni eventi particolari, come fatti di cronaca o di guerra, calamità naturali, appuntamenti culturali e sportivi, le televisioni organizzano **lunghi collegamenti in diretta** per diffondere le notizie in tempo reale. Solitamente in una diretta si alternano filmati realizzati dagli inviati sul posto e dibattiti e interviste con esperti e spettatori per commentare e approfondire le notizie.

Documentari e divulgazione

Il **documentario** è un filmato che ha uno scopo divulgativo, cioè trasmette delle conoscenze in campo scientifico, storico, geografico ecc. Apprezzati in tutto il mondo per la loro efficacia e completezza sono i documentari realizzati dalla BBC, l'emittente televisiva pubblica inglese.
I **programmi di divulgazione** sono trasmissioni in cui un conduttore introduce di volta in volta diversi argomenti illustrandoli con documentari, interviste, servizi realizzati da inviati ecc. Uno spettacolo di divulgazione scientifica famoso in Italia è stato *Quark*, condotto da Piero Angela.

Nel novembre 2013 è stato dichiarato lo stato di emergenza della regione Sardegna a causa dell'**alluvione**: in 24 ore è precipitata la stessa quantità d'acqua normalmente registrata in sei mesi. Questa è un'immagine della **diretta televisiva** dedicata all'alluvione.

L'**inviata speciale** di Rainews24, Lucia Goracci, ci informa **in diretta** sugli avvenimenti a Beirut, in Libano, il 4 novembre 2013.

Kilimangiaro, come è piccolo il mondo, condotto da Licia Colò, è un **programma di divulgazione** di successo dedicato ai viaggi nel mondo e all'ambiente.

Lo sceneggiato televisivo o fiction

Lo sceneggiato televisivo è un filmato che racconta una storia, realizzato espressamente per la televisione. Lo si indica anche con la parola inglese *fiction*.

Una fiction televisiva può assumere diverse forme: il **telefilm** è una narrazione che si conclude, simile al film cinematografico; il **telefilm a puntate** presenta una lunga storia, spesso tratta da un grande romanzo, trasmessa a puntate; la **serie televisiva** è formata da diversi episodi, della durata di circa 50 minuti, in cui gli stessi personaggi agiscono in una vicenda che ogni volta è conclusa in sé stessa; infine il **serial televisivo**, che prende anche il nome di telenovela o soap opera, racconta storie lunghissime attraverso una serie numerosa di brevi puntate successive. Una telenovela di successo può durare anche anni, seguita con trepidazione dal pubblico che aspetta di settimana in settimana di vedere che cosa accade ai personaggi.

Un posto al sole è la prima **soap opera** prodotta completamente in Italia. Apparsa nel 1996, ha raggiunto nel 2014 le 3925 puntate.

Il varietà

Il varietà è uno **spettacolo di intrattenimento** derivato dal teatro: esso propone sketch comici, interventi musicali, balletti e varie esibizioni artistiche, il tutto presentato con brio da uno o più conduttori, in una scenografia spesso spettacolare. Molto amato dal pubblico in passato, oggi tende a essere soppiantato nelle preferenze degli spettatori dai talk show e dai reality. Un varietà di successo negli ultimi anni è *Zelig*, uno spettacolo che privilegia l'aspetto comico.

Il talk-show

Il talk-show, o «spettacolo di conversazione», è un tipico **spettacolo** televisivo **tra l'intrattenimento e l'informazione** girato in studio; si basa su interviste e conversazioni con diversi personaggi che, stimolati dal conduttore, parlano di sé o esprimono opinioni su diversi argomenti. Le conversazioni sono solitamente intervallate da interventi di comici, musicisti, attori e proiezione di brevi filmati.

Il *Festival di Sanremo*, evento annuale di risonanza mondiale dedicato alla canzone italiana, può essere considerato uno **spettacolo di varietà**.

Reality show e talent show

Nel **reality show**, o «spettacolo della realtà», i protagonisti vivono in prima persona una certa situazione stabilita dal programma; essi non recitano seguendo un copione, ma si comportano come se fosse la loro vita reale: tra i più noti ricordiamo *Il grande fratello* e *L'isola dei famosi*.
I reality sono molto seguiti dal pubblico, che si immedesima nei protagonisti e partecipa emotivamente alle loro vicende, come se li conoscesse di persona.
Una forma particolare di reality è il **talent show**, in cui vengono selezionati futuri talenti dello spettacolo, come cantanti e danzatori.

In *Amici*, un famoso **talent show** italiano, alcuni aspiranti artisti vengono selezionati e frequentano una scuola, seguiti dalle telecamere che riprendono momenti della loro vita reale. Alla fine si esibiscono e ricevono il giudizio del pubblico e di una giuria: il vincitore potrà registrare un disco o partecipare a spettacoli.

Sezione 4 • Mezzi e linguaggi della comunicazione multimediale

Il linguaggio della televisione

La televisione, come il cinema, usa un linguaggio fatto di immagini in movimento accompagnate da un sonoro. Il linguaggio televisivo ha però le sue caratteristiche specifiche che lo rendono adatto alla visione su piccolo schermo.

Un linguaggio visivo adatto al piccolo schermo

Il piccolo schermo non è adatto agli effetti spettacolari del cinema, né ai suoi ritmi veloci. Sia nella fiction che nelle trasmissioni di informazione o di intrattenimento, prevale un ritmo più **lento**, simile a quello degli eventi reali e della recitazione teatrale, e si dà molto risalto alle persone con inquadrature a distanza ravvicinata e primi piani.
Rispetto al cinema, inoltre, viene fatto un numero minore di riprese di un evento: ad esempio, le riprese in esterno realizzate dagli inviati sono filmate con una sola telecamera, oppure, nel caso delle interviste, con una telecamera che riprende l'intervistatore e una fissata sull'intervistato. L'effetto è quindi di una **maggiore staticità** rispetto alle immagini del cinema. Grande spazio inoltre hanno le conversazioni, come dimostra anche il successo dei talk-show.

Il *David Letterman Show* è un famoso **talk-show** statunitense, vincitore di numerosi premi televisivi internazionali. Qui il presentatore David Letterman intervista l'attrice Emma Watson.

Trasmissioni in diretta o registrate

Il linguaggio televisivo dipende anche dal modo in cui sono realizzate le trasmissioni, che possono essere in diretta oppure registrate.
Nella trasmissione **in diretta**, le riprese vanno in onda nel momento stesso in cui vengono effettuate (imprevisti compresi) e ci consentono di assistere a un avvenimento in tempo reale.
Le **trasmissioni registrate** vengono invece preparate con una serie di riprese, poi selezionate e montate fino alla versione finale, che sarà trasmessa in un tempo successivo. In quest'ultimo caso, quindi, qualunque imprevisto può essere corretto con una ulteriore registrazione.

Flavio Insinna conduce il game show *Affari tuoi*, cinque sere a settimana, **in diretta** su Rai1.

Cabina di regia Mediaset Studios TG4.

Il montaggio televisivo

Il cuore di uno spettacolo televisivo è la **cabina di regia** dove il regista ha davanti a sé una serie di monitor, ciascuno dei quali mostra le scene riprese da diverse telecamere. Il regista sceglie di volta in volta il punto di vista più interessante per montare la trasmissione.

290

LABORATORIO

Tu e la televisione

RIFLETTI sul **ruolo della televisione** nella società di oggi e in particolare nella vita degli adolescenti, confrontandoti anche con i tuoi compagni.

Un programma per ragazzi

Invitiamo te e la tua classe a scoprire un programma di **informazione per ragazzi**: *Tiggì Gulp*, in onda ogni giorno dal lunedì al venerdì dalle ore 16,45 su Rai Gulp.
Usando un linguaggio adatto ai più giovani, la trasmissione propone notizie e servizi su sport, musica, spettacolo, libri, ambiente... e su tutto ciò che interessa il mondo dei ragazzi.

- Guardate alcune puntate e discutetene in classe: vi sono sembrate interessanti? Che cosa vi ha colpito in particolare?
- Se vi venisse voglia di scoprire i segreti di questa trasmissione televisiva, è possibile anche parteciparvi per seguire in diretta e anche per proporre vostre iniziative legate al mondo del giornalismo.

Mal di televisione? Un invito a riflettere

Sui vantaggi e sugli svantaggi della televisione c'è sempre un grande dibattito.
La televisione ha molti **meriti**: fa circolare le notizie, contribuisce ad avvicinare luoghi lontani del mondo, diffonde nuove conoscenze. Ma c'è chi mette sull'altro piatto della bilancia i **pericoli**: la televisione ci condiziona, ci spinge a pensare e a comportarci tutti allo stesso modo; troppa televisione distoglie i ragazzi da attività più utili e li rende passivi; la pubblicità stimola desideri e bisogni fasulli; in televisione si vedono scene di violenza.
Tu che cosa ne pensi?

- Organizzate un dibattito in classe istituendo un «processo alla televisione». Per far emergere tutti gli aspetti del problema, dividetevi in due gruppi: gli avvocati della difesa e gli avvocati dell'accusa.
- Rappresentanti dei due gruppi parleranno a turno esponendo ogni volta un motivo a favore e un motivo contro, che verranno registrati da un incaricato, fino ad avere un elenco di vantaggi e svantaggi.
- Sulla base di questa lista, discutete esprimendo il vostro parere: quale argomento trovate più convincente?
- Scrivete alla fine il «verdetto», cioè le conclusioni che avete raggiunto insieme.

E tu che telespettatore sei?

Rifletti sulle tue **abitudini di spettatore** con l'aiuto dell'attività proposta in *Fare per creare*.

- Registra per una settimana le trasmissioni che vedi e il tempo trascorso davanti alla televisione, poi confronta la tua tabella con quella dei compagni. Scopri se sei:

  – un «teledipendente» → passi ore e ore incollato alla televisione qualsiasi cosa trasmetta;
  – un «telequilibrato» → scegli solo le trasmissioni che ti interessano e ti dedichi anche ad altre attività;
  – un «teleindifferente» → preferisci altre attività come stare con gli amici, fare sport, leggere.

Fare per creare
- Scopri che telespettatore sei, p. 143

Sezione 4 • Mezzi e linguaggi della comunicazione multimediale

La rete web

La parola **web** è una abbreviazione dell'espressione *world wide web* (www), che significa «grande ragnatela mondiale». Il nome esprime bene la caratteristica essenziale del mondo web: una **rete** che collega tra loro un numero teoricamente infinito di utenti, connessi attraverso un computer, un tablet o un telefono digitale. I **messaggi** che «viaggiano» nella rete sono **multimediali**, cioè fanno uso di diversi linguaggi: testi scritti, audio, immagini fisse, video…

Mentre in tutte le forme di comunicazione esistenti in precedenza i messaggi partono da un'emittente e raggiungono gli utenti, con internet e la rete web tutti possono comunicare con tutti! Ogni utente quindi può assumere un **ruolo attivo**, può scegliere a che cosa vuole connettersi ed essere destinatario ed emittente nello stesso tempo: una vera rivoluzione nel mondo della comunicazione, che sta cambiando profondamente i modi di comunicare e influisce anche sulle relazioni sociali.

Navigare in un archivio sterminato

In rete si trova una quantità enorme di «pagine» con informazioni, dati, immagini sugli argomenti più diversi. L'utente può «navigare» in internet e trovare ciò che risponde ai suoi interessi con l'aiuto dei **motori di ricerca**. Oggi associazioni, musei, istituzioni, aziende, giornali, singole persone, tutti coloro che vogliono comunicare qualcosa al pubblico lo fanno attraverso un **sito web**. Trovare un'informazione non è mai stato così facile!

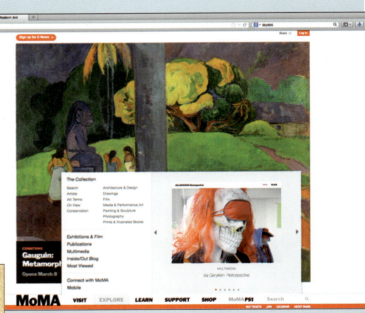

Con internet puoi vedere le opere esposte nei grandi musei del mondo senza muoverti da casa. Questo è il sito ufficiale del Museum of Modern Art di New York.

Alcuni siti mettono a disposizione la possibilità di una **visita virtuale**: grazie ad appositi programmi l'utente può «muoversi» virtualmente nello spazio, spostare il punto di vista, ingrandire un dettaglio, ricevendo la sensazione di entrare nel luogo da visitare.

292

I social network e le comunità virtuali

Attraverso internet si comunica, si scambiano opinioni, si condividono immagini… Negli ultimi anni sono sorti siti dedicati proprio a favorire gli scambi tra le persone: sono i cosiddetti **social network**, dove l'utente può stabilire una rete di relazioni con gruppi di «amici» virtuali con cui vuole tenersi in contatto. Si creano così delle **comunità virtuali**, cioè gruppi di persone che si parlano, discutono, condividono interessi comuni, senza incontrarsi fisicamente: persone che a volte si frequentano o si sono incontrate anche nella vita reale, ma che possono vivere anche in luoghi molto lontani.

I blog, i forum e i social media

La parola **blog** è una abbreviazione di *web log*, che significa «diario in rete»: e infatti è proprio un **diario on line**, cioè uno spazio dove è possibile pubblicare dei contenuti (testi o immagini) in ordine cronologico. Questi contenuti possono essere di carattere personale (cioè il *blogger* esprime i suoi pensieri e le sue esperienze), oppure sono notizie e riflessioni attorno a un certo tema, come in una rivista specializzata.

I **forum** sono **spazi di discussione** su determinati argomenti: offrono agli appassionati di quel tema, anche se molto lontani, la possibilità di confrontarsi e di aggiornarsi a vicenda.

Grazie a questi mezzi per la prima volta tutti, e non solo editori, emittenti radiotelevisive e produttori cinematografici, possono diffondere dei messaggi ed essere quindi comunicatori attivi. Per questo si parla di **social media**, cioè di mezzi di comunicazione sociali, che nascono e circolano nelle comunità virtuali di persone qualunque.

La **condivisione di contenuti** è possibile anche tra social network diversi, come Facebook, Twitter e Instagram.

Un esempio di **social media** è Wikipedia, una enciclopedia on line disponibile in oltre 280 lingue, nata dall'idea di mettere in comune le conoscenze. Chiunque può pubblicare un contributo su un certo argomento e non ci sono esperti che garantiscono la correttezza di tutto ciò che è pubblicato: gli utenti stessi possono intervenire per correggere e completare le informazioni. Wikipedia è quindi uno strumento di consultazione utile, ma da usare con senso critico.

Una nuova informazione democratica? Sì, ma attenti alle «bufale»

Tutto quello che abbiamo descritto finora è una vera e propria rivoluzione nel campo dell'informazione e della comunicazione. Il tema fa molto discutere. Alcuni evidenziano che le possibilità offerte dalla rete web portano a una maggiore democrazia, perché tutti possono esprimere la loro opinione e far circolare anche le notizie che per qualche ragione i mezzi di comunicazione trascurano. Altri sottolineano che non c'è **nessuna garanzia sulla verità** di ciò che si trova in rete: non è raro imbattersi in notizie false, le cosiddette «bufale», diffuse per ignoranza oppure create ad arte.

Occorre quindi conoscere i mezzi di comunicazione che si utilizzano ed avere senso critico se vogliamo essere fruitori consapevoli e creativi.

Sezione 4 • Mezzi e linguaggi della comunicazione multimediale

Come è fatto un sito

Chiunque voglia rendersi visibile al pubblico e comunicare qualcosa può creare un sito. Un sito web è un insieme di pagine collegate tra loro, a cui si accede attraverso un indirizzo web, o URL.
Vediamo come si costruisce un sito web e quali sono le caratteristiche principali di una home page, prendendo come esempio il sito FAI.

Alla progettazione e al funzionamento di un sito web concorrono tante figure diverse. L'aspetto visivo di un sito è molto importante: oltre a essere piacevole e chiaro, deve essere adatto ai contenuti trattati e al pubblico a cui si rivolge: di questo aspetto creativo si occupa il **web designer**. Egli lavora in collaborazione con il **web developer**, ovvero colui che realizza la struttura informatica del sito.
Il responsabile di tutta la gestione di un sito si chiama **web master**, o amministratore, mentre il **content manager** si occupa specificatamente dei contenuti pubblicati nel sito.
Oggi si possono trovare in internet tanti siti che offrono a chiunque, anche ai non professionisti, la possibilità di creare facilmente un proprio sito personale.

Nella pagina accanto vedi la **home page** o pagina principale del sito FAI. Essa ha una funzione di presentazione e di indice, cioè permette all'utente di capire che cosa troverà nel sito, ma deve essere anche vivace e accattivante per «trattenerlo» e indurlo a visitare i vari contenuti.
Possiamo considerare la home page come l'ingresso di una casa, su cui si affacciano tante porte che conducono nei diversi ambienti. Quando questi diversi «ambienti» sono numerosi la home page viene chiamata anche **portale**.

Ogni azienda può personalizzare l'home page del suo sito in funzione delle proprie esigenze, in linea generale, tuttavia, potrai individuare quattro aree in cui viene organizzata:

1) l'**intestazione**;
2) la zona centrale dei **contenuti**;
3) la fascia laterale detta **spalla**;
4) e il **piè pagina**.

Osserva nell'home page del sito del FAI come vengono utilizzati questi spazi.

L'**intestazione** di solito è composta da tre parti:

1) l'**header** mostra le informazioni principali: il logo, il nome del sito e il motto aziendale;

2) la **cover** contiene le immagini a scorrimento delle novità che vengono mostrate in anteprima: è la parte che si rinnova più spesso e le animazioni servono ad attirare l'attenzione del visitatore;

3) il **menu** collega alle parti principali in cui è organizzato il sito.

Nel **contenuto** sono visibili tutti gli articoli pubblicati, dei quali viene riportato il titolo e le prime righe: se il visitatore è interessato, può continuare la lettura collegandosi alla pagina corrispondente. Questa zona si rinnova periodicamente per offrire all'utente qualcosa di sempre attuale.

La **spalla** è uno spazio multifunzionale: vi si possono trovare banner pubblicitari, link a social network ecc.
In questo caso ci sono i link ai social network dove è presente il FAI (Facebook, YouTube ecc.) per condividere tutte le iniziative con la comunità virtuale degli amici del FAI, e un altro menu secondario che rimanda ad altre sezioni e pagine del sito dedicate ad attività specifiche.

A **piè pagina** vengono inserite le note legali del sito e altre informazioni tecniche.

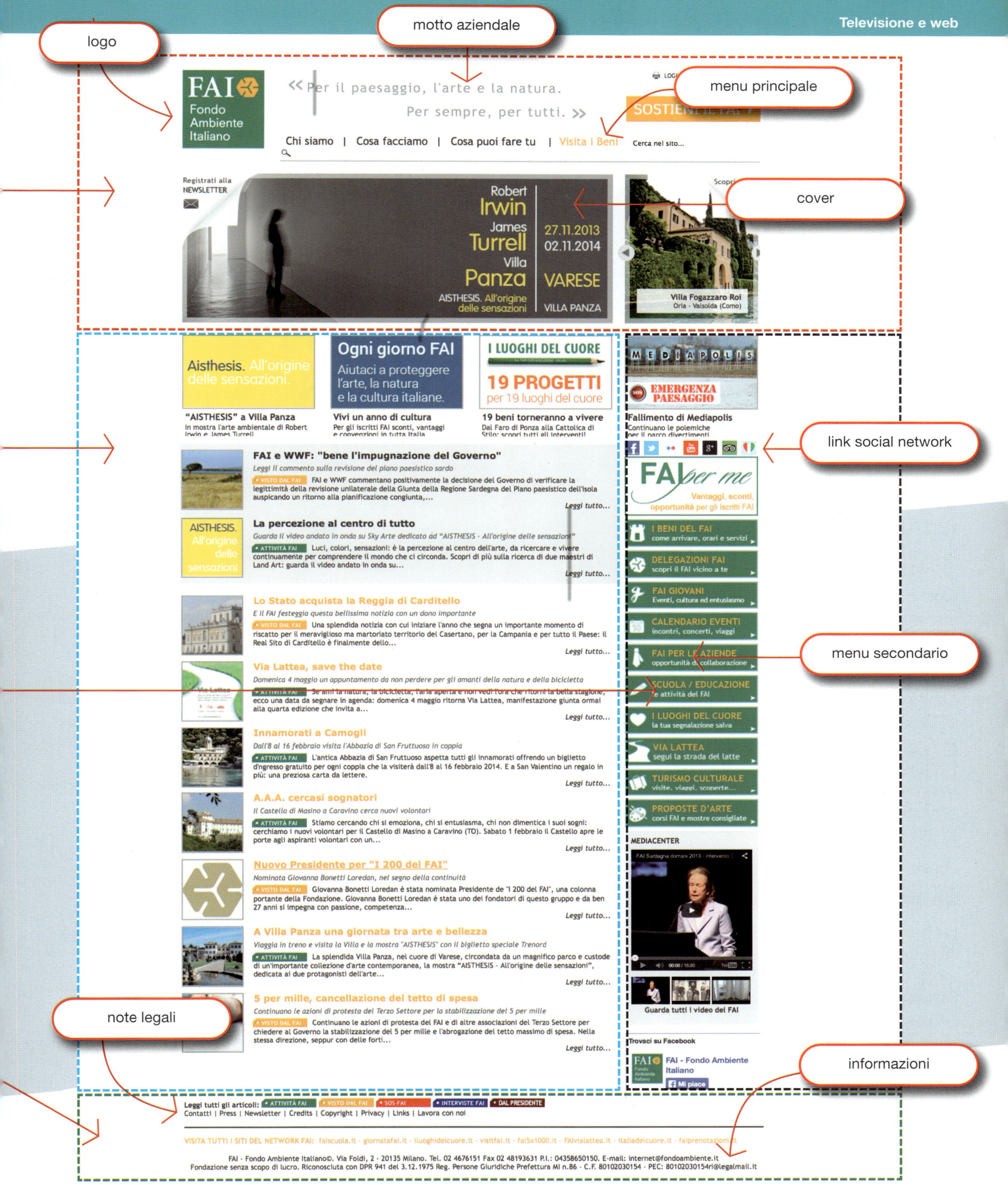

Televisione e web

- logo
- motto aziendale
- menu principale
- cover
- link social network
- menu secondario
- informazioni
- note legali

Sezione 4 • Mezzi e linguaggi della comunicazione multimediale

Il linguaggio del web

La rete web ha creato un **nuovo modo di comunicare** attraverso un linguaggio con caratteristiche specifiche.
Vediamo le più importanti.

Un linguaggio multimediale

Testi scritti, testi audio da ascoltare, musica, immagini fotografiche, video, animazioni…: la comunicazione in rete utilizza e mescola tutti questi linguaggi, è perciò un **linguaggio multimediale**.

Un linguaggio ipertestuale

Leggendo una pagina web posso trovare «parole sensibili», cioè **link** che mi fanno accedere ad altre pagine di approfondimento, oppure cliccando su una immagine posso collegarmi a un testo di spiegazione, a un video ecc. A differenza di quanto accade in un libro in cui i contenuti sono esposti uno dopo l'altro secondo un ordine preciso, in internet essi sono collegati in una «ragnatela» e posso muovermi liberamente da uno all'altro: un testo organizzato in questo modo si chiama **ipertesto**. Ogni utente può costruirsi il suo percorso di lettura… ma attenzione, è facile perdere il filo!

Un linguaggio interattivo

Per le caratteristiche stesse dell'ipertesto e per tutti quegli aspetti che abbiamo descritto nelle pagine precedenti, il linguaggio di internet è un linguaggio interattivo. Significa che l'utente non è un semplice fruitore passivo, ma può **dialogare con i contenuti** proposti: può scegliere e in molti casi intervenire in prima persona.

Grazie alle nuove tecnologie possiamo comunicare in **molti linguaggi** da un **unico device** (dispositivo).

Contenuti sempre rinnovabili

Quando un libro è stampato, ciò che è contenuto rimane immutabile: se si vuole cambiare qualcosa occorre stampare un altro libro. Con i contenuti in internet non è così: tutto è **modificabile** in qualunque momento! Gli amministratori dei siti intervengono continuamente per aggiornare, aggiungere argomenti di attualità e rimuovere quelli superati; e in alcuni casi sono gli utenti stessi a modificare e correggere.
Questo permette di offrire al pubblico notizie aggiornate in tempi velocissimi.

LABORATORIO

Anche tu in rete

SCOPRI insieme ai tuoi compagni quali sono le **risorse on line** che riguardano l'arte nel vostro territorio, poi diventate «protagonisti» della rete mettendo on line un vostro contributo.

I siti che parlano del tuo territorio

Dopo esservi divisi in gruppi, cercate i siti dei musei della vostra città o del vostro territorio: quanti sono? Avete scoperto musei di cui non sospettavate l'esistenza?
Analizzate com'è fatto il sito seguendo la traccia delle seguenti domande:

– come è strutturato? – ci sono informazioni sufficienti?
– ci sono contenuti multimediali? – è interattivo? che cosa può fare l'utente?
– è aggiornato? – è attraente?

Potete fare la stessa ricerca per i monumenti e le opere d'arte importanti della vostra città o del vostro territorio.

Partecipa attivamente

Volete mettere on line il vostro contributo? Ecco alcune possibilità concrete.

- Tra i contenuti digitali del vostro testo di arte ci sono le pagine interattive dedicate all'arte nel territorio italiano. Come vedete ci sono dei link che descrivono alcune opere o musei, ma la pagina è aperta ai contributi degli studenti!
Individuate un'opera di cui volete parlare, scrivete un testo che la presenti, scattate qualche foto e condividete il vostro contributo mettendolo on line.

- Andate nel sito **http://faiscuola.fondoambiente.it**, individuate il menu «Cosa puoi fare tu» e selezionate «Segnalare un bene». Si aprirà una pagina che contiene una cartina interattiva dell'Italia: cliccando sulle regioni potrete vedere i contributi che ragazzi come voi hanno condiviso in rete per segnalare un bene artistico del loro territorio.
Fate una ricerca su un bene artistico del vostro territorio e aggiungete il vostro contributo alla pagina, seguendo le istruzioni che troverete nel sito. È facile!

Indice degli artisti

A

Aalto, Alvar 259
Abramovic, Marina 19
Akesuk Suqualuk 158
Albers, Josef 47
Altan, Francesco Tullio 101, 109, 228
Arad, Ron 259
Arman (Armand Pierre Fernandez) 151
Arp, Jean 97
Avati, Pupi 276
Avedon, Richard 91, 265

B

Balla, Giacomo 70, 71, 181
Base, San 141
Beever, Julian 79
Berhin, Johan 257
Bernini, Gian Lorenzo 64, 147
Bialetti, Alfonso 254
Bleyl, Fritz 138
Botticelli, Sandro 85
Brancusi, Constantin 37
Breuer, Marcel 255
Burri, Alberto 38

C

Calder, Alexander 176, 178
Cameron, James 276, 281
Canaletto (Antonio Canal) 60
Canova, Antonio 144
Capa, Robert 262
Caravaggio (Michelangelo Merisi) 96, 170, 215, 222
Carelman, Jacques 213
Carriera, Rosalba 113
Casas, Carlos 19
Casorati, Felice 60, 209
Castiglioni, Achille 257
Castiglioni, Pier Giacomo 257
Cézanne, Paul 93, 171

Christo, Vladimirov Javacheff 153
Citroen, Paul 205

D

Daguerre, Louis 264
De Chirico, Giorgio 60
De La Tour, Georges 97
De Meuron, Pierre 57
De Saint Phalle, Niki 142
Degas, Edgar 103, 113
Delaunay Terk, Sonia 58
Della Robbia, Luca 166
Depero, Fortunato 239
Derain, André 64
Deredia, Jiménez 14
Disney, Walt 156, 226, 244, 282
Dorazio, Piero 69
Duchamp, Marcel 152
Dudovich, Marcello 246

E

Ekster, Aleksandra Aleksandrovna 79
Erikson, Thomas 261
Ernst, Max 130
Escher; Maurits Cornelis 177

F

Fabre, Carlo 141
Flavin, Dan 91
Fontana, Franco 271
Fontana, Lucio 29
Francis, Sam 126
Friedrich, Caspar David 182, 189

G

Gehry, Frank 37
Giacometti, Alberto 13
Giacosa, Dante 256
Giorgione (Giorgio Gasparini) 21, 33, 116
Giotto 56, 73

Giroux, Alphonse 264
Glaser, Milton 236, 241
Gnoli, Domenico 60
Goscinny, René 227
Grosz, Georg 87

H

Haring, Keith 32
Hartung, Hans 121
Heckel, Erich 181
Herzog, Jacques 57
Hiroshige 80
Hokusai, Katsushika 188, 189, 199
Hopper, Edward 183
Hossaini, Massoud 264

I

Ikko, Tanaka 244
Itten, Johannes 48

J

Jacovitti, Benito 234

K

Kandinsky, Wassily 73
Kapoor, Anish 19, 56
King, Perry 255
Kirchner, Ernest Ludwig 21, 53
Klee, Paul 27, 32, 35, 68, 74, 130, 174, 189, 191, 199, 205
Klimt, Gustav 222
Kokoschka, Oskar 111
Kusama, Yayoi 28

L

Landor, Walter 244
Leonardo da Vinci 92, 93, 214, 222, 264
Lichtenstein, Roy 171
Lorenzetti, Ambrogio 82

Indice degli artisti

M

Magritte, René 20, 183
Malevič, Kazimir Severinovič 76
Manet, Édouard 222
Mantegna, Andrea 119
Manzoni, Piero 152, 153
Manzù, Giacomo 143
Marc, Franz 20, 174
Masolino da Panicale 183
Mathieu, Georges 121
Matisse, Henri 43, 49, 105, 117, 132, 166, 214, 218
Mattotti, Lorenzo 227
Mauri, Giuliano 143
Mendini, Alessandro 261
Michelangelo Buonarroti 62, 214, 222, 251
Millet, Jean-François 97
Miró, Joan 43
Mirone 146
Modigliani, Amedeo 21, 222
Modotti, Tina 268
Mondino, Jean-Baptiste 262
Mondrian, Piet 33, 58, 160
Monet, Claude 17, 41, 52, 121, 157, 198
Montinaro, Francesca 141
Moore, Henry 142
Morandi, Giorgio 37, 80, 93, 95, 211
Morris, William 255
Munari, Bruno 213, 244, 260
Munch, Edvard 222

N

Nolde, Emil 192

O

Oldenburg, Claes 212
Opsvik, Peter 258

P

Packham, Chris 267
Palma il Vecchio 52
Pazienza, Andrea 109
Pedriali, Dino 271
Pellizza da Volpedo, Giuseppe 81
Pericoli, Tullio 188
Picasso, Pablo 38, 145, 150, 211, 218
Piero della Francesca 22, 84, 204
Pininfarina, Sergio 258
Piranesi, Giovanni Battista 101
Pissarro, Camille 75
Pitloo, Antonio 82
Pollock, Jackson 116, 126
Ponti, Giò 254
Pontormo, Jacopo 16, 101
Pratt, Hugo 100, 230, 233

R

Raffaello Sanzio 53, 59, 73, 76
Ray, Man 213
Renoir, Pierre-Auguste 167, 215
Ricci, Christian Patrick 267
Rietveld, Gerrit Thomas 254
Riley, Bridget 81
Rivera, Diego 122
Rizzo, Willy 271
Rotella, Mimmo 151

S

Sacco, Joe 230
Saraceno, Tomàs 79
Satrapi, Marianne 230
Schmidt-Rottluff, Karl 53
Schullz, Charles 231
Segal, George 152
Seurat, Georges 54, 75
Severini, Gino 133
Sisley, Alfred 64
Soma Mashe, Jivya 219
Sottsass, Ettore 255

Steinberg, Saul 29, 107, 223
Stella, Frank 123
Stenberg, Fanny 257
Stile, Francesco 169
Studio Azzurro 19
Suetin, Nikolai 59

T

Tadini, Emilio 123
Testa, Armando 246
Tintoretto (Jacopo Robusti) 87
Toppi, Sergio 227
Turner, J.M. William 125, 182, 195

U

Uccello, Paolo 86, 178
Uderzo, Albert 227

V

Van Gogh, Vincent 48, 54, 107, 162, 167, 188, 189, 190, 194, 208
Vantongerloo, Georges 151
Vasarely, Victor 33, 47, 68
Veder, Slava 270
Vedova, Emilio 119
Velázquez, Diego 90
Vermeer, Jan 96, 208
Von Jawlensky, Alexej 190
Von Werefkin, Marianne 163

W

Warhol, Andy 13, 51, 174, 212, 222
Watson, Albert 265, 272
Weeronga, Bartoo, John 29
Wiligelmo 15
Wirkkala, Tapio 259

Y

Yamashita, Michael 268

Fonti iconografiche e fotografi

CNAC/MNAM Dist. RMN; George Steinmetz/Corbis Milano; Archivio Arnaldo Pomodoro, Rozzano; Wolfgang Volz; Fondazione Palazzo Albizzini, Città di Castello,; The Newark Museum; The Solomon R. Guggenheim Museum (donazione dr. Milton D. Ratner), New York; Mario Govino; Marco Introini; Tommaso Bonaventura; Bernard Annebicque/Sygma; Archivio White Star; Antonio Attini/Archivio White Star; Giulio Veggi/Archivio White Star; Paul A. Souders/Corbis, Milano; Giorgio Colombi; Mauro Ranzani; Archivio Scala, Firenze; Vivi Papi; Lillo Rizzo; Rainer Hackenberg/Akg-images, Berlino; Gianni Dagli Orti/Corbis, Milano; Musée des Beaux-Arts, Marsiglia; Rainer Zerbst; Achim Bednorz; Galleria Narodni, Praga; Artephot/Ornoz; Luigi Baldelli; Dan Chung; Jonathan Blair; Frederick Catherwood; Carla Perrotti; Marcello Bertinetti/Archivio White Star; Alfio Garozzo/Archivio White Star; Araldo De Luca/Archivio White Star; Idemitsu Museum, Tokyo; Kyushu Ceramic Museum, Arita; Museo dell'Ermitage, San Pietroburgo; Pininfarina; Fondazione Castello di Rivoli; Giorgio Majno; Akg-images, Berlino; Museum Boymans-van Beuningen, Rotterdam; Musée d'Art et d'Histoire, Ginevra; George Steinmetz; DEA Picture Library, Milano; Michael Fischer e Peter Weikenmeier; Belser Archiv; C.L. Wolley; Rijksmuseum Vincent van Gogh, Vincent van Gogh Stichting, Amsterdam; Marc Domage/Jousse Enterprise; Ripani Massimo; Poltronova Historical Archive; G. Dagli Orti, Parigi; Erich Lessing, Vienna; Daniel Arnaudet/Biblioteca Comunale degli Intronati, Siena; Archivio Fotografico Oronoz, Madrid; Nippon Television Network Corporation, Tokyo; Museo Nacional Centro de Arte Reina Sofía, Madrid; Haags, Gemeentemuseum; Raffaello Bencini; Paolo Tosi, Firenze; Paolo Manusardi, Milano; Roland Halbe; Helene Binet; Amsterdam, Van Gogh Museum; Luigino Visconti; Corbis/Agenzia Contrasto, Milano; Gérard blot/RMN; Duane Michals; Marco Campigli, Firenze; Paul Almasy/Corbis/Contrasto; Magliani; Henri Stierlin; F. Guidott; Josiah Johnson Hawes; J. Pascal Sébah; Compte de Montizon; Heinrich Kühn; Albert Renger-Patzsch; Victor Keppler; Lejaren à Hiller; Jan Groover; Rabatti, Marco e Serge Domingie; Auda & Coudayre Photography; The National Gallery, Londra; Lessing/Agenzia Contrasto, Giorgio Colombo; Otto Lang/Corbis; Paolo Barcucci; Werner Forman/Corbis; The Bridgeman Art Library/Archivi Alinari, Firenze; Dario Fusaro; Collezione Bruno Finocchiaro, Kea (Grecia); Robert Capa; Marcello Bertinetti; Gilles Néret; Thomas Alcorn; Danny Lehman/Corbis; Charles & Josette Lenars/Corbis; Flavio Pagani; Christine Osborne/Corbis; Werner Forman Archive/Scala, Firenze; Stefano Vecchia; Bpk/Ethnologisches Museum, SMB/Dietrich Graf, Erik Hesmerg, Claudia Obroki, Heini Schneebeli.

L'editore è a disposizione degli aventi diritto con i quali non gli è stato possibile comunicare, nonché per eventuali involontarie omissioni o inesattezze nella citazione delle fonti delle illustrazioni riprodotte nel presente volume.

Editore Bulgarini Firenze

Copyright © 2014

Prima edizione febbraio 2014

Nel rispetto del DL 74/92 sulla trasparenza nella pubblicità, le immagini escludono ogni e qualsiasi possibile intenzione o effetto promozionale verso i lettori.

Ristampe

9   10   11   12   13   2021   2020   2019   2018   2017

Finito di stampare per i tipi della tipolitografia Reggiani Arti grafiche s.r.l.

Le fotocopie per uso personale del lettore possono essere effettuate nei limiti del 15% di ciascun volume/fascicolo di periodico dietro pagamento alla SIAE del compenso previsto dall'art. 68, commi 4 e 5, della legge 22 aprile 1941 n. 633. Le riproduzioni effettuate per finalità di carattere professionale, economico o commerciale, o comunque per uso diverso da quello personale, possono essere effettuate a seguito di specifica autorizzazione rilasciata da AIDRO, Corso di Porta Romana n. 108, Milano 20122, e-mail segreteria@aidro.org e sito web www.aidro.org

www.bulgarini.it – info@bulgarini.it